中国司法改革实证研究丛书

致力于中国司法制度、刑事诉讼制度和纠纷解决的

实证研究作品

国家“九八五工程”四川大学社会矛盾与社会管理研究创新基地资助
四川省社会科学重点研究基地纠纷解决与司法改革研究中心支持

中国司法改革实证研究丛书

左卫民/丛书主编

上下级法院审判业务关系研究

A RESEARCH ON ADJUDICATIVE RELATIONSHIP BETWEEN THE HIGHER LEVEL OF COURT AND THE LOWER LEVEL OF COURT

杜豫苏/著

北京大学出版社
PEKING UNIVERSITY PRESS

“中国司法改革实证研究丛书”序

2014年10月20日至23日召开的中共十八届四中全会，无疑将在当代中国法治建设的进程史上留下划时代的一笔。继党的十八届三中全会提出进一步深化司法体制改革的新措施后，党的十八届四中全会通过的中共中央《关于全面推进依法治国若干重大问题的决定》，又提出了关于司法改革的重大举措，这对中国司法建设与改革而言显然具有积极意义。

长期以来，笔者及笔者带领的学术团队包括所指导的博士研究生，一直致力于司法制度、刑事诉讼制度和纠纷解决的实证研究，力图真切地把握中国司法与诉讼制度的运行现状，深度剖析其利弊得失，抓住切实存在的重要问题，探究其成因，并在此基础上提出有针对性和可操作性的改革建言。通过不断地展开实证研究，我们取得了关于司法与诉讼制度若干方面的一些研究成果。考虑到当前司法改革的重要性，也考虑到实证研究的重要性，笔者将我们团队近期有关司法制度的研究成果收辑成册，以中国司法改革实证研究为主题，与北京大学出版社联系并系列出版。笔者的看法是，中国司法研究固然早成显学，但司法改革的正确推进尤其是长期有效推行，仍然有待于科学、细致及深入的实证研究。有鉴于此，笔者将自己及所带领团队关于司法的实证研究成果奉献给大家，希望抛砖引玉，引起更多学界同仁关注并展开司法实证研究,同时也为当下和未来的司法改革提供些许参考。

需要指出的是,对于法学研究者而言,实证研究乃是一门新兴的研究方法,无论是笔者抑或笔者所带领的团队成员,都有一个学习与掌握的过程。本系列作品中,有些实证研究方法运用得比较多,有的则比较少;有些运用得比较好,有些则有所欠缺,但鉴于这些作品大都或多或少地运用实证方法,比如使用数据展开分析等,因此笔者仍然以实证研究为主题收辑在一起。其中不当之处,敬请读者诸君批评。

左卫民

2014 年 12 月 3 日于四川大学研究生院

代　序

上下级法院关系，既是关涉司法权在国家权力中的地位和架构这一宏观层面的重大理论问题，又是不同层级司法权在职能定位、资源配置及权力运行过程中需要理顺的中观层面的机制改革问题，更是各个层级法官每天面临并要处理的微观层面的现实问题。然而，中国的上下级法院关系特别是审判业务关系，与它的域外同行相比，显得更有难度：是一个“剪不断理还乱”的“关系”；是一个宪法法律规定的“应然关系”与现实生活中的“实然关系”差异较大的“关系”；是一个令学者着迷却又头痛、让法官依恋却又排斥的“关系”；是一个理论研究相对单一滞后而现实繁芜活跃的“关系”。

中国法院深深“镶嵌”在各种关系的网络之中，尤其是作为一个中级法院的法官，处在上下级法院纵向关系坐标的交汇口，“对下”，即对数量众多构成金字塔基座的基层法院而言，他（或她）是毋庸置疑的上级法院的法官；“对上”，即对高级法院以及金字塔顶端的最高法院而言，他（或她）又是一个不折不扣的下级法院的法官。这种身份上的多重性，难免会产生角色上的错位感，对上下级法院关系的错综复杂性的感受可能也更直观、更深刻。因而，作者以一名中级法院法官和副院长的视角观察中国目前的上下级法院关系——审判业务关系，不失为一个不错的选择和研究切入点。同时，上下级法院审判业务关系在当下推进的司法改革中更具有凸显的意义。因为无论是司法体制层面的改革,还是审判权运行机制方面的改革,都无法回避上下级法院关系特别是审判业务关系的未来构建与走向。如何将宪法文本中的审判监督关系落到实处,真正使得上下级法院之间实现地位独立、审判权独立、法官主体独立,等等,都是司法改革所需要思考的着力点,也是终极目标之所在。

作者围绕上下级法院的审判业务关系这一核心命题,运用实证和比较的研究方法,展开具体而细腻的研究。研究的目的在于通过对我国庞杂迷离的上下级法院审判业务关系的再"发现"和"描绘",力图梳理、分类、归纳出真实环境状态下错综复杂的上下级法院审判业务关系网,从而对上下级法院审判业务关系有个相对全面的概览。同时,借助多向观察的视角,对现实样态下诸种关系的实际效果进行了中立、客观的实证评价。最后,在对域外司法制度中主要国家上下级法院审判业务关系及中国上下级法院审判业务关系的横向对比研究中,分析提炼出它们各自的特征及影响成因,而后力图开出中国上下级法院审判业务关系的近期和远期改革药方。

本书也是作者的博士论文。作为她的导师,我首先肯定她的研究视角和研究方法,也赞赏她对这一现实重大课题的研究态度:客观务实又不失理性思考。如在近期目标的改革方案中,她提出:一是要明晰四级法院的职能分层,对四级法院的审判层级功能进行合理定位和区分。二是将异质化权力剥离与去行政化。三是打破闭合性,导入外部力量参与上下级法院的审判业务关系。四是变单向制约为双向制约关系。改革上下级法院审判监督、指导、管理等单向控制的非民主化机制,扩大下级法院对上级法院的审判监督、指导、管理等活动的参与机会。这些目标具有一定的现实价值,也便于操作和实现。而在远期目标的改革思路中,作者心中充盈了法治的理想,提出要围绕司法权在国家权力结构中的独立属性和专门功能,按照现代型法院制度的基本特征,思考在特定社会政治制度宏观背景下中国法院在国家政治结构中的结构分化与功能定位。

作者以专著的方式研究中国上下级法院审判业务关系，无论在学界还是实务界都是一次有益的尝试，因而在以下几个方面具有一定的创新性。如较为全面、系统地对中国现实存在的上下级法院审判业务关系的概念、内涵进行了细腻的梳理界定。在分类方法上，首次尝试使用基础分类法和多视角分类法对中国上下级法院审判业务关系进行多元解构式分类，弥补了目前学界和实务界欠缺对上下级法院间不同种类、不同性质的复杂关系进行专门、多层和细腻划分的缺憾。在实证研究的方法上，注重多样性、真实性，有问卷调查、深度访谈、开座谈会、参与式观察和对既有统计资料、业务文件的收集利用等。受访对象近600人，从法官、律师、当事人和法学专家的多向视角，对上下级法院审判业务关系的实际运行效果进行多维度考察和系统化阐析，有助于丰富对该问题的实证研究效果。另外，对中国及域外主要法系国家上下级法院审判业务关系各自的特征进行了分析归纳，并从横向对比研究中提炼出它们在程序性与非程序性、剥离性与混同性、独立性与依附性、稳定性与变动性、单一性与多样性、开放性与封闭性等方面的异同，并对形塑了这些特征背后的深层次原因从权力架构模式、权力支配方式、权力职能分层和权力行使目的等进行分析。比较分析的角度新颖独特，弥补了国内现有文献的研究空白。

本书虽然充满了独立的思考和见解，但也存在一些不足，如概念界定和分类方法还应尽可能周全，理论分析需更深透一些，一些观点也有商榷之处。但我始终相信，这种立足本土、正视现实，既中立客观、清醒务实，又胸怀理想的研究精神却是我们一直倡导和欣赏的。对司法改革过程中一切具体现实问题的关注，理应是所有法律人共同的聚焦视点和职责使命，更不用说承载了公众太多改革期望的身处改革第一冲击波的法院和法官们更是焦距中的圆点。司法改革的最终图景将以什么样的面貌呈现，以什么样的图景展示，我们审慎又期待。正如在我的著作《现实与理想：关于中国刑事诉讼的思考》一书中提到的那样：始终试图保持一种中立、客观的研究立场，力图作为一个阐释者而不是一个改革型的公共知识分子来发挥自己的作用。这场正在进行但仍未完成的转型究竟如何，让我们继续作为一个力图清醒的诠释者拭目以待吧！

左卫民

2014年12月于四川大学研究生院

目 录

导 论

一、问题的提出

上下级法院的关系是一个从法院设立之日起就伴随始终的问题。相比之下，中国当下的上下级法院关系比起它的域外同行来说，显得更有难度：是一个"剪不断理还乱"的"关系"；是一个宪法法律规定的"应然关系"①与实际生活中的"实然关系"②差异较大的"关系"；是一个令学者着迷却又头痛、让法官依恋却又排斥的"关系"；是一个理论研究相对单一滞后而现实繁芜活跃的"关系"。

上下级法院之间到底是一种什么关系？这既是关涉司法权在国家权力中的地位和架构这一宏观层面（宪政层）的重大理论问题，又是不同层级的司法权在职能定位、资源配置及权力运行过程中的中观层面的机制改革问题，更是各个层级法官每天面临并需要处理的微观层面的现实问题。中国法院深深"镶嵌"在各种关系的网络之中，尤其是作为一个中级法院的法官，处在上下级法院纵向关系坐标的交汇口，

---

① 《中华人民共和国宪法》（以下简称《宪法》）第 127 条和《中华人民共和国人民法院组织法》（以下简称《人民法院组织法》）第 16 条均明确规定上下级法院之间是一种"监督"与"被监督"的关系。

② 以笔者的观察和从为数不少的学者、法官的一些论述出发，实践中这种上下级法院关系，不仅仅是监督与被监督的关系，还是指导、管理甚至行政领导关系。

"对下",即对数量众多构成金字塔基座的基层法院而言,他(或她)是毋庸置疑的上级法院的法官;"对上",即对高级法院以及金字塔顶端的最高人民法院而言,他(或她)又是一个不折不扣的下级法院的法官。这种身份上的多重性,难免会产生角色上的错位感①,对上下级法院关系的错综复杂性的感受可能也更直观、更深刻。② 因而,以中级法院法官的视角来观察中国目前的上下级法院的关系,不失为一个不错的选择。

笔者选择以上下级法院关系中的审判业务关系为研究课题,主要的动因是基于自己的中级法院法官(同时也是一名副院长)的身份,在日常的审判管理中需要面对和处理一些"对下""对上"的关系,当然更多的是内部关系。③ 从自身的观察以及周围人的普遍感受中,逐渐产生了一种想试图揭开这个拥有复杂面孔又微妙迷离的关系网面纱的冲动。本书之所以将上下级法院关系的范围限定在业务关系之域,既因为上下级法院关系太过庞大,有政务、财务、事务、人事、业务等林林总总而自己有限的经验和能力无法驾驭之虞,又因篇幅有限,不可能将每个问题研究照顾周全之虑,更多的是上下级法院审判业务关系随着法院审判活动的日趋"发达"④显得更加凸显,因而更有研究的价值和意义。之所以选用上下级法院"审判业务关系"的表述而不以"审级关系"替代,是因为这两个词语的含义及实际内涵是有一定的差

---

① 笔者注意到,这种错位感可在法院系统召开的不同层级的会议和领导讲话中"无意识"地流露出来,有的中级人民法院的法官甚至领导当面对最高人民法院或高级人民法院时,也会"谦虚"地说自己是基层人民法院。

② 虽然高级法院的法官同样具有中级法院法官的双重身份,但其毕竟身处司法金字塔的次高层级,无论是案件的受理数量还是与众多的基层法院法官的亲密接触程度,都与中级法院有较大的差距。

③ 内部关系与外部关系是相对而言的。如果从党委、政府、人大和其他社会的视角来看,这种上下级法院间的业务关系也是一种法院间的内部关系。

④ 笔者在此用"发达"一词来描绘人民法院审判任务的艰巨繁重。"诉讼爆炸""案多人少"是各级法院使用频率最多的词汇之一。2012 年 12 月 26 日,最高人民法院院长王胜俊在第二十次全国法院工作会议上的报告中指出,自 2008 年以来的五年间,全国法院共受理案件 5 525.3 万件,审执结 5 357.6 万件,分别比前五年上升 27.3% 和 25.8% 。

异的。

审判业务关系,在书中是指下级人民法院之间围绕审判业务活动而形成的各种关系。研究视角以笔者所在的中级人民法院为切入点,从下看与基层人民法院的关系,从上看与高级人民法院的直接关系、与最高人民法院的间接关系。研究的范围仅限于审判业务活动及由此形成的各类关系,而非财务、人事等关系。审级关系指因上诉、再审、死刑核准、减轻处罚核准等与审级结构相关的审判关系,是根据法律程序所设置的审判监督关系,是一种常态化、规范化和制度化的上下级法院审判监督关系。所以,决定审级关系的审级理论,虽是决定上下级法院在审判工作方面关系的重要和直接的理论基础,但毕竟不能反映全部的审判业务关系。

审判业务关系与审级关系既有关联又不完全相同。审级关系构成审判业务关系的基础和常态,但审级关系的范围较审判业务关系要窄。审级关系的特点主要有:一是审级关系对应的是审级制度,特指审级间的因上诉、再审、死刑核准、减轻处罚核准等与审级结构相关而形成的审判关系;二是审级关系的程序化构造十分清晰明确。主要是通过法律设定的上诉和审判监督程序来实现审级间的指导监督关系;三是审级关系呈现出一种单一的上对下的指导监督关系。按照一些学者的研究观点,这种审级监督是一种个案、事后和程序性的监督。"上级法院对下级法院的审判监督,不是在具体案件之外发布规范性文件,而是在具体案件审理的过程中实施'个案监督'。"①"上级法院对下级法院的监督途径,联系《宪法》、《人民法院组织法》以及三大诉讼法的相关规定来看,只能通过审级制度或审判监督程序来进行,而且这种监督途径均应当通过个案的、事后的方式依照法定程序进行;除此之外,法律并未规定任何其他形式的监督途径。"②审判业务关系

① 乔新生:《上下级法院之间到底是一种什么关系》,载《中国审判新闻月刊》2011年第61期。

② 刘学在:《上下级法院间的应然关系之理性回归》,载《中国审判新闻月刊》2011年第61期。

则既包括个案监督，也包括对一般性或抽象司法行为的监督指导；既包括事后、程序性监督指导，也包括事前、非程序性监督指导。[①] 监督指导的方式包括审理案件、制定司法解释或者规范性文件、发布指导性或参考性案例、召开审判业务会议、组织法官培训等形式。[②]

笔者选用审判业务关系而非审级关系作为本书研究的对象，主要基于以下方面的考虑：

第一，审判业务关系更能全面准确地描绘中国现实社会中真实存在的错综复杂的上下级法院关系。这种真实复杂的关系，可从上下级法院审判业务关系介入的不同路径和多元视角获得一个全景式的图像。审判业务关系比审级关系有更宽的涵盖面和辐射性，其广泛范围及丰富内涵，亦造就了它具有以下特点：一是广泛性。上下级法院间实际发生的一切与监督指导业务活动有关的关系，均可能成为审判业务关系的内容，其范围远比单纯的审级关系广泛，可涉及超过个案、事后、程序监督之外的很多层面的业务关系。二是动态性。随着不同时期人民法院工作思路、理念、重心等的调整，影响上下级法院审判业务关系的相关因素会随之变化，审判业务关系的内容和范围也在不断地补充、丰富、更新甚至异化。三是开放性。上下级法院及法官都生活在一定的社会环境之中，司法活动是开放的，审判业务关系也是开放的，外部的因素对上下级法院审判业务关系的影响比单纯的审级监督来得更为容易、范围更广。

第二，研究审判业务关系有文本依据。最高人民法院 2010 年 12 月发布的《关于规范上下级人民法院审判业务关系的若干意见》（以下简称《若干意见》），为研究此问题提供了文本依据。最高人民法院近年来"就对上下级人民法院的审判监督关系进行专题调研，并根据调研发现了四个主要问题，即对上下级法院审判业务关系认识模糊、监

---

① 事前监督指导主要指对特殊案件的内审机制、案件请示制度等；非程序监督指导主要有指导性案例、制定规范性文件、召开业务会议等。

② 参见最高人民法院《关于规范上下级人民法院审判业务关系的若干意见》（法发〔2010〕61 号，2010 年 12 月 28 日公布）第 8 条、第 9 条、第 10 条。

督指导方式不统一,对案件请示做法一直有争议,发回重审标准不一、说理不足,有的高级人民法院出台审判指导文件的程序、方式不够规范等”。[①] 出于对这些问题(其实实践中远不止这些问题)的思考、研究和探索,最高人民法院《若干意见》的出台,为规范上下级法院审判业务关系提供了一个改革进程中的阶段性成果,但《若干意见》的实际运行效果需要验证,尤其是需要对制度设计理念与实践土壤的接纳度进行实证分析和思考。

第三,研究审判业务关系,能深度关注诸如发回重审制度、案件请示制度、内审程序、案件评查、审判业绩考核等颇具争议、正频频困扰和影响上下级法院关系的热点争议问题,因而更具现实触摸感,更能回应司法面临的现实困惑与实际需求。目前在上下级法院的审判业务关系中,无论是发回重审、案件请示,还是内审程序、审判绩效考评等,每一个单独的问题都值得深入思考,但又彼此相互关联,需要放在审判业务关系的大背景下进行系统、整合性研究,以对这些单独问题的思考和把握更具广阔的视野。

第四,构建合理的上下级法院关系包括审判业务关系是当前及今后一段时期司法改革乃至政治体制改革的一项重点内容和任务,能在一定程度上触及司法和政治体制改革深层次问题。“没有什么能比规范上下级法院关系更能体现司法改革之难了。地方化与行政化、垂直管理与地方自治、案件请示与审级独立、提前介入与独立审判、司法审判与司法行政,各类问题组合、交织在一起,凸显了改革的困境,也蕴含着改革的机遇。”[②]同样,上下级法院审判业务关系中诸如审级间的依法独立与监督指导、上下级法院职权配置与功能定位、司法权与行政权的交织与厘清、审判权与审判管理权的有效分离等会产生比审级关系更有深度、更为深刻的改革连锁反应。最高人民法院《人民法院

---

① 姚莉:《审判权内部监督制约的新发展》,载《中国审判新闻月刊》2011 年第 61 期。

② 《上下级法院关系改革专题》,载《法制资讯》2009 年第 5 期。

第三个改革纲要(2009—2013)》提出的“改革和完善上下级人民法院之间关系”、最高人民法院《人民法院第四个五年改革纲要(2014—2018)》提出的“建立定位科学、职能明确、监督得力、运行有效的审级制度”与“十八大”报告中所提出的“法治愿景”目标的实现也更加契合。① 2013年11月12日,中国共产党第十八届中央委员会第三次全体会议通过的中共中央《关于全面深化改革若干重大问题的决定》强调推进法治中国建设,就改革司法管理体制,确保依法独立公正行使审判权和健全司法权力运行机制等司法改革重大问题进行重点部署②,是从司法体制和运行机制方面落实党的十八大报告所推进的全面改革。③ 2014年10月23日,中国共产党第十八届中央委员会第四次全体会议通过的中共中央《关于全面推进依法治国若干重大问题的决定》继而提出改革司法机关人财物管理体制,探索实行法院、检察院司法行政事务管理权和审判权、检察权相分离;最高人民法院设立巡回法庭,审理跨行政区域重大行政和民商事案件;以及完善审级制度

---

① 党的十八大报告指出:“进一步深化司法体制改革,坚持和完善中国特色社会主义司法制度,确保审判机关、检察机关依法独立公正行使审判权、检察权。”为了实现党所确立的司法体制改革的这一要求,2012年12月26日,最高人民法院院长王胜俊在第二十次全国法院工作会议上的报告中强调:“要紧紧围绕确保人民法院依法独立公正行使审判权,深入研究制定有效排除各种干扰、有效克服地方和部门保护主义等问题的措施,进一步规范和完善上级法院对下级法院的监督指导。”

② 中共中央《关于全面深化改革若干重大问题的决定》“九、推进法治中国建议”(32)规定:“确保依法独立公正行使审判权检察权。改革司法管理体制,推动省以下地方法院、检察院人财物统一管理,探索建立与行政区划适当分离的司法管辖制度,保证国家法律统一正确实施……”(33)规定:“健全司法权力运行机制。优化司法职权配置,健全司法权力分工负责、互相配合、互相制约机制,加强和规范对司法活动的法律监督和社会监督……明确各级法院职能定位,规范上下级法院审级监督关系。”

③ 参见习近平:《关于〈中共中央关于全面深化改革若干重大问题的决定〉的说明》,载《中国纪检监察报》2013年11月16日。“司法体制是政治体制的重要组成部分。这些年来,群众对司法不公的意见比较集中,司法公信力不足很大程度上与司法体制和工作机制不合理有关。司法改革是这次全面深化改革的重点之一。全会决定提出了一系列相互关联的新举措,包括改革司法管理体制,推动省以下地方法院、检察院人财物统一管理,探索建立与行政区划适当分离的司法管辖制度……这些改革举措,对确保司法机关依法独立行使审判权和检察权、健全权责明晰的司法权力运行机制、提高司法透明度和公信力、更好保障人权都具有重要意义。”

等重大司法改革措施。其中，无论是司法管理体制改革，抑或是明确各级法院职能定位、规范上下级法院审级监督关系的司法权运行机制方面的改革，都是当下及今后中国全面深化司法改革的时代命题。

第五，笔者所在的西安市中级人民法院曾被最高人民法院司法改革领导小组办公室确定为上下级法院关系司法改革重点课题试点法院。以西安市中级人民法院对上、对下形成的审判业务关系为研究视角，进行实证分析，可为构建科学合理的上下级法院审判业务关系包括中国的司法改革提供必要的实践样本，也为笔者的写作提供了丰富而宝贵的实践研究素材。

二、研究综述

就我国大陆而言，尚没有一本系统论述有关上下级法院关系，更不用说上下级法院审判业务关系的专著，即使是完整论及上下级法院审判业务关系的文章也鲜少见到。对上下级法院审判业务关系的研究，主要表现为以下几种研究进路：

第一种是在以某研究对象为主的论述中涉及有关上下级法院关系的“零散”式、非系统性或整合性研究。比较有代表性的如，侯猛在《中国最高人民法院研究——以司法的影响为切入》①一书中，以最高人民法院的影响力特别是它对社会经济生活的影响力为切入点，研究了最高人民法院对社会经济生活的影响，最高人民法院的权力关系网络（包括外部关系协调和内部组织管理），最高人民法院法官的知识、能力（包括知识生产、决策过程、功能定位及大法官群体的角色等）。在某些章节中涉及最高人民法院对下级人民法院的控制、最高人民法院与下级人民法院在权力关系上的重新调整、上级法院拥有支配下级法院知识的权力等与上下级法院关系有关的少量、分散性论述。左卫

① 参见侯猛：《中国最高人民法院研究——以司法的影响力切入》，法律出版社2007年版。

民教授在《最高法院研究》[①]著作中，既有对域外最高法院的比较研究，也有对中国最高人民法院的研究。其中，在对最高人民法院上诉审判权、规则制定权、司法解释、案件请示制度、信访制度和出版物等的研究中涉及对上下级法院关系（包括审判业务关系）的某些有分量的分析与思考。

第二种是从司法管理体制角度所进行的对上下级法院审判业务关系背后所透视的司法体制、政治体制等制度层面的研究。贺卫方教授在《中国司法管理制度的两个问题》[②]一文第一次系统提出了当代中国司法行政管理体制的问题，尖锐指出我国法院系统（包括上下级法院之间的关系）具有严重的行政色彩和官僚色彩。在《司法改革中的上下级法院关系》一文中，贺卫方更是指出："司法制度本身便是政治制度的一部分，或者说，政治体制构成了制约司法体制的重要的制度环境。司法改革离不开更宏观层面上的整个政治体制的改革。""如果说行政机关是以下级服从上级的话，法院则无所谓上级，每一级法院都应当是独立的。法院之所以设置不同的审级，并不是要建立一种上级控制下级的机制。"并认为上级法院对下级法院的监督（或实际上的领导）并不能有助于帮助下级法院抵抗司法地方化带来的干扰，反而是以"一种错误的实践为另一种同样错误的实践辩护的倾向。况且人们也很难论证来自上级法院的干预就一定比来自地方权力的干预更具有正当性"。继而提出"寻求无需监督的司法界"。[③] 苏力则不太认同贺卫方的观点，在《论法院的审判职能与行政管理》一文中，他认为，"贺文的分析在某种程度上仍然停留在规范性研究，即更多以外国（主要是美国）的或所谓的'国际标准'的正式司法制度同中国法律明文规定的正式制度进行比较，因此这可能影响他对中国司法制度所存

---

① 参见左卫民:《最高法院研究》,法律出版社 2004 年版。

② 原载《中国社会科学》1997 年第 6 期,后收入贺卫方:《司法的理念与制度》,中国政法大学出版社 1998 年版(文章改名为《论司法的非行政化和非官僚化》)。

③ 贺卫方:《司法改革中的上下级法院关系》,载《法学》1998 年第 9 期。

在的问题作出更深入理解和更中肯的批评”。[①] 苏力在此文中虽然没有明确论及上下级法院的审判业务关系，但从其肯定法院行政管理制度的设置具有自身合法性的基本前提出发，得出的结论是，“各级法院及其内部的业务庭有这种行政管理的制度需求，乃至为满足这一需求而相应设立的行政管理制度，并不必定导致中国法院系统目前具有的那种强烈的行政官僚色彩”。“重要的不是排斥这种行政管理事务，而是要随着社会分工的发展，注意将法院的行政管理职能同法院的司法职能逐步分离开来。”[②]还有一些文章从法院体制及其运行机制迥然有别于行政体制及其运行机制的对比出发，论述了上下级法院之间关系的行政化倾向及其弊端已成为现行司法体制的一个“瓶颈”问题，而改革的路径选择有的是建议实行“垂直领导”，即要把地方法院法官的任免权收归省级人大常委会，法院的经费由国家拨付，实行司法辖区和行政区划的分享，取消下级法院除上诉审和再审以外的监督等。[③]有的则持反对意见，认为在当前法院体制改革中，主张将人、财、物权划归最高人民法院统管的改革方案不仅设计是不科学的，而且后果也将是严重的。[④] 还有的提出了在当今中国司法行政化这一语境制约下的可能良方，即寻求“中间扩散型”制度变迁，重塑上下级法院关系的“第三条道路”。[⑤]

第三种是从审级理论角度所进行的上下级法院审判业务关系理论层面的研究。这是当前关注和研究上下级法院业务关系最主要的理论视角。比较有代表性的研究成果有：傅郁林在《审级制度的建构原理——从民事程序视角的比较分析》一文中，用比较法考察和历史

---

① 苏力：《论法院的审判职能与行政管理》，载《中外法学》1999年第5期。

② 同上注。

③ 参见刘会生：《人民法院管理体制改革的几点思考》，载《法学研究》2002年第3期。

④ 参见廖中洪：《“垂直领导”：法院体制改革的重大误区》，载《现代法学》2001年第23卷第1期。

⑤ 廖奕：《司法行政化与上下级法院关系重塑》，载《华东政法学院学报》2000年第6期。

考察的方法,描绘了各国审级制度的建构思路是为了维护司法的统一性、正确性、终局性和正当性等价值目标,并从对比世界当代三大诉讼模式(即以英、美为代表的上诉制,以法、意为代表的撤销制和以德、奥为代表的更审制)在审级制度上虽普遍实行两级结构的传统模式却沿着不同发展脉络九九归一、最终汇入三级司法等级结构的域外考察出发,分析了中国审级制度在技术原理上呈现出来的审级功能层次不明,造成实践中滥用审判权和滥用诉权行为的双重失控,申诉、再审案件大幅上升等两审终审制的原有缺陷,提出了在中国应建立有限三审制度的设想。[①] 其他涉及民事审级制度改革的还有章武生的《我国民事审级制度之重塑》[②]、陈刚的《我国民事上诉法院审级职能再认识》[③]、齐树洁的《我国民事上诉制度若干缺陷之法理分析》[④]等文章,均反思了我国现行审级制度的不足和缺陷,提出了基本民事程序中有条件地实行三审终审。从刑事诉讼程序方面论及审级关系及审级制度改革的有陈卫东、李训虎的《公正、效率与审级制度改革——从刑事程序法的视角分析》[⑤],程荣斌、邓云的《审级制度研究》[⑥]等文章,都从中国的审级制度的缺陷出发,提出了改革两审终审制,实行有限的三审终审制。

第四种是从实践角度进行的对上下级法院审判业务关系中的具体表象如发回重审、案件请示等微观层面的研究。理论和实务界对于案件请示关注较多,批评之音颇强,不乏“存”或“废”的对立主张。主张“存”的,如侯猛在《案件请示制度合理的一面——从最高人民法院

---

① 参见傅郁林:《审级制度的建构原理——从民事程序视角的比较分析》,载《中国社会科学》2002 年第 4 期。

② 参见章武生:《我国民事审级制度之重塑》,载《中国法学》2002 年第 6 期。

③ 参见陈刚:《我国民事上诉法院审级职能再认识》,载《中国法学》2009 年第 1 期。

④ 参见齐树洁:《我国民事上诉制度若干缺陷之法理分析》,载《河南省政法管理干部学院学报》2004 年第 1 期。

⑤ 参见陈卫东、李训虎:《公正、效率与审级制度改革——从刑事程序法的视角分析》,载《政法论坛》(中国政法大学学报)2003 年第 21 卷第 5 期。

⑥ 参见程荣斌、邓云:《审级制度研究》,载《湖南省政法管理干部学院学报》2001 年第 17 卷第 5 期。

角度展开的思考》一文中指出："案件请示制度有其政治意义，对于解决影响难办案件仍然发挥着重要作用，彻底废除并不可能。只能在现有框架内加以改革。"①主张"废"的，如万毅在《历史与现实交困中的案件请示制度》一文中的分析，虽然从实践效果来看案件请示制度具有一定的纠错功能、确保个案的公正性，但权衡利弊，案件请示制度本身违背了审判独立、直接审理等现代司法的基本理念，存在着侵犯当事人诉权、导致诉讼效率低下等内在缺陷，理论上和实务界都趋向于废除。② 沙永梅在《案件请示制度之废除及其功能替代——以中级法院的运作为出发点》一文中，除了同样主张这一制度因过多的消极功能违背司法规律应予废除外，还建议通过审级制度改革和建立中国式判例制度来替代案件请示制度。③ 对于发回重审制度，观点同样冲突对立。张元鹏、李寿荣在《从正义和效率的视角分析刑事诉讼发回重审制的矛盾性》一文中认为，发回重审本身是低效率、低水平、低权威的重复工作，其本身存在着正义、效率及正义和效率之间的矛盾性，有必要质疑这一制度存在的合理性和正义性。更尖刻地批评我国现行的发回重审制度在司法权威性的塑造方面本身是一大败笔。④ 一些学者对发回重审制度提出了改良建议，如刘敏提出，应当对发回重审的法定事由进行重新设定，赋予当事人程序选择权，对发回重审的条件、次数、审理范围等进行明确的规定和限定等。⑤

尽管取得一些研究成果，但总体而言，我国对上下级法院的审判

---

① 侯猛：《案件请示制度合理的一面——从最高人民法院角度展开的思考》，载《法学》2010 年第 8 期。

② 参见万毅：《历史与现实交困中的案件请示制度》，载《法学》2005 年第 2 期。在左卫民等著的《最高法院研究》（法律出版社 2004 年版）一书中，收录了内容更为详细的文章《历史、现状与走向：案件请示制度研究——以最高法院为中心的考察》。

③ 参见沙永梅：《案件请示制度之废除及其功能替代》，载《河北法学》2008 年第 26 卷第 7 期。

④ 参见张元鹏、李寿荣：《从正义和效率的视角分析刑事诉讼发回重审制的矛盾性》，载《岭南学刊》2012 年第 1 期。

⑤ 参见刘敏：《民事诉讼发回重审制度之探讨》，载《法律科学》（西北政法大学学报）2011 年第 2 期。

业务研究仍显薄弱,存在的主要缺陷有:

第一,研究的理论视野略显狭窄,理论基础相对薄弱且学术资料较为陈旧。对当前构成司法改革重要内容和难题的上下级法院间的审判业务关系缺乏系统理论支撑的整合性研究。正如最高人民法院司法改革领导小组办公室副主任蒋惠岭所言:“上下级法院的关系一直是一个悬而未决的问题。说它是悬而未决,既包括立法上缺乏明确、系统的界定,也包括实践中存在有违司法规律的做法和现象,但最重要的还是理论指导不够及时。”①目前涉及上下级法院关系的理论依据主要有单一制国家结构理论、法制统一理论、审级理论。但这些抽象的、应然理论并不能很好地解释说明实践中上下级法院审判业务关系的真实状态。比如从单一制国家结构理论出发,“各级法院的管理权应当由中央统一行使,而不应当掌握在该法院所在的地方政权手中。如果司法行政管理权(其他管理权也是一样)被地方‘瓜分’,单一制国家结构也就受到了破坏”。“法制统一理论要求上下级法院对所有法律事项都适用相同的法律标准,而且上级法院对下级法院适用法律的活动进行统一性方面的监督。”②但是,单一制理论并不能有信服力地解释现实生活中存在的上下级法院关系的真实状态。因为我国的法院实际是双元制的政治架构,下级法院既要接受上级法院的监督指导,又要受同级党委领导、人大的监督(而来自上级和同级这两个方面的监督都有宪法和法律的依据)③,可以说在某种程度上,司法权是掌握在地方政权的手中。法制统一适用理论只是说明上下级法院适用法律要保持一致,但无法解释为何上下级法院实际审判业务关系

① 蒋惠岭:《上下级法院关系改革的思路》,载《法制资讯》2009 年第 5 期。

② 同上注。

③ 《宪法》第 127 条第 2 款规定:“最高人民法院监督地方各级人民法院和专门人民法院的审判工作,上级人民法院监督下级人民法院的审判工作。”《人民法院组织法》第 16 条第 2 款规定:“下级人民法院的审判工作受上级人民法院监督。”《宪法》第 128 条和《人民法院组织法》第 16 条第 1 款分别规定:最高人民法院对全国人民代表大会和全国人民代表大会常务委员会负责并报告工作。地方各级人民法院对本级人民代表大会及其常务委员会负责并报告工作。

中还大量充斥着除了审判监督以外的其他关系，如管理、协调、指导甚至行政领导关系等。审级理论是决定上下级法院在审判业务关系方面最重要和最直接的理论基础。根据审级理论，“审级制度的三大功用：一是纠正下级法院的错误；二是给当事人再一次诉讼的机会；三是维护法律适用标准的统一”。[①] 各级法院之间没有决定过程中的命令服从，而只存在裁判之后的重新审理关系。但审级理论的研究资料相对比较陈旧，形成的年份以1996年至2005年间居多。而且，主要是以刑事诉讼程序和民事诉讼程序为视角，研究的重点放在用三审终审制对现行的两审终审制进行改造方面，对上下级法院事实上庞杂的审判业务关系的理论支撑略显薄弱和单一。再者，由于不同的理论观察研究问题的视角不同，侧重点不同，用不同的理论看待相同的问题，可能会出现理论“打架”或观点矛盾现象。比如，为了解决司法地方化的问题，在较早的时候（大致在一二十年之前），一些学者用法制统一理论力主法院要实行“垂直领导”，“鉴于我国当前司法实践中的地方保护主义猖獗……对我国的审判制度进行重大改革，包括把现行上下级法院之间的审判业务监督体制改为垂直领导体制”。[②] 这种主张明显是“头痛医头，脚痛医脚”，与审级独立的理论是矛盾的。因为科学的审级关系是以不同层级的法院之间相互独立为基础的。但是，随着2013年11月12日中共中央《关于全面深化改革若干重大问题的决定》通过后，对于中央提出的“推动省以下地方法院、检察院人财物统一”的司法管理体制方面的改革思路，不少国人开始议论地方法院、检察院

① 蒋惠岭：《上下级法院关系改革的思路》，载《法制资讯》2009年第5期。

② 赵小军、赵化宇：《关于实现我国高院跨区设置、法院垂直管理暨三审终审制度之构想》，载《甘肃政法学院学报》1999年第3期。

要实行“垂直管理”[①],认为这是消除司法地方化的一个重大性体制改革。笔者并不否认中央推出这一重大司法管理体制改革的积极价值,此举也可能有助于摆脱长期困扰司法机关的地方权力干扰问题,使地方法院不再是地方法院,而是“国家法院”。[②] 但是,随之而来的担忧又是这种“统一管理”究竟是如何“统一”的?是否真的如某些媒体所称的是由省级法院、检察院统一管理省以下的地方各级法院、检察院的人、财、物?[③] 抑或是由省级党委政府与省级法院、检察院共同行使管理权?或是由单独成立的管理部门专门行使管理权?倘若如此,笔者担心摆脱了地方化的司法机关是否又套上了来自上级党政、司法机关的行政化枷锁?这种担忧绝非空穴来风,因为笔者在书中颇费笔墨地观察、分析了目前上下级法院之间日益浓厚的行政化,正在慢慢侵蚀着愈发脆弱的本应是独立的上下级法院审判业务关系。这种人、财、物统一管理后的司法管理体制改革,到底是加重了还是减轻了上下级法院之间的独立性或是依附性?因而,对上下级法院审判业务关

---

① 其实“垂直管理”与“统一管理”并不完全相同。“垂直管理”是我国政府管理中的一大特色,而且在行政体制改革中,作为中央对地方进行调控的重要手段有不断被强化的趋势。我国目前比较重要的政府职能部门,主要包括履行经济管理和市场监管职能的部门,如海关、工商、税务、烟草、交通、盐业的中央或者省级以下机关多数实行垂直管理。1998 年人民银行撤销省级分行,设立 9 家大区制分行,此后,银监、证监、保监均参照实行垂直管理。因而,垂直管理应当包括人、财、物和业务等在内的所有活动都是自上而下统一管理;在十八届三中全会报告中,仅规定为推动省以下地方法院、检察院人、财、物的统一管理,并没有规定为垂直管理。省以下的法院和检察院的人、财、物“统一管理”不包括业务方面的统一管理,因为依照宪法和法律规定,上下级法院在审判业务方面是监督关系,不是领导管理关系。但是,如果人、财、物这个最核心、关键的内容都实现了上级法院对下级法院的统一调配和管理,审判业务活动能否不受到上级法院的制约、影响甚至是领导管理,会引发人们的合理担忧。

② 参见赵凌、赵蕾、郭丝露:《“人财物独立于地方”等了十年 突然要脱离,法院不习惯》,载《南方周末》2013 年 11 月 28 日。文章中引用广东省某中级人民法院副院长的话:“过去是县的法官,市的法官,现在是省的法官……其实我们不是某个县市、某个省的法官,是‘国家的法官。应该一步到位,由中央统一管理’。”

③ 《“人财物独立于地方”等了十年 突然要脱离,法院不习惯》一文中写道:“中国的中基层法院即将迎来三十年来最实质的体制改革,在人权和财权上它们将不再完全受制于地方党政,直接接受省高院管理。这意味着法院这个一直被错误地视为地方政府管辖的‘行政机关’,即将结束靠地方政府发粮、看地方领导脸色的命运。”

系的研究还需要运用系统理论的支撑,需要思考在克服一种体制弊端的同时避免引发另一种体制弊端。“改革是系统工程,人财物改革将推动未来法院更核心的改革。”①审判业务关系同样受制于这一司法管理体制的重大变革,能否真正在确保审判权独立行使这一司法体制改革最终目的上起到推动而非“此消彼长”的作用。

第二,目前上下级法院审判业务关系内涵模糊、范围不清,对各类复杂的关系缺乏全面系统分类,对特征及成因未作深入思考。目前尚没有著述对我国上下级法院审判业务关系大致包含的范围、内容、特征、效果等作出一个系统的梳理和分类,理论上缺乏完整的概述和分析。实务界也是侧重围绕对最高人民法院《关于规范上下级人民法院审判业务关系的若干意见》的出台进行一些一般性的理解式阐述,亦没有对现实中庞杂多元的上下级法院审判业务关系作深度的提炼总结,更谈不上从理论层面进行研究思考。

第三,缺乏对各类形式的审判业务关系在实践运作层面的利弊进行的实证调查与经验分析。在研究方法上少见对上下级法院审判业务关系以问卷调查、深度访谈等方式进行的分析,尤其是对利弊的实证调查。所得出的观点缺乏有分量的实证数据支撑,未建立在真实的受访者感受的基础上,带有较大程度的主观臆断。比如,不少文章在谈到上下级法院时,都会得出的一个结论是:上级法院的法官素质要比下级法院法官的素质整体高。这个观点的背后究竟在多大程度上是得到客观、权威、科学的数据或实证资料印证的?再如,对案件请示、发回重审、案件评查等利弊分析和效果评价,也多以作者自身的判断为主,很少用实证的方式对某个法院进行解剖麻雀式的评析验证。

---

① 赵凌、赵蕾、郭丝露:《“人财物独立于地方”等了十年 突然要脱离,法院不习惯》,载《南方周末》2013年11月28日。

三、研 究 方 法

本书以实证研究和经验分析见长,兼顾其他研究方法等。侯猛在他的《中国最高人民法院研究》一书中提到:“本书的展开是以问题为中心,但对问题分析的方法却是多元的。方法只是研究工具,只要有助于对问题的理解,可以针对不同的问题来使用不同的工具。”在笔者写作本书过程中,亦遵循多元研究的进路,力求有助于对问题的分析与思考。具体而言:

第一,实证研究法。法学的生命在于实践,法律的生命在于实践,司法体制改革的生命和源泉同样在于实践。正如笔者的导师左卫民所言:“从刑事诉讼规范化的角度而言,要想让法律真正发展起来,我们应该直面实践——对实践进行客观研究,应对实践——在立法上有所反应,规范实践——将其纳入法律范围并加以控制。”[①]研究上下级法院审判业务关系,本身就是一个实践性很强的理论和现实问题,离不开对生活实践的关注和对经验现象的观察。本书在运用社会调查和经验分析时,注意了以下方法和维度:一是调研方法与调研对象选取的代表性和科学性。主要采用问卷调查、座谈交流、深度访谈和个案分析、文案调查方法和对既有统计资料的利用等。二是收集整理客观、真实、有说服力的数据。受访对象近 600 人,其中,问卷调查共发放 370 份,有效回收问卷数 325 份;深度访谈 15 人;座谈调研 170 多人。涉及笔者所在的一个中级人民法院及下辖的 13 个基层人民法院、1 个高级人民法院。三是问卷内容设计科学翔实,有相当的涵盖面和广度。它注重经验的感受,但也会有理论的追求,而且这种理论是建立在实践和经验的层面,显得更加真实和鲜活。“它要比一般司法

① 左卫民:《范式转型与中国刑事诉讼制度改革:基于实证研究的讨论》,载左卫民:《刑事诉讼的中国图景》,三联书店 2010 年版,第 263 页。

制度框架和原理讨论的研究写作方式更有意义、更有趣。”①

第二,定向观察法。以笔者所在的中级人民法院为视角,对下俯视其与下辖基层人民法院的关系,对上仰视其与所属高级人民法院的关系。再借助对最高人民法院的有关研究资料及笔者的观察来折射与最高人民法院的关系。对一个处在呈金字塔结构的庞大的全国法院系统而言,一个中级人民法院的确显得很小,但是,正如费孝通先生所言:“对这样一个小的社会单位进行深入研究而得出的结论并不一定适用于其他单位。但是,这样的结论却可以用作假设,也可以作为在其他地方进行调查时的比较材料。这就是获得真正科学结论的最好方法。”②

第三,多向视角切入法。笔者在使用实证研究方法的过程中,注意多维视角的切入与对比研究。除了分别设计针对上下级法院法官的不同问卷外,还设计了律师问卷、当事人问卷及法学专家问卷。同样套用侯猛的话:“这样的切入点,这样的研究立场是可取的。它既是一个法律人的视角,也是一个普通人的视角,它会让人看到一个近距离的、真实的、弥散在现实社会中的最高法院。”③本书以所谓“圈内人”的视角为主,兼顾“圈外人”(包括当事人)以及法律职业共同体的法学专家和律师(脚跨圈内与圈外)的视角作为补充,力图展示一个“近距离的、真实的、弥散在现实社会中的中级法院”及其层级上的多维关系图景。

第四,比较研究法。“在法学上,特别是如同在法哲学、法律史、法律社会学和比较法出现的情况一样,只有超越本国现实法律规范之上的研究才能够称为科学。”④在本书中,笔者分别选取了英美法系的英

---

① 侯猛:《中国最高人民法院研究——以司法的影响力切入》,法律出版社 2007 年版,第 8 页。

② 费孝通:《江村农民生活及其变迁》,敦煌文艺出版社 1997 年版,第 15 页。

③ 侯猛:《中国最高人民法院研究——以司法的影响力切入》,法律出版社 2007 年版,第 8 页。

④ 〔德〕K. 茨威格特、H. 克茨:《比较法总论》,潘汉典、米健、高鸿钧等译,法律出版社 2003 年版,第 3 页。

国、美国和大陆法系的德国、法国和日本为比较考察的对象,因为这几个国家分属两大法系的重要代表,具有一定的典型性。在通过与域外国家或地区的对比研究中,透析中国的问题与走向。

第五,多学科交叉法。法学研究不仅需要法学学科自身的研究方法,如规范分析、文本分析、个案分析等方法,也需要其他学科包括社会科学、人文学科乃至自然科学的方法。由于笔者知识视野的局限与能力所限,无法横跨相关学科,如"学术大家"般地在学科间纵横捭阖,自由游走,但仍然不知深浅、如蜻蜓点水般地借用了社会科学、管理学、政治学等一些学说知识,竭力使自己的研究视野更为开阔一些。

第一章　审判业务关系概述

第一节　审判业务关系的内涵

一、审判业务关系的概念

界定上下级法院审判业务关系的概念及内涵，离不开对其上位概念即上下级法院关系进行溯源和探究。上下级法院关系是一个老生常谈的话题，谈论多，但真正在概念上能厘清的少。由于概念不清，上下级法院关系成为一个颇具困惑、含糊不明的问题，“至于上下级法院的关系，究竟是监督、指导，还是单纯的审级关系，还是几方面都有？这个问题在理论上显然见仁见智，但从实务的角度，则必须面对中国的现实，即无论以何种方式，上级法院对下级法院的指导是必要的”。[①]“上下级法院之间的关系是业务指导关系，还是行政指导关系？”[②]“笼统说，上下级法院之间既有监督关系也有领导关系自然少有异议，倘若采用列举式来说明哪些属于监督关系、哪些属于领导关系、二者的

---

① 田文昌：《规范上下级法院关系的一大进步》，载《中国审判新闻月刊》2011年第61期。

② 乔新生：《上下级法院之间到底是一种什么关系》，载《中国审判新闻月刊》2011年第61期。

界限在哪里,恐怕脉络就难以清晰了。"[①]这些论述从一定程度上折射出学者们对中国上下级法院关系定位上的一种茫然。不过,更多的学者认为上下级法院关系只是监督与被监督的关系。依据是,从正式的法律文本来看,论及上下级法院关系的规范提法主要是《宪法》第127条第2款的规定:"最高人民法院监督地方各级人民法院和专门人民法院的审判工作,上级人民法院监督下级人民法院的审判工作。"《人民法院组织法》第16条第2款规定:"下级人民法院的审判工作受上级人民法院监督。"但对何为监督,监督内涵所指又有不同的理解。有学者认为,"监督"是监督者对被监督者的单向控制。[②] 另有不同观点认为,监督者可以对被监督者提出意见和建议,但只能通过合法、正当的手段,并以合理的程序补正或纠正被监督者的不当行为,而不能越俎代庖、代替包办、命令改正。被监督者依法履行职责,在行动过程中无须请示监督者、无须听从监督者的命令而可径直大行其道[③],并认为那种单向的控制,恰恰是领导关系的表现,而并非是监督关系。

上下级法院之间由于混杂着审级监督、业务指导、审判管理、奖评考核、学习培训、政策指导、司法行政辅助事务协调、人事协管等错综复杂的关系,现实状态下的上下级法院审判业务关系也是监督关系、指导关系与管理关系等在不同层面相互交织,呈现出"你中有我,我中有你"的胶着状态。上下级法院审判业务关系属于上下级法院关系的下位概念,其本身亦没有一个学界及实务界公认通用的概念。最高人民法院《关于规范上下级人民法院审判业务关系的若干意见》虽然是一个专门性涉及上下级法院审判业务关系的司法文件,却并未对上下级法院审判业务关系作明确的概念界定。从其条文表述看,上下级法院审判业务关系包含了监督与指导两个方面。《若干意见》第1条规

① 王洪坚:《规范二审裁判权运行的思考》,载《山东审判》2011年第1期。

② 参见傅郁林:《司法监督·司法独立·司法公正——以民事审判权监督模式为窗口的透视》,载傅郁林:《民事司法制度的功能与结构》,北京大学出版社2006年版,第93页。

③ 参见王洪坚:《规范二审裁判权运行的思考》,载《山东审判》2011年第1期。

定:"最高人民法院监督指导地方各级人民法院和专门人民法院的审判业务工作。上级人民法院监督指导下级人民法院的审判业务工作……"但是《若干意见》对"监督"与"指导"各自的内容和范围没有作具体区分。笔者对《若干意见》寥寥10条规定进行梳理,其涉及上下级法院审判业务关系中的"监督"事项主要有两个方面:

1. 对请示案件实行诉讼改造

《若干意见》第3条规定:"基层人民法院和中级人民法院对于已经受理的下列第一审案件,必要时可以根据相关法律规定,书面报请上一级人民法院审理:(1)重大、疑难、复杂案件;(2)新类型案件;(3)具有普遍法律适用意义的案件;(4)有管辖权的人民法院不宜行使审判权的案件。"即对符合书面请示的案件通过报请提级管辖的方式来进行改造。同时《若干意见》第4条、第5条规定,上级人民法院对下级人民法院提出的移送审理请求可以决定是否提级管辖。

2. 对发回重审的案件进行规范

(1)对发回重审的范围进行规范。《若干意见》第6条第1款规定:"第一审人民法院已经查清事实的案件,第二审人民法院原则上不得以事实不清、证据不足为由发回重审。"

(2)对发回重审的裁定书内容进行规范。规定要在裁定书中详细阐明发回重审的理由及法律依据。

(3)对发回重审的次数进行了限定,即第二审人民法院因原审判决事实不清、证据不足将案件发回重审的,原则上只能发回重审一次。

《若干意见》涉及上下级法院审判业务关系中的"指导"事项,按法院层级的不同有所区别:

(1)最高人民法院的审判业务指导形式包括审理案件、制定司法解释或规范性文件、发布指导性案例、召开审判业务会议、组织法官培训。

(2)高级人民法院的审判业务指导形式包括审理案件、制定审判业务文件、发布参考性案例、召开审判业务会议、组织法官培训。

(3)中级人民法院审判业务指导形式包括审理案件、总结审判经验、组织法官培训。

从上述《若干意见》规定的上下级法院审判业务关系看，呈现出以下方面的特点：

（1）“监督”与“指导”的内容与范围彼此有交叉。以发回重审这种监督方式而言，“第二审法院作出发回重审裁定时，应当在裁定书中详细阐明发回重审的理由及法律依据”，这种详细阐明理由及依据的做法实则是一种审判业务的指导。另外，从最高人民法院、高级人民法院乃至中级人民法院在指导下级人民法院审判业务时均具有的共同指导方式即“审理案件”来看，上级法院审理下级法院的案件，无论作出维持、撤销、发回等结果，就该程序设置本身而言更多的是一种审判监督。

（2）“监督”与“指导”的内容与范围有限，不能涵盖现实中复杂多层的上下级法院审判业务关系。无论是监督指导的范围和程序，还是列举的指导形式，《若干意见》只是涉及上下级法院审判业务关系中的一部分而非全部。

（3）这种“监督”与“指导”关系的走向更多是一种自上而下的单向性，而非从下到上的双向性。

审判业务关系的概念如何界定？在文中它是指上下级法院围绕审判业务活动而形成的各种关系。研究视角以笔者所在的中级人民法院为切入点，从下看与基层人民法院的关系，从上看与高级人民法院的直接关系、与最高人民法院的间接关系。研究的范围仅限于审判业务活动及由此形成的各类关系，而非财物、行政、人事等关系。

二、审判业务关系的内涵

在审判业务活动中形成的各种关系，主要包括以下方面关系：

1. 审级监督关系

审级关系指因上诉、再审、死刑核准、减轻处罚核准等与审级结构相关的审判制度，是根据法律程序所设置的审判监督关系，是一种常态化、程序化和制度化的上下级法院审判业务关系。审级关系的特点主要有：一是审级关系对应的是审级制度，特指审级间的审判监督关系。二是审级关系的程序化构造十分清晰明确。主要是通过法律设定的上诉和审判监督程序来实现审级间的指导监督关系。三是审级关系呈现出一种单一的上对下的指导监督关系。按照一些学者的研究观点，这种审级监督是一种个案、事后和程序性的监督。“上级法院对下级法院的审判监督，不是在具体案件之外发布规范性文件，而是在具体案件审理的过程中实施‘个案监督’。”①“上级法院对下级法院的监督途径，联系《宪法》、《人民法院组织法》以及三大诉讼法的相关规定来看，只能通过审级制度或审判监督程序来进行，而且这种监督途径均应当通过个案的、事后的方式依照法定程序进行；除此之外，法律并未规定任何其他形式的监督途径。”②

2. 业务指导关系

除了程序上的审判监督关系外，在现实中，上下级法院之间还存在着大量的审判业务指导关系。《若干意见》根据最高人民法院、高级人民法院和中级人民法院的不同功能定位，分别规定了包括审理案件、制定司法解释或者规范性文件、发布指导性或参考性案例、召开审判业务会议、组织法官培训等审判业务指导形式。实践中，上下级法院间的审判业务指导关系除了《若干意见》列举的形式外，还有一些其他的指导形式，如“带案指导”（即上级法院的分管院长、庭长、审判长等带着某个案件或某类案件定期到下级法院的对口业务部门，就案件审理中存在的突出或带有普遍性的问题进行专门性的指导、分析、研究）就是一个颇受下级法院欢迎的业务指导方式，认为该种“面对面”指导方式实行逐案讲解、深入剖析、增进交流、统一认识、效果显著。有的地方法院建立了上下级法院间的例会制度，“总结审判工作经验，交流审判工作信息，分析审判运行态势，研究新法律适用问题，研讨新

---

① 乔新生：《上下级法院之间到底是一种什么关系》，载《中国审判新闻月刊》2011年第61期。

② 刘学在：《上下级法院间的应然关系之理性回归》，载《中国审判新闻月刊》2011年第61期。

类型或疑难案件审理，通报一个阶段内改判、发回重审案件的情况及理由，听取下级法院对上级法院二审和再审裁判的意见和建议”。[①] 一些法院还加强了上下级法院间的对口业务指导，如海南省高级人民法院“建立了高、中院各审判业务庭和基层法院之间的对口包庭指导制度，提高基层法院的司法水平；对重点涉诉信访案件、执行‘老大难案’、‘骨头案’，由省高院统一指导化解”。[②] 此外，某些上诉法院还会对拟发改的案件事前与一审法院交换意见。笔者所在的中级人民法院长期以来就建立了这么一种“发改案件意见交换制度”（出台专门的文件），规定凡是拟发改基层人民法院的案件，必须先听取并征求原一审办案法官的意见（为了落实这项交换意见制度，还要求一审法官要在交换意见书上签署意见和名字），同时讲明二审发改的理由与依据（一审法官不同意，并不影响二审法官的最终决定），亦被视为是一种案件审理过程中的业务指导方式。

3. 审判管理关系

“司法机关的根本目标是司法，是审判案件，而为保障司法目标的实现必须进行管理……这些事务的管理通常在上下级法院之间又形成了另外一种特别的指导关系，有的则逐步演化成了领导关系，如案件流程管理制度。”[③]上级法院对下级法院的审判管理主要通过目标考评、专项评查（包括案件评查、文书评查）、庭审观摩等方式实现。上级法院为了实现通过目标考评促进审判质量、效率、效果提升的目的，往往会设计制定一套考评操作办法和标准。2002 年最高人民法院在各地法院探索和实践的基础上开始提出建议设立全国法院统一的审判质量与效率综合评估体系，在经过反复论证、测试后，于 2008 年发布了《关于开展案件质量评估工作的指导意见（试行）》，其目的是“初

---

① 刘峥：《上级法院对下级法院监督与指导功能之界定》，载《法制资讯》2009 年第 5 期。

② 董治良：《顺时应势构建科学的上下级法院关系》，载《法制资讯》2011 年第 3 期。

③ 蒋惠岭：《上下级法院关系改革的思路》，载《法制资讯》2009 年第 5 期。

步建立起人民法院案件质量评估体系，统一全国法院案件质量的评估方法和评价标准，有利于对全国法院的案件质量进行横向和纵向的全面比较，有利于找准提高审判质量的方向”。[①] 2010 年 9 月，最高人民法院又启动了案件质量评估指标体系的修订工作，2011 年 3 月正式下发了《关于开展案件质量评估工作的指导意见》，决定在全国各级人民法院正式开展案件质量评估工作。“案件质量评估体系已成为人民法院进行审判管理的重要‘指挥棒’，评估活动对全国法院审判工作起到了有效的激励、引导和监督管理的作用。”[②]各地许多法院参照最高人民法院的评估方法和指标，制定了适用于本院或本辖区的评估或考核指标体系。评估体系本身起着为审判执行工作指明方向的导向性作用，但从最高人民法院到各级人民法院，所采用的方法是类似于科层式的行政管理方式，比如自上而下对下级人民法院层层排名、绩效考核、奖惩兑现等。上级人民法院负责组织、指导、管理下级人民法院的评估工作，并通过指标的设定、调整、考核、排名、奖惩等对与审判要素有关的事项和所需要达到的审判价值目标进行全面的评价、督促、引导和监督管理，其目的是为了增强上级法院对下级法院审判业务过程和内容的全方位控制。[③]

4. 政策主导（或理念指引）关系

上下级法院之间在审判业务关系方面除了上述描绘的一些具象可感的监督、指导、管理关系外，还有一种来自抽象化的可称之为“政策”或“理念”“价值观”层面上的影响、主导或指引关系，这些“政策”或“理念”“价值观”，虽然不会那么直观地对下级法院的审判业务直接产生作用，但却能逐步渗透、转变乃至形塑法官们的思维方式、价值

---

① 严戈：《人民法院案件质量评估工作的历程》，载《人民法院报》2011 年 10 月 23 日。

② 同上注。

③ 最高人民法院设定的由 1 个一级指标、3 个二级指标、31 个三级指标构成的评估指标体系中，分别有反映案件公正水平的指标、反映案件效率情况的指标，反映案件效果状况的指标，在评估对象上涵盖了法院的各类案件，包含立案、审判、执行、事后监督等各个环节，统筹兼顾宏观与微观、实体与程序、内部与外部，全方位、多侧面对案件审判质量综合评估。

理念甚至职业精神，并从深层次影响上下级法院的审判业务关系。近些年来，从最高人民法院开展的各种理念教育十分频繁，如，2005 年胡锦涛同志提出了“依法治国、执法为民、公平正义、服务大局、党的领导”的社会主义法治理论，2007 年在与全国政法工作会议代表和全国大法官、大检察官座谈时提出了“坚持党的事业至上、人民利益至上、宪法法律至上”（简称“三个至上”）后，2008 年最高人民法院开始提出一系列特色鲜明的司法理念和重大观点。[①] 这些司法理念和重大观点，“涉及指导思想、工作主题、工作方针、工作思路、司法原则、司法核心价值观、队伍建设、司法改革等关系法院工作全局和根本的方面”[②]，自然也会影响到下级法院法官的办案思路和司法价值取向。比如，“调解优先，调判结合的审判工作原则和理念”直接影响各级法院调解率的升降幅度。因为，隐性理念可能显性化，转化为上级法院对下级法院的审判目标导向，通过审判指标的设置和权重比例调整，辅之以业绩考核奖惩去“激励”、引导法官最大化地追求该理念目标的实现。再如，“三个至上”、能动司法的理念，使得下级人民法院的法官在适用法律、行使自由裁量权时，会极力追求法律效果与社会效果的统一，会尽量伸展审判职能，做些在外人看来是法院之外的事情，会惶恐因仅考虑了法律依据而被戴上“就案办案、机械司法、只考虑法律效果”的帽子。司法理念的不同，会扭转法官看问题的视角，会影响其裁判的思路、会导致不同的判决结果。

5. 督查督办关系

这是上下级法院之间处理特殊案件（如领导批示、当事人反映、人

---

① 参见胡云腾：《关于社会主义法治理念及司法理念的几个认识问题》，载《人民法院报》2012 年 1 月 11 日。文中列举了关于坚持“三个至上”人民法院工作指导思想的理念、关于“为大局服务、为人民司法”的工作主题和人民法院人民性的理念、关于能动司法的理念、关于人民法院既是国家审判机关，也是群众工作部门；人民法官既是法律工作者，也是群众工作者；以及要甘当平民法官的理念、关于“公正、廉洁、为民”的司法核心价值观的理念、关于“调解优先、调判结合”的审判工作原则的理念、关于“抓党建带队伍促审判”的观念，等等。

② 胡云腾：《关于社会主义法治理念及司法理念的几个认识问题》，载《人民法院报》2012 年 1 月 11 日。

大代表或政协委员反映的个案等)的一种专项督促督办关系。“对因人大、政协的建议提案而需立案复查的案件、信访中发现的反映问题严重、矛盾易激化的案件、涉及集体上访或上访老户的案件等其他需要个案跟踪的案件,列入上级法院跟踪、督办、催办范围。下级法院应定期向上级法院汇报审理、执行情况,上级法院应定期作出通报。”①以笔者所在的中级人民法院为例,2011 年该院办理省法院交办的专项督办案件 27 件,向基层人民法院批(交)办案件 52 件。上级法院根据具体案件的重要或关注程度不同,往往以督查件转(交)办通知单的形式,要求下级法院作出下述不同的处理结果:① 请你们阅处;② 请你们协调、督促有关部门处理;③ 请你们调查了解,并将情况报告我院;④ 请你们查处,在 × ×期限内将查处(办理)结果报告我院。

对需要督查督办的案件,按照“分级负责、归口办理”的原则,每个层级的法院由专门部门或人员负责上级法院交办案件的督查运转及结果反馈。办理的流程大致是:上级法院批(交)办案件以督查件运程单(多数有批示领导的批阅意见)下转至下级法院,再由下级法院的对口部门同样以督办运程单(由分管督查的领导及分管该案件的院领导等批注意见)督促该案件的所在庭长和办案法官重点关注并办理案件,一般要求在 3 个月内(有时会限定特定的时间内)将办理情况写出书面报告上报给上级法院,某些情况下还会要求下级法院领导、法官带案到上级法院汇报情况。“在督办案件中贯彻‘批必查、查必清、清必办、办必果’工作要求,确保上级批示件办理事事有着落、件件有回音。对上级法院交办的情况紧急、矛盾容易激化或在本地区有重大影响的督办案件,按照急事急办、特事特办的原则,督办工作人员收到督办件后立即启动特别程序,联系案件承办人了解办理情况,提出处置方案报告院长,并与承办部门共同做好稳定工作,防止突发事件的发

① 刘峥:《上级法院对下级法院监督与指导功能之界定》,载《法制资讯》2009 年第 5 期。

生。”[①]另外,对于一些长期未结诉讼案,最高人民法院、高级人民法院会下发通知[②],层层督促,通过建立长期未结诉讼案件定期通报及督办机制,加强对此类案件的督办管理。[③]

6. 内审控制关系

对一些特殊案件,上下级法院间会设置一种特别的层层汇报审批程序,以达到对这些案件审理过程、审判或处置结果的控制。比如,对某些过于敏感、受理后可能会引发激烈社会评价或使法院面临过大压力的案件,下级法院在受理或作出处理结论之前,可能会通过内审程序报请上级法院,以获得上级法院的认可或同意;亦有上级法院从地区维稳的角度提前介入,主动要求下级法院报送案件情况及意见并作出指示或批示。“下级法院在个案审理的过程中,由于适用法律难度较大以及来自当地其他方面的不当干预,通过一定程序提请上级法院请示。有的上级法院还采用提前介入、挂牌督办、附内部函等方式,直接针对个案进行指导与监督。”[④]最高人民法院或高级人民法院还会以“通知”“规定”等文件方式对某类案件的内审程序作出要求。如最高人民法院1995年8月28日发布的《关于人民法院处理与涉外仲裁及外国仲裁事项有关问题的通知》第2条规定:“凡一方当事人向人民法院申请执行我国涉外仲裁机构裁决……如果人民法院认为我国涉外仲裁机构裁决具有民事诉讼法第二百五十八条情形之一的,或者申请承认和执行的外国仲裁裁决不符合我国参加的国际公约的规定或

① 西安市中级人民法院《关于2012年度督促检查工作情况的报告》。

② 参见陕西省高级人民法院《关于加紧清理长期未结诉讼案件的通知》(2012年11月9日)。

③ 陕西省高级人民法院《关于在全省法院建立长期未结诉讼案件定期通报及督办机制的通知》(2012年3月14日)。该通知的目的是落实最高人民法院在全国法院建立长期未结诉讼案件定期通报、督办制度,以进一步加强对长期未结诉讼案件的管理,有效避免案件久拖不决现象发生的精神要求。根据通知规定,中级人民法院要将辖区长期未结诉讼案件信息及时汇总上报省法院,再由省法院报最高人民法院。最高人民法院适时通报各级人民法院长期未结诉讼案件基本情况,并对重点案件予以督办。

④ 刘峥:《上级法院对下级法院监督与指导功能之界定》,载《法制资讯》2009年第5期。

者不符合互惠原则的，在裁定不予执行或者拒绝承认和执行之前，必须报请本辖区所属高级人民法院进行审查；如果高级人民法院同意不予执行或者拒绝承认和执行，应将其审查意见报最高人民法院。待最高人民法院答复后，方可裁定不予执行或者拒绝承认和执行。”对于人民法院审理认定驰名商标的案件，最高人民法院亦规定下级人民法院在作出认定驰名商标前必须报请高级人民法院。2012 年陕西省高级人民法院为了严格规范职务犯罪案件缓刑或免予刑事处罚的适用，规定“对贪污贿赂等职务犯罪案件被告人适用缓刑或免予刑事处罚应严格执行内审、备案制度”。① 这种内审制度，与前述业务指导关系不同，因为内审制度是约束下级法院在审理某一个具体案件作出结论之前必须经过上级法院审查并同意，更体现了上级对下级审判过程及结果的控制关系，因使保障当事人诉权和审级关系形同虚设而饱受诟病；而业务指导侧重的是以规范性文件、指导或参考性案例、业务学习培训等普遍、抽象或类型化的方式指导，上级法院仍尊重下级法院独立作出自己的结论，可避免形成如同内审程序般会对个案干涉控制和对审级制度破坏的质疑与批评。

7. 协调联动关系

为了使人民法院生效判决和裁定得到充分和有效的执行，切实保障当事人合法权益，维护法律和司法的权威，近些年来，上级法院在强化对下级法院执行的领导和协调联动机制方面作了很多改革探索。②

---

① 陕西省高级人民法院《关于办理贪污贿赂等职务犯罪案件判处缓刑或免予刑事处罚有关问题的通知》（陕高法〔2012〕30 号）规定：“对原为处级以上干部的职务犯罪案件的被告人拟判处缓刑、免予刑事处罚的案件，实行内审制度，审理法院应书面上报陕西省高级人民法院进行审查。”“贪污、受贿犯罪数额在十万元以上的，有法定减轻情节的被告人，拟判处缓刑、免予刑事处罚的案件，实行内审制度，审理法院应书面层报陕西省高级人民法院进行审查。”

② 笔者所在的中级人民法院专门下发了《关于统一管理执行工作若干问题的规定》，规定对全市法院的执行力量实施统一调度、使用，包括执行人员、司法警察和执行装备等；统一管理本市委托执行案件和受托执行案件，协调本省内跨地市委托和受托执行争议案件；统一协调各基层法院跨区域执行争议案件；统一审批本院及基层法院赴外地法院执行协助案件等。

从普遍设立专门的执行工作局，到各种各样的执行联动机制，上下级法院间在执行案件中的协调联动关系体现得最为突出有效。自 2000 年以来，最高人民法院推动建立了下级法院执行机构受本级法院和上级法院执行机构双重领导的制度。2012 年国务院发布的《中国的司法改革》白皮书中明确指明："高级、中级人民法院建立执行指挥中心，统一管理和协调执行工作，必要时实行提级、跨区执行。"①因而，上下级法院在执行工作中的业务关系，与审判中的业务关系相比有较大的不同，前者的行政化色彩更为浓厚，讲求统一、协调、指挥、上下一体性。正如有的学者所言："执行的问题，本质上是一种行政权力，而未必是司法权力。"②2012 年修订的《民事诉讼法》为了促使当事人履行，这次修改中加大了执行联动机制，规定被执行人不履行法律文书确定的义务，人民法院可以通知有关单位协助限制被执行人出境，也可以在征信系统记录被执行人不履行义务的情况，同时可以通过媒体公布不履行义务人的信息。2014 年 10 月 23 日，中国共产党第十八届中央委员会第四次会议全体通过的中共中央《关于全面推进依法治国若干重大问题的决定》提出完善司法体制，推动实行审判权和执行权相分离的体制改革试点，从改革目标上似乎再次验证执行权的行政权力性质。

8. 司法巡查关系

司法巡查关系③，以前称之为巡视④，是上下级法院间一种特殊形式的审判及工作监督检查关系。首先，它与审级监督关系不同，后者是通过法律程序所设置的审判监督关系，而前者的监督不是法律程序所设置的，是最高人民法院根据内部文件的方式进行的一种工作监督

---

① 中华人民共和国国务院新闻办公室：《中国的司法改革》（2012 年 10 月），载《人民法院报》2012 年 10 月 10 日。

② 程春明、泮伟江：《现代社会中的司法权》，载《中国司法》2005 年第 10 期。

③ 参见最高人民法院《关于印发〈人民法院司法巡查工作暂行规定〉的通知》（法发〔2010〕43 号）。

④ 参见最高人民法院《关于印发〈关于巡视工作的暂行办法〉的通知》（法发〔2008〕18 号）（已废止）。"巡视"与"巡查"虽一字之差，但监督的力度不同，同时巡视的内容不包括对司法业务建设的监督检查。

检查。其次,它与督查督办关系不同,后者是上下级法院处理特殊案件的一种专项督促督办关系,而前者并不是针对具体个案的监督检查,是对被巡查的下级人民法院的司法业务建设整体情况进行的监督检查。最后,在监督检查的范围上,司法巡查不限于司法业务建设,还包括领导班子建设、司法队伍建设等方面的监督检查。虽然上级法院对下级法院的司法业务建设等巡查不涉及个案的监督检查,但它所巡查的内容及方式,却可能影响到下级法院的审判业务工作。比如,根据最高人民法院《人民法院司法巡查工作暂行规定》第12条的规定:"司法巡查组对被巡查人民法院加强司法业务建设的下列情况进行监督检查:(一)在执法办案工作中执行国家法律和上级人民法院决议决定的情况;(二)在执法办案工作中为经济社会发展服务的情况;(三)在执法办案工作中破解工作难题、化解社会矛盾的情况;(四)在执法办案工作中落实利民便民措施的情况;(五)在执法办案工作中创新审判管理机制、提高办案工作质效、确保公正高效司法的情况;(六)涉及司法业务建设的其他有关情况。"在巡查方式上,如听取汇报、查看资料、谈话、测评、暗访检查等,要求被巡查法院整改,并将巡查结果和整改的情况作为对一级法院及党组成员考核评价、表彰奖励、职级晋升、职务任免的重要依据。这种颇具监督检查力度的巡查,会影响下级法院的领导思路、司法理念、法律适用导向、审判管理机制等,继而对案件的审判结果产生波及效应。

9. 知识生产传输和支配影响关系

职能分工带来的是知识的分工。上下级法院虽然都是行使国家审判职能的组织,但由于层级的不同,案件管辖范围以及功能定位上也是不同的。学者们在论及上下级法院法官素质时,倾向性的观点是上级法院法官整体比下级法院法官业务素质高。"就整体而言,法官的整体素质的确是不尽如人意的,而且由于大中城市的吸引力,优秀的法律专业毕业生更容易流向中级以上的法院,因此导致法官素质呈大致上的上高下低的态势。”①“一般而言,审判员的业务水平是和法院级别成正比的。”②笔者认为,得出这种结论可能更多的是基于一种经验判断。且不说这种判断的客观程度是否得到翔实可据的实证资料佐证,仅从高层级的法院法官的学历构成来看,似乎高学历的人(如博士)相对集中在高层级的法院特别是最高人民法院(这一判断依然缺乏翔实的数据支持)。不过有一点可以明确的是,最高人民法院在制定司法解释、规范性意见及发布指导性案例方面具有排他性、权威性,“它在很大程度上垄断了整个司法知识体制的生产过程”。③ 近年来,最高人民法院制定司法解释的步伐越来越快,每一次解释之后就会伴随着一些解读性文章、访谈、书籍,培训等,基本上以最高人民法院的法官或相关业务部门(包括研究室)等作为解读、出书、讲课和培训的主体。特别是在专业性的案件中,“有时知识的力量超越了意识形态的认同,最高法院可以利用知识的影响力来调整司法”。④ 实践中,一些下级法院的法官在办理某些疑难案件中,如果发现对法律的理解和把握有争议时,会利用个人的关系与上级法院的法官(当然如果能找到最高人民法院庭长或较为知名的法官更好)进行电话沟通,听取意见,以便在所在法院讨论案件时作为一种观点的有力支撑。“现在的法官职业化程度越来越高,但另一方面,在现代社会中,案件也越来越复杂,新型案件也越来越多,法官往往审理的是他们实际上不了解的问题,他们是在冒着风险作出判断。这说明,法官需要有可靠知识来作为决策支撑。如果法官的各种知识储备不足,那么就不可能建立一个正确的司法制度安排。因此,知识问题就成为最高法院能否已发挥有效作用的核心。”⑤但目前的现状是:

(1)上下级法院的法官在知识的储备、创造、传输和影响力方面

---

① 贺卫方:《司法改革中的上下级法院关系》,载《法学》1998年第9期。

② 章武生:《民事诉讼审级制度改革初探》,载《法学评论》1993年第6期。

③ 侯猛:《中国最高人民法院研究——以司法的影响力切入》,法律出版社2007年版,第93页。

④ 同上书,第104页。

⑤ 同上书,第93页。

是极不平衡的，基本上是一种从上而下的单向性（不排除下级法院个别法官包括基层法院法官运用和创造知识的能力不低于上级法院法官，甚至在一些案件的处理上填补法律空白，成为某类案件审判的"开拓者"），上下级法院知识的相互交流较为有限，"这就在某种程度上降低了思想和方法的多样性"。①

（2）上下级法院间的知识分化不够明显。功能的分化需要知识的分化，由于中国的四级法院功能分化不明晰，因此在知识的分化及相互作用上比较模糊。最高人民法院的法官要胜任职能，他必须对自己和最高人民法院的社会角色有明确的定位，必须具备下级法院法官所不具备的专门化的司法知识。评价中国当下的最高人民法院，尽管不乏素质能力更胜一筹的法官们，但整体而言，缺乏与这个法院功能地位相适应的司法知识，缺乏"一种在更开阔的视野下对社会利益的平衡和把握，一种对公共政策的敏感和精细，一种对上诉法院之功能的重新定位，对可能后果的预见力，以及一批真正超越了纠纷解决而理解了规则治理的道理的法官"。② 以此来衡量，最高人民法院司法知识体制的建构尚需时日。其他层级的法院亦要有与自身角色与功能相适应的司法知识体系。

从上述论述中得出的结论是：审判业务关系是一个综合了审级关系、业务指导、审判管理、理念指引、督查督办、内部审批、司法巡查、知识生产与影响等众多关系的集合性概念。

（1）它与最为基础层面的审级关系既有关联又不完全相同。审级关系构成审判业务关系的基础，但审级关系的范围较审判业务关系要窄。审判业务关系则既包括个案监督，也包括对一般性或抽象司法行为的监督指导；既包括事后、程序性监督指导，也包括事前、非程序

---

① 侯猛：《中国最高人民法院研究——以司法的影响力切入》，法律出版社 2007 年版，第 93 页。

② 同上书，第 94 页。

性监督指导。监督指导的方式[①]及其他实际影响上下级法院审判业务关系的因素更为多样。应当说,审判业务关系更能全面准确描绘中国现实社会中真实存在的错综复杂的上下级法院关系。这种真实复杂的关系,可从上下级法院审判业务关系介入的不同路径和多元视角获得一个全景式的图像。审判业务关系比审级关系有更宽的涵盖面和辐射性,其广泛范围及丰富内涵,亦造就了它具有以下特点:

第一,广泛性。上下级法院间实际发生的一切与监督指导及其他支配影响业务活动的各种关系,均可能成为审判业务关系的内容,其范围远比单纯的审级关系广泛,可涉及超过个案、事后、程序监督之外的很多层面的业务关系。

第二,动态性。即随着不同时期人民法院工作思路、理念、重心等的调整,影响上下级法院审判业务关系的相关因素会随之变化,审判业务关系的内容和范围也在不断地补充、丰富、更新甚至异化。

第三,开放性。上下级法院及法官都生活在一定的社会环境之中,司法活动是开放的,审判业务关系也是开放的,外部的因素对上下级法院审判业务关系的影响比单纯的审级监督来得更为容易、范围更广。

(2) 审判业务关系与业务指导关系、审判管理关系、理念指引关系、督查督办关系、内审控制关系、知识的生产和制约影响关系等也不同,因为后者只是从某个侧面、某个角度关涉上下级法院间的审判业务关系(有的直接一些,有的间接些;有的具体些,有的更为抽象),远不如审判业务关系更具覆盖面和涵摄性,但它们可以充实、丰富和伸展对上下级法院审判业务关系的观察视角和研究范围。

任何一个事物都具有两面性:利弊同生。如前所述,由于上下级法院审判业务关系是一个集合性的概念,加之中国上下级法院行政化色彩较为浓厚,上下级法院间的审判业务关系也就呈现出非常复杂的一面:各种关系(审判业务与非审判业务)相互交织,"剪不断理还乱"

① 参见最高人民法院《关于规范上下级人民法院审判业务关系的若干意见》第8条、第9条、第10条。

的状况，凸显了厘清这一概念及内涵的难度，“没有什么能比规范上下级法院关系（包括审判业务关系——笔者加）更能体现司法改革之难了。地方化与行政化、垂直管理与地方自治、案件请示与审级独立、提前介入与独立审判、司法审判与司法行政，各类问题组合、交织在一起，凸显了改革的困境，也蕴含着改革的机遇”。[①] 同样，上下级法院审判业务关系中诸如审级间的依法独立与监督指导、上下级法院职权配置与功能定位、司法权与行政权的交织与厘清、审判权与审判管理权的有效分离等会产生比审级关系等更有深度、更为深刻的改革连锁效应。因此，对当前上下级法院审判业务关系进行一个全面的梳理、分析和提炼，尤其是通过不同的切入点，对不同层面的关系类型进行多元划分，可以大致揣摩并揭开这个拥有复杂而迷离面孔的关系网面纱，一睹当前中国上下级法院审判业务关系的整体生存样态。尽管笔者对复杂问题条分缕析、深层透视、高度归纳等能力较为有限，仍愿不揣浅陋做这种尝试。

第二节　审判业务关系的分类

从本章对审判业务关系概念和内涵试图全面但又粗陋的界域中可以感受到的是：中国当下的上下级法院审判业务关系，已远远超出了法律所规定的监督关系，呈现出多元混同、各种关系彼此交错贯穿、“你中有我，我中有你”的“胶着”状态。这种感受将随着笔者对审判业务关系多视角、多层面的分类继续加深。

“分类就是按照事物的性质、特点、用途等作为区分的标准，将符合同一标准的事物聚类，不同的则分开的一种认识事物的方法。”[②]审判业务关系概念和内涵上的庞杂交错性，使得对其的分类也需要用不同的分类方法进行。目前，无论是学界还是实务部门都欠缺对上下级

---

① 《上下级法院关系改革专题》，载《法制资讯》2009 年第 5 期。

② http://baike.baidu.com/view/555149.htm，访问时间：2013 年 2 月 8 日。

法院之间存在的不同种类、不同性质的关系进行专门、系统和详尽的划分。笔者试图从基础分类法和多视角分类法两个层面对现实中复杂混乱的审判业务关系进行一个梳理,尽可能地展示一幅交织着审判监督与行政管理、平等与服从、抽象与具体、命令与协商、依赖与独立等变幻多重的关系面孔。

一、基础分类法

从基本类型来分类,中国上下级法院的审判业务关系大致可分为以下三种类型,即司法型、行政型和混合型。

(一)司法型

"法院何以成为法院?"是因为法院在国家宏观公共权力体系中是专属行使审判权的职能部门。以审判权为核心,它与其他权力体系分开,成为划界分明且气质独特、卓尔不群的一种权力属性。在中国,司法权的概念本身比较模糊,较窄层面的,有仅指法院的审判权,有指法院、检察院行使的审判权与检察权;较宽层面除审判权、检察权外,还包括公安机关的刑事侦查权等。实践中,提到司法机关时,往往包括公、检、法、司和国家安全部门等。学者们倾向于从狭窄的含义去研究司法权。"现在,人们大多认可司法权是裁判权、判断权。司法权之所以是裁判权是因为司法权的根本任务在于在两造间作出判决,它以裁决纠纷为己任,就如同竞赛场上的裁判。"①无论司法权的范围如何界定,审判权是司法权中最具特性的一种,因为它更能体现司法权的本质属性。"我们必须一方面坚持司法权力作为一种国家权力而存在,另一方面,也坚持司法权力相对于其他国家权力而言,所拥有的独特性质和超然地位。要想真切理解司法制度在现代社会中的独特、地位和作用,将不得不重新检讨立法权、行政权和司法权三者之间所存在之关系。"②司法权问题是三权分立理论提出的,在中国,"伴随着司法

---

① 周永坤:《司法权的性质与司法改革战略》,载《金陵法律评论》2003 年第 2 期。
② 程春明、泮伟江:《现代社会中的司法权》,载《中国司法》2005 年第 10 期。

改革的深化，司法权与行政权以及立法权之间的差异已经得到了法学界以及法律界的更多的认识和高度的重视。体现这种差异的一个重要方面便是司法权的行使方式与其他两权之间存在着重大的差异。例如，司法权的行使需要以中立的方式行使”。[①] 还有的学者提出：“作为裁判权的司法权具有不同于立法权与行政权的特征。其一是它的中立性。其二是它的事后性。”[②]司法权的中立性、事后性（或被动性[③]、消极性）、程序性、终极性[④]、公开性与参与性（或称交涉性[⑤]）等特性背后实则蕴含的是司法的独立品质，这种独立品性恰恰是与行政权的服从个性泾渭分明的。在上下级法院的审判业务关系中，四级法院无论是上级法院还是下级法院，在法律地位上是平等的，有独立判断和作出认定的权力，彼此间独立，只具有审级上的监督与被监督关系，这构成了它们之间最基本关系的基石。“上级法院不能对下级法院的审理发布命令和指示。下级法院也没有义务将自己的审理情况报告给上级法院，或者从上级法院得到某一个案件审理的具体指示，然后按照上级的指示去做……下级法院以上级法院的终审裁判作为参照，规范自己的审判行为。”[⑥]一般而言，司法型的审判业务关系应该

---

① 贺卫方：《中国的法院改革与司法独立——一个参与者的观察与反思》，载《浙江社会科学》2003 年第 2 期。

② 周永坤：《司法权的性质与司法改革战略》，载《金陵法律评论》2003 年第 2 期。

③ 参见〔法〕托克维尔：《论美国的民主》（上卷），董国良译，商务印书馆 1991 年版，第 110—111 页。托克维尔在考察美国的司法权时，把被动性作为司法权的三个重要特征之一，认为司法权只有请求它的时候，或用法律的术语来说，只有在审理案件的时候，它才采取行动。从性质上来说，司法权自身不是主动的。如果它主动出面以法律的检查者自居，那它就有越权之嫌。

④ 参见季卫东：《法治秩序的建构》，中国政法大学出版社 1998 年版。正如美国学者埃尔曼所说：“具体的言行一旦成为程序上的过去，即使可以重新解释，但却不能推翻撤回。经过程序认定的事实关系和法律关系，都被一一贴上了封条，成为无可动摇的真正的过去。”

⑤ 参见刘瑞华：《司法权的基本特征》，载《现代法学》2003 年第 25 卷第 3 期。司法权运行方式的交涉性，是指司法机关必须在案件当事人参与诉讼过程并充分举证、辩论说明其主张和理由的前提下，才能作出判断的一种权力运行方式。使司法权运行方式的交涉性特征与行政权运行方式的主导性特征形成鲜明对比。行政程序中一般不实行意见交涉，而是行政单向命令，强制主导。

⑥ 张卫平：《论我国法院体制的非行政化》，载《法商研究》2000 年第 3 期。

是上下级法院审判业务关系的基本类型，根据法律所设置的上诉、再审、死刑核准、减轻处罚核准等与审级结构相关的审判程序和制度，是最具法律文本依据、最应然、最能体现司法权运作规律的司法型审判业务关系。

（二）行政型

从宪法和法律地位看，上下级法院之间是独立的，“按照法律规定，上下级法院之间的关系，只限于审判业务的监督与被监督关系”。[①]但是，现实中上下级法院的审判业务关系却呈现出很浓的行政化色彩，上下级法院之间有时是按照一定的行政关系对待或处理它们彼此之间的审判业务关系的。上下级之间自然有上下级层级上的差别，但是它们在处理方式上却具有行政化的模式。“上下级法院之间也存在明显的行政化关系的特征。一方面，下级法院审判案件时奉行向上级法院请示汇报的做法；另一方面，上级法院对下级法院审判案件也时常会加以干预，影响审级独立。司法行政化的实质是司法人治化，司法非规则化。”[②]在行政化的模式下，奉行的是一种命令与服从的关系，如同行政机关运行模式一般，“下级行政机关在处理行政事务或实施行政行为时，应当按照上级行政机关的命令和指示进行，不得违反。上级行政机关可以在下级行政机关处理行政事务的过程中不断发出行政命令和指示，下级行政机关也要根据处理行政事务的需要不断地将处理过程中发生的情况或处理的结果及时汇报、请示上级行政机关”。[③] 由于法院的行政化，使得法院的上下级审判业务关系也被行政化了。尽管法律给予各级法院独立的审判裁量权，法院行政化这只“看不见的手”，仍然会在法院的相互关系中实际发生作用。上级法院在审理案件中会像上级行政机关对待下级行政机关那样去对待下级法院，同理下级法院亦会扮演同样的角色去看待与上级法院的关系。

---

① 孟涛：《改革开放以来法院体制的分权与集权》，载《新视野》2010年第4期。

② 倪寿明：《把深化司法体制改革作为战略任务抓紧抓好》，载《人民法院报》2013年12月4日。

③ 张卫平：《论我国法院体制的非行政化》，载《法商研究》2000年第3期。

这一点,在每年各级法院向同级人大所作的工作报告中清晰可见。[①]因而,行政型审判业务关系在现实中随处可见并成为一种习惯。比如,对某些特殊的案件实行内审,由下级法院层层上报请示上级法院,以求获得指示和同意;再如,在执行案件中,由上级法院统一指挥、协调、联动,也是一种类似行政机关处理行政事务的手法。

(三)混合型

除了纯粹的完全依据法律规定和程序所进行的审级间监督指导的司法型业务关系,以及完全用行政化的模式所进行的行政型业务关系外,现实中还大量存在着兼具两种类型特色的混合式审判业务关系,即在处理上下级法院审判业务关系过程中,两种类型关系交混呈现。"人民法院在处理审判职能与非审判职能、法律利益与地方、部门利益之间的关系上难以消除地方、行政色彩,容易以法律之外的权力与权威确定其功能指向。"[②]实践中,四级法院自上而下进行的审判质量评估、审判绩效考核,通过各类与案件有关的指标体系的设置和指引,对下级法院的案件和审判过程进行审判质量效率、效果监督指导的同时,运用行政化管理手段如对下级法院和法官进行量化考核、检查评比、排名通报、表彰奖惩等方式将法院承担的各种功能(审判职能与非审判职能)糅合到上下级法院的审判业务关系中去,将党和国家的政策、社会需求、群众期盼等转化、量化成具体的考核指标[③],以审判管理的方式要求下级法院在审判活动中一以贯之。"无论是什么性质、什么形式的考核,总不免带有领导或管理的痕迹,而对于案件来说,很多时候无法量化……考核使下级法院法官时时刻刻处于惶惶不

---

① 从每年最高人民法院、高级人民法院、中级人民法院给本级人大所作的报告来看,有关审判工作情况的汇报都是分别包括全国法院系统、全省法院系统和全市法院系统所受理的所有案件。一些重点或有影响的案件虽不是本级法院审理的,而是所辖地区下级法院审理的案件,但也不妨碍在上级法院的报告中汇报。这种把下辖法院的审判视为自身工作的一部分,实际上就是一种不自觉的行政式领导与管理的"领地意识"。

② 山东省高级人民法院:《司法发展的科学途径——关于加强司法能力建设的调研报告》,载《法律适用》2007 年第 6 期。

③ 如调解率、上诉率、服判率(或称满意率)等指标,更多体现了对社会维稳的一种需求。

可终日的状态。”[①]另外,审判与行政职责交叉,分得不是很清楚。以最高人民法院《关于规范上下级人民法院审判业务关系的若干意见》为例,其中列举的一些业务指导方式如组织法官培训、召开审判会议等,是审判职责还是审判辅助职责,抑或司法行政职责比较模糊,使上下级法院间的审判业务关系呈现二元混杂的状态。对于饱受争议的案件请示制度,虽然学者多主张取消,但在实践中却依旧身影活跃,正如苏力所言:“立法上对于案件请示制度并无明文规定,但这一制度在实践中由来已久,并已固化为法院的一种办案方式和审判惯例”,[②]并深得下级法院的依赖[③],即使最高人民法院《关于规范上下级人民法院审判业务关系的若干意见》出台3年多了,其对案件请求汇报实行诉讼化改造[④]的思路并未得到落实。[⑤] 对于本身就属于法律程序规定的正常审级监督范围的发回重审制度,实践中上级法院将案件发回下级法院重新审理时,除制作裁定书外还附有“内部函”,“这种所谓的‘内部函’带有强烈的行政指示色彩,实际上成了不是判决的‘判决’……干扰了下级法院的司法独立,剥夺了一审法官依法独立审理案件的权力,使其按二审法院的意志处理案件。在发回重审后的一审中,一审程序形同虚设”。[⑥] 最高人民法院对个案的批复或答复,实则也有行政型关系的色彩。“最高法院对个案的司法解释一方面与司法解释权的

---

① 王洪坚:《规范二审裁判权运行的思考》,载《山东审判》2011年第1期。

② 苏力:《送法下乡——中国基层司法制度研究》,中国政法大学出版社2000年版,第74页。

③ 特别是以口头形式进行的案件汇报和听取意见,更因不受法律适用问题、书面报告等要求限制且简单快捷,而在实践中广受下级法院法官的欢迎。

④ 最高人民法院《关于规范上下级法院审判业务关系的若干意见》第3条至第5条的内容,是有管辖权的法院在受理第一审案件之后,对于重大、疑难的案件,新类型案件,具有普遍法律适用意义的案件以及有管辖权的第一审法院不宜行使审判权的案件,可书面报请移送至上一级法院进行审理,上级法院也可自行决定提审。学者们称之为对案件请示的一种诉讼化改造。

⑤ 在笔者所进行的问卷调查中发现,没有一例符合请示的案件是通过一审法院书面报请移送上一级法院审理,上级法院也没有一例主动自行决定提审的案件。原因在随后的分析中将予以涉及。

⑥ 熊洋:《论上下级法院关系之异化及重塑——以审级独立为视角的分析》,载《太原理工大学学报》(社会科学版)2010年第28卷第4期。

理解和运用有关，另一方面也是这种法院行政化的必然产物……最高法院享有司法解释权，这一点应当说没有异议。但司法解释权的运用不应针对下级法院的具体个案。针对个案的司法解释同样动摇了上诉审制度和法院独立审理案件的基础。”①

这种在上下级法院审判业务活动中兼具了司法型与行政型特征的关系无疑增添了它们彼此关系的错综复杂程度，同时这种混合型实则是单纯司法型和单纯行政型审判业务关系的一种“变异”，这种变异决定了上下级法院某些审判业务关系具有了与以上两种单纯类型的不同之处：一方面，它具有司法权运行特有的规律，如程序性、相对独立性；另一方面，又有行政权运行的特点，如考核、评比、命令、指示、领导等。我们既不能用单纯的司法自身特性或规律去理想化地看待中国上下级法院的审判业务关系，也不能以单纯行政性管理的眼光去决然评判否定。因而，将混合型作为一个单独分类的类型，可更妥帖地反映中国上下级法院审判业务关系的现实状况。

二、多视角分类法

司法型、行政型、混合型审判业务关系使得中国当下的上下级法院审判业务关系呈现出复杂性、多元性和混同性等特色，亦使上下级法院间以案件为媒介、以法官为主体、以程序为桥梁、以管理为手段、以监督为目标，形成了糅合各种关系的一个“关系网”。要一睹这个繁杂多面的上下级法院审判业务关系网，可从不同的角度或侧面、不同的标准对实际已发生联系、产生作用、相互影响的上下级法院审判业务关系在基础分类之外再多向切入、从不同视角作细致分类，从而有助于对这个“关系网”的生存样态有一个全景式的概览。

（一）介入对象分类法

从上下级法院间审判业务关系的介入对象上，可分为针对法院组织的审判业务关系和针对法官个体的审判业务关系。从《宪法》第

① 张卫平：《论我国法院体制的非行政化》，载《法商研究》2000 年第 3 期。

127条第2款和《人民法院组织法》第29条第2款的规定来看,上下级法院审判业务关系是通过最高人民法院对地方各级人民法院和专门人民法院、上级人民法院对下级人民法院的监督进行的,即是针对法院这个组织或单位所进行。《中华人民共和国刑事诉讼法》《中华人民共和国民事诉讼法》《中华人民共和国行政诉讼法》有关第二审程序、审判监督程序的规定亦主要是通过最高人民法院和上级人民法院将地方各级人民法院、下级人民法院作为一个监督的整体和对象(表现为组织对组织的监督)。上下级法院间的一些审判业务关系,如案件请示、发回重审,等等,虽以案件为载体,以某个合议庭或法官、审判委员会(请示案件通常要求经过审判委员会讨论并形成书面报告)为不同的审判组织形式,但上级法院监督指导的对象依然是以该下级法院为主体(同理,下级法院在请示案件时,也以本单位的名义寻求指导)。在实际生活中,上下级法院的审判业务关系除了以法院这个组织作为介入对象外,还有一些直接以法官作为介入的对象。比如,上级法院对下级法院法官的学习培训、考核评比、奖惩处罚等,是以法官个体作为上下级法院审判业务关系的介入对象的。

(二) 介入方式分类法

在上下级法院间审判业务关系的介入方式上,可分为指导关系、监督关系、管理关系、领导关系等。如前所述,由于中国的上下级法院关系呈现出司法型、行政型、混合型的特征,由于上级法院在处理与下级法院的审判业务关系中使用了一定的行政化方式,使“实践中,上下级法院之间在部分业务领域已经逐步出现了管理、协管、指挥、领导、督查等关系”。①

此外,现实中普遍存在、比较突出的还有审判管理、督查督办、内部审批、协调联动等众多关系。这些关系中行政化的特点要鲜明一些,比如上下级法院的审判管理在某些地方更加趋向于一种等级的控

① 刘铮:《上级法院对下级法院监督与指导功能之界定》,载《人民法院报》2003年1月3日。

制和管理,具有等级服从的行政管理甚或领导的色彩。[①] 一些复杂敏感、有重大影响力的案件,下级法院在定性处理前,必须写出报告,层层报请上级法院(甚至最高人民法院)内审获得同意后才能作出裁判。在执行案件中上下协调联动,统一指挥,也具有行政命令和管理服从的特征。

(三) 介入范围分类法

从上下级法院间审判业务关系的介入范围上,可分为个案指导、类型化指导、一般性指导的业务关系。

1. 个案指导

对个案最直接的指导是最高人民法院对下级法院(仅包括高级人民法院、解放军军事法院[②])就个案请示所进行的答复。"最高人民法院答复往往被称为准司法解释性的文件,它是对司法解释的一种必要的补充,在保障法律的正确适用和审判工作的顺利进行方面起着不可或缺的指导作用。"[③]仅 2003 年至 2010 年 8 月间,最高人民法院及有关审判庭室制作发布的对法律适用问题或具体案件的处理问题的请示所作出的答复就有 600 余件。这些答复涉及民商事、民事诉讼、行政诉讼、国家赔偿、涉外民商事、海事、刑事等内容,表明了最高人民法院对一些有争议的法律问题的立场、观点及最高人民法院法官审理个案的思路和方法,及时解决了立法和司法解释仍然难以解决的具有个案特性的法律适用问题,对案件的审理具有十分重要的适用价值和指导作用。同时,这些针对个案的答复,从表面看是对请示的某个个案作出的指导性意见,但实际上这种指导意见对下级法院在处理其他类

---

① 某省高级人民法院院长曾在全省法院工作会议上的讲话中特别强调:要高度重视和切实用好《人民法院案件质量评估指标体系》,把评估数据作为案件质量的"体检表"和"指挥棒"。省法院推行审判运行态势分析制度,每季度进行一次通报,每半年进行一次综合研判,年终进行一次综合排名,排名末位的中院要向省法院写出专题报告。

② 根据最高人民法院《关于审判工作请示问题的通知》(1999 年 1 月 26 日实施)第 1 条的规定:"对于审判案件如何具体应用法律法律的问题,需要最高人民法院作出司法解释的,高级人民法院、解放军军事法院可以向最高人民法院请示。"

③ 人民法院出版社法规编辑中心编:《解读最高人民法院请示与答复》(第二辑上册),人民法院出版社 2010 年版,编选说明,第 1 页。

似案件时,也具有一定的指导参考作用,下级法院的法官在审理案件中会习惯查找最高人民法院有无相关的答复意见,以获得审判指导。

2. 类型化指导

类型化指导是上级法院为统一某一类型案件的法律适用所进行的指导。指导的方式主要是指导性、参考性案例、生效裁判文书等。最高人民法院的指导案例和个案答复是两种不同性质的规范文件,从效力、适用和参照等方面都是不同的。指导性案例具有解释法律甚至在一定程度上弥补法律疏漏的作用,它能通过对类似案件裁判规则的提炼及裁判思路的总结,起到对该类案件的参照指导作用,有利于统一法官的裁判尺度,维护司法的既判力,其最大价值是扩大了中国司法的公开度,并最终实现的是社会司法公平感的提升。因为它还具有引导当事人的价值判断、矫正当事人的心理预期、规范当事人的诉讼行为的独特价值,有利于弥合法官和当事人间司法价值取向上存在的差距,平衡法官之间的裁量尺度。最高人民法院《关于案例指导工作的规定》(法发〔2010〕51 号)对指导性案例的内容及程序等作出了具体规定,“形成以指导性案例为统领、参考性案例为基础的案例工作规范化、制度化发展新局面”。① 根据《关于案例指导工作的规定》的规定,只有最高人民法院有权发布指导性案例,而高级人民法院可发布参考性案例。指导性案例一般是《最高人民法院公报》以及最高人民法院在公开报刊如《人民法院报》分批发布的指导性案例。② 对于《最高人民法院公报》公布的案例,最高人民法院曾有过官方说明:“《最高人民法院公报》是最高人民法院公开介绍我国审判工作和司法制度的重要官方文献,是最高人民法院对外公布司法解释、司法文件、裁判文书、典型案例及其他有关司法信息资料的法定刊物。”③基于《最高人民法院公报》的特殊地位,《最高人民法院公报》所登载的案例,在我国

---

① 张军:《指导性案例是诠释法律精神的载体》,载《法制日报》2013 年 2 月 27 日。

② 参见陈兴良:《案例指导制度是一种规则提供方式》,载《法制日报》2013 年 2 月 27 日。最高人民法院从 2011 年 12 月 20 日起至今,共颁布了七批共 31 个指导性案例。

③ 《中华人民共和国最高人民法院公报》(2003 年卷),编辑说明。

案例指导制度的发展史上占据着重要位置。《最高人民法院公报》案例是唯一以最高人民法院官方名义发布的案例，在发布之前都经过了严格的审核程序，虽然大部分不是最高人民法院直接审判的，但这些案例所涉及的关于法律的理解和适用，以及其中所反映的司法价值取向，都得到了最高人民法院的认可，直接体现了最高人民法院的司法观点。[①] 这些案例既不同于作法制宣传的一般案例，也不同于学者们为说明某种观点而编撰的教学案例。它们具有典型性、真实性、权威性等特点，是最高人民法院指导地方各级人民法院审判工作的重要工具。[②] 不少案例蕴含了深刻的法律意义，不仅弥补了立法和司法解释的不足，而且通过某一具体案例创设出了新的法律原则或裁判规则，被称为不是判例的判例。[③] 因而，《最高人民法院公报》案例被广大法官和其他法律工作者视为业务学习的重要教材、法学研究的重要素材，最高人民法院也将《最高人民法院公报》案例作为实行案例指导的重要方式。[④] 毋庸置疑，《最高人民法院公报》的指导性案例具有裁判依据效力，无疑是最权威的，在指导类似案件审判中提出了重要的参照依据及思路，是对同一类案件具体、直接的示范和重要指导，发挥了司法解释和司法政策所不具备的以案释法功能。另外，最高人民法院审判并公布的裁判文书，“由于具有最高的法律效力，因而对各级人民法院的审判工作具有重要的指导作用，同时还可以为法律法规的制定和修改提供参照，也是法律专家和学者开展法律教学和研究的宝贵素材，具有很高的综合价值”。[⑤] 比如，最高人民法院在 2008 年、2009 年连续公布了《最高人民法院知识产权案件年度报告》，“在法律的模糊

---

① 参见沈德咏主编、最高人民法院办公厅编：《最高人民法院公报案例大全》，人民法院出版社 2009 年版，出版说明。

② 参见《最高人民法院公报》编辑部编：《最高人民法院公报全集》(1985—1994)，人民法院出版社 1995 年版，出版说明。

③ 同上注。

④ 参见陈兴良：《案例指导制度是一种规则提供方式》，载《法制日报》2013 年 2 月 27 日。

⑤ 最高人民法院办公厅编：《最高人民法院公布裁判文书(2003 年)》，人民法院出版社 2004 年版，前言。

之处明晰边界，在歧路之处指明方向，在空白之处创设规则”①，更是最高人民法院向社会公布裁判文书/案例的创新之举。一些高级人民法院也开始陆续发布参考性案例，供本辖区范围内的法院审理类似案件时参考。②

3. 一般性指导

指导的方式主要是最高人民法院制定司法解释、司法政策性文件等。“司法解释是对法律的释明，具有普遍约束力。根据最高人民法院《关于司法解释工作的规定》，司法解释的形式分为‘解释’、‘规定’、‘批复’、‘决定’。”③从属性和效力层级上，司法解释属正式解释，是全国人大赋予最高人民法院行使的具有普遍司法效力的一种审判权，是指导各级法院审判工作、保证法律实施很重要的一种形式，虽然在被解释法律施行后制定，但应被视为解释法律的一部分。根据最高人民法院《关于司法解释工作的规定》的规定，其可以在裁判文书中作为法律依据直接引用。另外，最高人民法院的现代司法的功能，已经不仅仅表现为解决社会纠纷，同时也表现为制定和实施司法政策，通过制定和实施司法政策实现司法的社会控制目的。从一定意义上讲，最高人民法院的主要使命之一是制定和督促实施司法政策。最高人民法院可以“根据审判工作需要制定若干司法政策，其形式分为‘指导意见’、‘复函’、‘通知’、‘纪要’等”。④ 司法政策具有能动性、谦抑性、指导性、回应性、权威性和民主性。依据司法政策填补法律漏洞是解决法律漏洞的司法路径之一，前提是司法政策不能与现行法律的原则和精神相冲突。根据最高人民法院《关于司法解释工作的规定》的规定，司法解释的效力要优于司法政策，当两者有不同规定时，应以司

① 奚晓明主编：《最高人民法院知识产权审判案例指导》(第2辑)，中国法制出版社2010年版，序言。

② 参见张瑞雪：《重庆高院发布第一批参考性案例》，载《人民法院报》2013年2月21日。

③ 刘德权主编：《最高人民法院司法观点集成⑦》，人民法院出版社2011年版，第27—28页。

④ 同上注。

法解释作为裁判依据。其“理由有三:一是司法政策虽对审判工作具有重要指导和规范作用,但不是办案中强制适用的规范,在裁判文书中不得引用;二是司法政策的效力层次低于司法解释,它所依据的司法解释本身没有溯及力,处于从属地位的司法政策,自然不能与司法解释相抵触;三是用司法政策改变以前依据司法解释作出的判决,将会造成大批已经终审的案件重新再审改判,影响生效司法裁判的既判力和稳定性”。[①] 总体而言,最高人民法院就法律的贯彻理解执行及特定时期审判工作的重心制定了一批司法政策,对地方各级人民法院审判思路和法律精神的准确把握起到了积极指导和规范作用。有的司法政策能动回应了特定时期的社会发展状况与形势需要,确定与之对应的审判工作重心及需要特别关注的司法需求,在立法精神与国家政策、民众需求方面把握平衡,发挥了司法政策的导向功能。由于法律,包括司法解释本身的相对滞后性,实践中高级人民法院包括中级人民法院也在大量制定具有司法解释性质的“指导性意见”“会议纪要”或“通知”等,对具体法律适用问题进行细化规定,有的甚至在法律、司法解释的空白地带作出填补。但自 2010 年 1 月起,最高人民法院开始严格控制并明令地方各级人民法院不得制定和发布具有司法解释性质的司法文件[②],确保最高人民法院对司法解释权力的专属行使权。

---

① 刘德权主编:《最高人民法院司法观点集成⑦》,人民法院出版社 2011 年版,第 27—28 页。

② 最高人民法院、最高人民检察院 2010 年 1 月 18 日联合下发了法发〔2012〕2 号《关于地方人民法院、人民检察院不得制定司法解释性质文件的通知》。陕西省高级人民法院 2012 年 3 月 15 日下发《关于地方人民法院不得制定司法解释性质文件的通知》,就全省各级法院不得制定司法解释性质文件的有关问题通知如下:(1) 根据全国人大常委会《关于加强法律解释工作的决议》的有关规定,人民法院在审判工作中具体应用法律的问题,由最高人民法院作出解释。自通知下发之日起,地方人民法院一律不得制定在辖区内普遍使用的、涉及具体应用问题的“指导意见”、“规定”等司法解释性质文件,制定的其他规范性文件不得在法律文书中援引。(2) 各中级人民法院对于已经制定的带有司法解释性质的文件,应当自行清理。凡是与法律、法规及司法解释的规定相抵触以及不适应经济社会发展要求的司法解释性质的文件,应当予以废止;对于司法实践中迫切需要、符合法律精神又无相应的司法解释规定的,按照最高人民法院《关于司法解释工作的规定》(法发〔2007〕12 号)的要求,通过省法院向最高人民法院提出制定司法解释的建议或者对法律应用问题进行请示。

（四）介入程序分类法

从上下级法院间审判业务关系的介入程序上，可分为程序内的和程序外的审判业务关系、隐性程序与显性程序的审判业务关系。

1. 程序内的审判业务关系及程序外的审判业务关系

程序内的审判业务关系，主要是指通过法律设定的上诉程序和审判监督程序所发生的上下级法院间的审判业务，这在三大诉讼法中均有明确的规定。程序外的审判业务关系，则指法律上未作规定，但在实践中已成为上下级法院审判业务关系的一种习惯，如个案请示、发回重审附内部意见函、案件评查、审判业绩考核、重大案件的提前介入等。"我们将法律明文规定的审判工作监督机制称为'程序性的审判工作监督机制'，反之，将那些法律未规定却在实践中盛行，与独立审判原则相背离的监督称为'非程序性的审判工作监督'或'反程序性的审判工作监督'。"①

2. 隐性程序与显性程序

隐性程序，是指上下级法院之间的审判业务关系，在程序的公开透明度上处于相对隐蔽和不透明的状态，尤其是当事人及其他诉讼参与人无法掌握和了解自己案件在某个阶段或程序的实际运行和进展状况。如请示汇报、内审程序等，该程序只为上下级法院在内部掌控运行。显性程序，是指上下级法院审判业务关系在程序上是公开透明的，当事人及其他诉讼参与人可以通过法律的规定，预期自己案件的诉讼程序进展状况，如上诉程序和审判监督程序。

以上两种分类方法实则是从不同的视角所进行的分类，彼此之间有一定的关联交错性。一般而言，程序内的审判业务关系是与显性程序的审判业务关系相对应的，说明程序具有法定性、公开性和透明度；程序外的审判业务关系则与隐性程序相对应，表明程序外或非程序（反程序）具有非规范性、不公开和暗箱操作之嫌。

---

① 熊洋:《论上下级法院关系之异化及重塑》，载《太原理工大学学报》（社会科学版）2010 年第 28 卷第 4 期。

（五）介入频率分类法

从上下级法院间审判业务关系的介入频率上，可分为常态式的和运动式的审判业务关系。

1. 常态式的审判业务关系

常态式的审判业务关系，指上下级法院间因法律程序的设置而处于一种制度化、经常性的审判业务监督关系，如上诉、再审、发回重审等。再如，上级法院根据审判工作需要，制定司法解释、指导性意见，发布指导性（参考性）案例、答复请示等进行的业务指导。

2. 运动式的审判业务关系

运动式的审判业务关系，指上下级法院之间进行的不是程序化或制度化的审判业务关系，而是根据随着某个时期审判工作的特殊需要开展的一种运动式的活动措施，如裁判文书评查、庭审观摩、案件评查、判后答疑等。这种措施，体现了上级法院的工作思路、工作重点，具有阶段性、特定性、地域性、强力性，在方法上可能以某个"活动"为载体，全面铺开、全员动员、整体推进、分期验收、总结评比。

比如，2012年3月最高人民法院为了加强全国法院司法能力建设，专门下发了《关于在全员岗位大培训中开展庭审评查和裁判文书评查活动的通知》，并召开电视电话会议进行动员部署。庭审评查和裁判文书评查活动简称"两评查"活动，在全国法院轰轰烈烈地开展了一年时间，据统计，全国法院共计评查庭审27.67万个，评查裁判文书143.86万份。[①] 在2013年1月29日最高人民法院召开的全国法院"两评查"活动总结表彰电视电话会议上，最高人民法院副院长沈德咏对"两评查"活动作了总结，对一些先进法院作了经验介绍，并对全国法院"两评查"活动先进单位、全国法院优秀庭审、全国法院优秀裁判

---

① 参见张先明：《全国法院"两评查"活动圆满完成目标任务——近28万个庭审和144万份裁判文书逐一"体检"》，载《人民法院报》2013年1月30日。

文书进行了表彰。① 对于案件质量本身的评查，各地法院近年来从高级法院自上而下也在不同的层面和程度展开。以笔者所在的陕西省法院系统为例，高级法院自2009年以来，连续四年开展质量大评查，对全省所有法院案件质量全部评查一遍。动用的人力、物力、财力堪称是一项投入颇大的“运动”式审判质量监督管理活动。② 有的法院则实行抽查式评查，如海南省三级法院“要求当月案件抽查评查数量为刑事结案的10%、民事结案的5%以上”。③

再如，笔者所在的省高级人民法院就针对近两年涉诉信访特别是越级访案件增多，基于维稳及减轻对上级法院上访、信访压力的考虑，开展了加强判后答疑的专项活动，专门下发了《关于加强判后答疑工作的实施意见》，在当事人上诉、申请再审、申诉程序之前再设置了一道判后答疑程序，规定上级人民法院在当事人直接向其申请再审、申诉时，应当在登记后3日内函转原审人民法院先行答疑。原审人民法院应当在当事人向其提出申诉、申请再审时主动征询意见、予以答疑，并将此工作纳入对下级人民法院的审判绩效考核中。④这些监督管理措施，并不是法律程序设置的一种常规化的上下级审判业务关系，具有区域性、阶段性和非常态性。

---

① 最高人民法院组织进行了全国法院“两评查”活动先进单位和优秀庭审、优秀裁判文书的评选，共评出103个先进单位、200个优秀庭审、287篇优秀裁判文书。会上江苏省、安徽省高级人民法院和邯郸市、武汉市中级人民法院的领导介绍了经验。如安徽省高级人民法院介绍全省法院共评查庭审32 176件次，评查裁判文书26 062篇，全省法院一线法官全员参与，普遍接受和参与多次评查，评查规模和范围前所未有。

② 2013年1月29日，陕西省高级人民法院院长在省第十二届人民代表大会第一次会议上的报告中提到：“省高院先后组织资深法官341人次，邀请人大代表、政协委员、法学专家、群众代表301人次，对全省121个法院上年办结的除调解撤诉外的所有案件进行普查，共评查案件82 530件，专项核查报结的执行积案11 397件。”

③ 董治良：《探索建立科学规范的法院层级关系》，载《中国审判》2010年第11期。

④ 参见《陕西高院加强判后答疑工作》，载《西部法制报》2013年2月2日。该意见明确规定，案件宣判后，下级法院应当主动询问当事人是否有疑问，若有疑问要当即答疑，各级人民法院应当将判后答疑工作纳入审判绩效综合考评体系，将判后答疑数量、质量、效率和效果纳入审判业务部门、法官岗位目标管理考评。当事人提出判后答疑申请，应当在上诉、申请再审、申请复议期限届满前提出。

（六）介入程度分类法

从上下级法院间审判业务关系的介入程度上，可分为硬控制或刚性机制与软控制或柔性协调机制。

1. 硬控制或刚性机制

硬控制或刚性机制，是指上级法院通过下发文件、制定各类审判业务考核指标体系及考核办法来强力推进对下级法院审判业务的工作要求和任务目标。最高人民法院在2011年3月正式下发了《关于开展案件质量评估工作的指导意见》，在全国各级人民法院正式开展案件质量评估工作。高级人民法院及中级人民法院也制定了相应的评估指标体系，如《陕西省人民法院审判、执行绩效综合评估办法（试行）》（2010年2月）①、《西安市中级人民法院审判执行绩效综合评估办法（试行）》（2013年1月），将审判执行业务绩效综合评估体系分别由质量、效率、效果三级指标组成，赋予不同的权重比例，确定警戒值与目标值，将审判执行绩效综合评估结果作为审判管理和决策的重要依据，并运用于对下级法院的考核和表彰奖惩。该种审判绩效指标的设置及考评具有强力指导性，是一种刚性机制，下级法院一般会对应性地设置与上级法院相同（或基本相同）的评估指标体系（个别会依据本地区法院的实际需要在权重比例上有所调整），因为上级法院对下级法院审判执行综合工作的考核是以此标准进行的，对所辖区域法院的排名、通报、奖惩也是以此为据的，是上级法院对下级法院审判绩效进行控制、管理和指导的硬性机制。

2. 软控制或柔性协调机制

软控制或柔性协调机制，是指通过业务培训、业务会议、业务交流和信息沟通机制等对下级法院进行指导。实践中，这种上下级法院间的审判业务协调机制具有较强的地域特色。比如，上海市高级人民法

---

① 《陕西省人民法院审判、执行绩效综合评估办法（试行）》第4条规定，上级人民法院对下一级人民法院的审判、执行绩效进行评估。上级人民法院监督、指导下级人民法院的评估工作。

院探索审判业务协调机制的实践主要有:尝试对二审改判发回案件开展定期讲评,每季度或半年对辖区内下级法院的改判发回案件进行总结,发现二审中存在的共性问题,分析问题存在的原因,提出解决问题的办法。通过这种柔性的协调机制,上下级法院增进了相互的了解,对法律规定的认识、解释更趋一致,上级法院对下级法院的业务指导也更见实效,促进了上下级法院之间的司法统一。此外,还建立了案例指导制度、借助最高人民法院“司法信箱”的模式,撰写专题性的法律适用解答、制定与法律法规配套的执法意见等审判业务协调机制。① 海南省高级人民法院在全省法院“建立审判业务交流和审判信息沟通机制,对二审发回重审、改判的案件到一审法院进行针对性的释明,选取典型案件开示范庭进行集中观摩点评,同时强化重大案件报告制度和重大审判信息预警机制,对影响社会稳定和谐的源头性、根本性、基础性问题进行风险评估,预警在前,应对在前”。② 笔者所在的中级人民法院也有类似的软控制或柔性协调沟通机制,如对拟改判、发回重审的案件与基层人民法院交换意见的制度,规定凡是二审法官要改判、发回重审的案件,应事先与一审法官交换意见,一审法官要在交换意见书上签署意见及名字,如有不同意见,二审合议庭要在审判长联席会议上讨论并最终决定是否发回。重庆市第四中级人民法院亦建立了类似的沟通机制。③ 此举措的目的是为了确保二审发回重审的慎重,通过与一审法官的沟通交流(包括对案件证据和事实的认定、法律适用、处理结果等),了解一审法官当时的办案思路及案件裁判时考量的特殊情形,从而有助于二审法官全面酌量把握案件。虽然这种上下级法院对发回重审案件的沟通、意见交换,并不最终影响二审法院的

---

① 参见胡曙光、杨以生:《关于构建上下级法院审判业务协调机制的若干思考》,载《法律适用》2007 年第 3 期。

② 董治良:《顺时应势构建科学的上下级法院关系》,载《法制资讯》2011 年第 3 期。

③ 重庆市第四中级人民法院《关于建立二审改判、发回重审案件沟通机制的规定》,这种沟通与交换意见必须是书面形式,征询意见表在规定时间内存入二审案卷副卷。一审法院有不同意见的,也须书面陈述意见和理由,阐述一审作出裁判时其他考量的因素等,相关意见存入二审案卷副卷。

处理决定,但这种交流协商机制,使得上下级法院之间形成一种业务上的指导与协调。①

(七) 介入结果分类法

从上下级法院间审判业务关系的介入结果上,可分为奖励性(表彰)和惩戒性的(处罚)审判业务关系、撤销型的和维持型的审判业务关系。

1. 奖励性和惩戒性的审判业务关系

上级法院通过审判绩效考评制度和试行违法审判责任追究制度,对下级法院及其法官进行评价,对先进或优秀的法院和法官进行表彰奖励,赋予各种荣誉,对落后甚至失职行为进行责任追究。2011 年 3 月 22 日,最高人民法院在北京召开了全国法院案件质量评估工作电视电话会议,对全国法院案件质量评估工作进行了总结,也提到要完善制度,落实责任,“建立完善绩效奖惩机制,以评估指标体系和司法统计机制为基础,实现对本地区法院、各审判业务部门和法官三个层面审判绩效的全方位评价”。② 2012 年河南省法院在全省范围内推行“错案责任终身追究制”,法官哪怕辞职、退休或者调任后都要对自己的裁决负责。但这个“试验性制度”却引发了争议。③ 2011 年 1 月,在河南天价路桥费案件曝光后,河南省高级人民法院迅速介入,问责审理该案的法官,主审法官的助理审判员职务被免、调离审判岗位,刑一

---

① 依据重庆市第四中级人民法院《关于建立二审改判、发回重审案件沟通机制的规定》的规定,二审的各审判业务庭应当重视总结二审改判、发回重审的原因,通过业务研讨会、业务培训等方式对改判、发回重审案件进行分析、研讨,对其中存在的证据采集、事实认定、法律适用和审判程序等普遍性、典型性问题及时进行归纳总结,并运用制发会议纪要、指导性意见或编写指导案例等形式,加强业务指导。

② 袁春湘、马剑:《完善制度措施 扎实推进工作》,载《人民法院报》2011 年 5 月 25 日。

③ 参见《河南改革值得欢迎,不过这只是个开始》,载香港《南华早报》2012 年 5 月 3 日(转载《参考消息》2012 年 5 月 4 日)。按河南新制度的规定,错案一般是指法院工作人员在办案过程中故意违反与审判执行工作有关的法律、法规致使裁判、执行结果错误,或因为重大过失违反与审判执行工作有关的法律、法规导致裁判、执行结果错误,造成严重后果的案件。不过一些法律专家提醒,河南这种制度的焦点,应该放在法官不当行为上,而不是裁决本身。错判不总是法官行为不当导致的,同样,不当行为也不总会导致错判。

庭庭长被免职。“高调又高效的问责引来喝彩之声，同时也有质疑：上级法院无权插手下级法院的人事和管理，无权直接撤销或改变下级法院的判决结果。河南省高院的思路，仍带有上级法院干预下级法官的人事任免、处分的行政管理色彩，依据法律规定，法官的任免本应由同级人大决定。”①河南省高级人民法院院长张立勇接受记者采访时表示，省高级人民法院没有越权，“对于两名法官的处理决定是由平顶山中院作出的，省高院当时文件中的表述是：建议平顶山中院依照法律程序提请免去侯晓宏刑一庭庭长职务，而对主管副院长的处理决定，是和平顶山市委商量后，建议对其停职检查”。② 这种上级法院的“建议”属于什么性质，其效力如何，是否有质疑之声中的“插手”和“行政管理色彩”，仍值得研究。“法官具有依附性的关键问题就在于控制法官本人的任命和升迁，控制一个院长就等于控制了一个法院，上级法院对下级法院法官的层层任命，必然导致各种科层体制现象的出现。”③其实，除了任命和升迁外，上级法院对下级法院法官的制裁或责任追究权（即使只是建议、商量），同样具有一定的控制力。

2. 撤销型的和维持型的审判业务关系

这主要是法律程序所规定的法定处理结果，上级法院通过上诉或再审监督程序对下级法院错误的裁判结果或程序进行纠正，其结果包括撤销（发回重审）、改判和维持。

奖励性和惩戒性的审判业务关系，类似于用行政管理的手段来对待下级；而撤销型的和维持型的审判业务关系则是符合审判程序的法定裁量结果。

（八）介入目标分类法

从上下级法院间审判业务关系的介入目标上，可分为救济、纠错、

① 《河南高院院长谈天价过路费案问责：省高院未越权》，载 http://www.law-lib.com，访问时间：2013 年 3 月 7 日。

② 袁春湘、马剑：《完善制度措施 扎实推进工作》，载《人民法院报》2011 年 5 月 25 日。

③ 许尚豪：《上诉审纠错功能的法律思考——以法院层级关系为分析视角》，载《河北法学》2008 年第 4 期。

法律适用统一、政策目标的统一。上下级法院审判监督指导、管理督查、审批控制、指挥联动等关系的目标是多重的，包括：

1. 救济与安抚

审级制度设置的一个重要法定目标是在程序上给予当事人表达不满的机会和得到救济的途径。通过上级法院对下级法院的审判监督、指导等功能，在程序上满足当事人因对一审判决不服而向上释放情绪、疏导愤懑并寻求救济的心理需求。“上诉权利的功能之一就是能为审判活动中的败诉方提供一个情感宣泄的出口以及相应的社会保护。”①

2. 纠错

司法的目标是正确地审理案件，这种目标不因法院的级别高低而有所改变，不能为了体现最高法院的司法权威性而要求下级法院降低审判准确率的要求。当然没有不犯错误的人，也不存在不犯错误的法官。② 司法程序为保持其权威地位，理应具备自我纠错的能力，这种纠错除了依靠下级法院自我纠错，也离不开上级法院通过上诉和再审程序来纠错。亦有学者提出，经过两次审判后的裁断，具有了向正义公平更接近一步的可能，因为再次复审实现的公正性通常优于一次的审理，这是正当程序就有的正义的品质所必然决定的。③

3. 法律适用统一

有学者认为，国家设立上诉制度的目的主要有两个方面：一方面是纠正错误的裁判，保护当事人的合法权益；另一方面是保证国家法律的统一适用，使司法系统在所有的审级都尽量以统一的声音说话。④最高人民法院解释、创制法律，发布司法政策、召开业务会议、发布指导性案例的目标就是为了保证法律的统一适用，保证全国各级法院裁

---

① 许尚豪：《上诉审纠错功能的法律思考——以法院层级关系为分析视角》，载《河北法学》2008 年第 4 期。

② 参见〔美〕本杰明·卡多佐：《司法过程的性质》，苏力译，商务印书馆 2000 年版。

③ 参见常怡：《比较民事诉讼法》，中国政法大学出版社 2002 年版，第 616 页。

④ 参见许尚豪：《上诉审纠错功能的法律思考——以法院层级关系为分析视角》，载《河北法学》2008 年第 4 期。

量尺度尽量一致,保证法官的裁判思维也尽量同质化。除了最高人民法院在法律适用统一方面具有最终、最高权威的指导功能外,一些高级人民法院也把自身的功能之一定位在统一法律适用方面。①

4. 政策目标的统一

上级法院通过对下级法院的监督指导,特别是对一定时期司法政策、司法理念的制定与引导,通过对特殊类型案件或特别、影响性案件进行内审达到政策目标上的统一,实现诸如维稳、社会效果与法律效果统一等审判目标要求。

(九) 介入效果分类法

从上下级法院间审判业务关系的介入效果上,可分为欢迎型的或依赖型的、排斥型的或反感型的。这主要是从下级法院对上级法院审判监督等关系实际效果所产生的心理感受进行的一种主观上的分类。

1. 欢迎型或依赖型的审判业务关系

上级法院对下级法院进行的某些监督指导方式因其对被监督指导对象的尊重性、开展业务监督指导的灵活性和监督指导的有效性而受到下级法院的欢迎。比如,上级法院通过召开审判工作业务会议,特别是有助于解决某类复杂新型案件的研讨会、培训会、工作会等形式,对下级法院审理疑难案件进行有针对性的指导。最富成果的是能够形成统一执法尺度或法律适用的指导性意见、会议纪要等文件、规定、办法或通知。还有的如上级法院在发回改判下级法院案件之前能够征求、听取一审法官的意见,了解案件当时裁判的思路和情况;下级法院还特别欢迎上级法院法官带着需要改判的案件到一审法院,与一审法官面对面地进行分析指导;对下级法院发改案件定期梳理分析,总结出带有普遍性、规律性的问题,集中对下级法院法官进行讲解、指导;下级法院在审理疑难复杂的案件时希望能够得到上级法院及时、

① 在2013年2月22日陕西省第二十次全省法院工作会议上,高级人民法院院长提出要深化对不同审级法院职能定位的认识,基层法院要把工作重点放在化解矛盾、案结事了上,中级法院要放在二审终审、定分止争上,省法院要放在申诉审查、依法纠错与促进法律统一适用上。

有帮助、有权威的答复和指导；等等。另外，上级法院的指导性案例或参考性案例特别是最高人民法院的指导性案例能够及时发布，在发布的范围和类型上更广泛和多样化，能够形成体系全面、分类清晰、发布权威、更新及时、查询便捷的案例库，真正发挥案例对审判的指导或参考功能。

2. 排斥型的或反感型的审判业务关系

上级法院对下级法院的审判业务在进行监督指导管理时，如果忽视下级法院自身的独立法律地位或下级法院法官的独立人格，违反审判活动的规律性和特殊性，注重运用行政手段对下级法院进行领导、审批、控制、管理等，会招致下级法院的排斥或反感（尽管有时这种情绪是隐性的）。目前比较突出的如某些地方上级法院对下级法院进行的“运动式”的案件质量评查；开展的一些形式色彩重于实际效果的某些硬性“活动”要求；还有对下级法院的审判绩效进行排名、通报、奖惩；对下级法院法官的违法审判活动直接查到底给予处罚；等等。这些行政化的领导管理模式，除了对下级法院独立地位的尊重不够凸显外，还大量增加了下级法院的工作量和人力资源的投入，增大了工作压力，在法院案件量大幅上升的外部环境下，内部生态环境更趋恶化。①

（十）介入载体分类法

从上下级法院间审判业务关系的介入载体上，可分为文件式、案例式、会议式、培训式、活动式、考核式的审判业务关系。上级法院对下级法院进行监督指导管理等活动时，介入的载体是多层面的：

---

① 参见林战：《基层法官压力调查 法官过劳》，载《南方周末》2012 年 12 月 27 日。在该报的编者按中指出：“两年前，我们关注过一个因‘压力太大’自杀的法官，这次关注的是一个过劳而死的法官。法院和法官身上不可承受之重，既有转型时期社会矛盾的累积，又有法院行政化的困扰。”文中提到，类似政府部门的 GDP 指标，法院也有，而且更细。2011 年 3 月最高人民法院发布了《关于开展案件质量评估工作的指导意见》，具体的案件质量评估指标包括 11 个审判公正指标、10 个审判效率指标及 10 个审判效果指标，人称“31”率。这也成为各地制定法官工作绩效考核体系的重要参照，层层打分，每月一报，每季一评。各级法院考评体系普遍实行“首长负责制”和“连带责任”，下级指标关系上级领导的业绩，导致各地法院领导齐抓共管，“指标唯上”。

1. 文件式

主要是指上级法院通过制定下发各种与审判业务活动有关的文件(如通知、规定、要求、办法、意见等)来监督指导管理下级法院的审判业务。

2. 案例式

主要是上级法院通过发布指导性案例或参考性案例的方式,对本辖区范围内的审判业务活动进行指导。尤其是最高人民法院编选发布的指导性案例,就是用案例来推进法律统一、公正、高效地实施,用案例来解释法律的条文和精神,具有广泛的指导作用和权威性。为了确保指导性案例的审慎、权威,其编选和发布程序由司法解释规定。“所有指导性案例都必须经过推荐程序、编审程序、征求意见程序、最高人民法院审判委员会讨论程序等四大程序。指导性案例的指导范围和指导作用由裁判要点限定,只有最高人民法院归纳的裁判要点对全国法院才有强制或普遍的指导作用,指导性案例中超出裁判要点的其他指导价值,就不具有普遍指导作用。”①高级人民法院编选的参考性案例也有一定的程序要求,要经过高级人民法院审判委员会讨论通过后在本辖区法院发布,具有审判参考作用。

3. 会议式

上级法院通过召开会议,监督指导管理下级法院审判业务活动。这种会议可能是与具体审判业务直接有关联的对口业务会议②,还可能是上级法院解决某个专业审判问题的研讨会、对最高人民法院将出台的司法解释或指导性意见的谈论会,以及总结部署下级法院整

---

① 胡云腾:《指导性案例与具有指导性作用案例之别》,载《法制日报》2013年2月27日。

② 最高人民法院每年会召开全国范围内的专业性审判工作会议,如刑事、行政、民商事审判、海事、知识产权、涉外、执行等审判工作会议,总结过去一年这些专业审判工作中存在的突出问题,并对本年度工作重点进行安排部署,在最高人民法院的分管院长讲话中,都会有具体的审判指导思想、重点任务要求、具体措施等,是对全国法院相关审判工作的全面要求与指导。尤其是一些会议还会形成某个时期对重点审判工作或审判难题的“会议纪要”,更具有指导作用。

体任务的工作会(如各级法院每年必开的各个层级的法院院长会议)等。

4. 培训式

主要是上级法院就新颁布的法律或司法解释的贯彻实施对下级法院法官的培训学习,确保下级法院法官正确理解、准确适用①;还有的是针对提高法官专业技能或审判经验所进行的培训,如对初任法官、拟晋升高级法官的人员等进行的培训。

5. 活动式

是指上级法院通过每年开展各类“活动年”或各项专门活动的方式对下级法院的审判工作提出具体的任务要求。如2012年最高人民法院就在全国范围内开展了“庭审评查”和“裁判文书评查”两项专项活动。高级人民法院每年也有自己各具特色的“活动年”。② 活动式的指导方式往往在所辖法院范围内全员动员、全体参与,有部署、有安排、有检查、有落实、有奖惩等。

6. 考核式

上级法院通过设定审判绩效指标,对下级法院实行“数字化管理”,考核式审判业务管理已经成为当下上级法院强化对下级法院监督指导管理的一个重要抓手,被形象地比喻为“体检表”“监控器”“指挥棒”。③

(十一) 启动机制分类法

从上下级法院间审判业务关系的启动顺序上,可分为自下而上型(或

---

① 如随着2012年修订的《刑事诉讼法》和《民事诉讼法》的生效实施,最高人民法院于2012年底和2013年初分期、分批组织了多期专题培训班,对高级、中级、基层人民法院包括分管院长、庭长和部分法官在内的人员进行了专门的学习培训。高级人民法院也在本辖区范围内组织有更多审判人员参与的学习培训。

② 陕西省高级人民法院近年来开展了“审判质量管理年”“工作机制创新年”“法院管理加强年”“队伍作风建设年”“司法公信提升年”等活动,每年一个主题,解决突出问题。

③ “体检表”“监控器”的提法见2012年5月24日最高人民法院审判委员会专职委员刘学文在全国法院审判管理工作座谈会上的讲话;“指挥棒”的提法见2013年2月22日陕西省高级人民法院院长在第二十次全省法院工作会议上的讲话。

者叫下级需求型)、自上而下型(或者叫上级需求型)以及二者的混合体。

在启动顺序上,上下级法院间的审判业务关系一般是自上而下进行的监督指导等关系,呈现出上对下单向性,上级法院具有明显的"优势压力"和"权威自信",下级法院对上级法院的反向影响和作用很微弱,突出表现为上级法院有资格监督下级法院,而下级法院无资格监督上级法院。虽然从法律地位而言,无论是处于金字塔底基的基层法院还是高耸于金字塔顶端的最高法院,都是国家的司法机关,在权威上是相等的,但是上级法院还是天然地拥有了一种高高在上的优越感,因此,出于普遍存在的对下级的不信任和不放心的心态,上级法院越发主动地由上自下启动对下级法院的监督、指导、管理甚或领导等职责,形成包括程序内的或程序外的、司法型的或行政型的各类错综复杂的关系,这种上级需求型的审判业务关系,成为实际生活中上下级法院关系启动顺序上的基本路径。

下级法院尽管在法律地位上是独立行使审判职权,但层级的低位性、知识的被支配性、信息流动的不对称性、程序上的复审性、业务上的被指导性、案件绩效的被考核监管,等等,使下级法院法官在心理上不自觉地处于弱势状态,习惯请示、汇报。"因而,严格等级的逻辑要求下级官员的决策必须接受上级的常规和全面的审查,下级为了推脱责任则要不断地向上级请示、汇报。在这种权力体系之下,循规蹈矩的下级官员更愿意适用清楚明了、强求一致的规范,避免因规范的歧义给自己带来麻烦,工作时间长的下级官员甚至开始相信知识也存在等级,一方面认为上级不能理解具体工作的同时,也在潜意识里认为级别超高的法官越富有远见卓识,'领导即高明'、'上级即权威'几成定律。"[①]因而,下级需求型的由下自上型启动的审判业务关系在实践中也客观存在,案件请示、汇报成了下级法院主动寻求上级法院指导监督的主要形态。

---

① 许尚豪:《上诉审纠错功能的法律思考——以法院层级关系为分析视角》,载《河北法学》2008 年第 4 期。

第三节 小 结

研究上下级法院审判业务关系,首先需要研究上下级法院审判业务关系的概念和内涵。由于理论及实务界对此问题整体关注度不够,对其概念内涵的界定性研究亦相对较少,因而现实生活中的上下级法院审判业务关系难免凸显出概念不清、内涵不明的缺憾。笔者通过对上下级法院审判业务关系概念、内涵的分析厘定,认为它是指下级法院之间围绕审判业务活动而形成的各种关系,而非财物、人事等行政关系,是一个综合了审级监督、业务指导、审判管理、理念指引、督查督办、内部审批、知识生产与影响等众多关系的集合性概念。以此观照中国当下的上下级法院审判业务关系,发现其已远远超出了法律所规定的监督关系,呈现出多元混同、交错贯穿的状态。这种感受,继而通过对审判业务关系多视角、多层面的分类得以持续加深。

由于审判业务关系概念和内涵上的庞杂交错性,使得对其的分类也需要用不同的分类方法进行。笔者主要使用了两种分类法:一是基础分类法。从基本类型来分类,中国上下级法院的审判业务关系大致可分为以下三种类型,即司法型、行政型和混合型。二是多视角分类法。从不同的角度或侧面、不同的标准对实际已发生联系、产生作用、相互影响的上下级法院审判业务关系在基础分类之外再多向切入、从不同视角作细致分类,大致从介入对象、方式、范围、程序、频率、程度、结果、目标、效果、载体以及启动机制或顺序等 11 个侧面对上下级法院间的审判业务关系进行了分类,意图通过尽量全面但实则并不可能周延的分类方法,对这个错综复杂的上下级法院审判业务"关系网"的现实生存样态,有一个比较真实的概览和图景描绘。

第二章　审判业务关系效果评析

从第一章对审判业务关系的分类中可大致一睹当前繁杂多面的中国上下级法院审判业务关系的整体样态。现实状态下这些林林总总的审判业务关系,在上下级法院间的实际运作及功能效果究竟何如?与各种复杂关系可能发生诸多关联、产生影响的各类主体的真实感受又是怎样?要弄清这些问题,不能靠纯粹的理论分析或主观揣测,需要运用社会学调查方法进行客观翔实的实证分析。“必须同时收集定量数据与定性数据。定量研究通过汇总标准化问题的答案(通常将问卷调查作为调研的一部分)来作出推论。定性研究通过录音或者作笔录以人们自己的话来记录他们的感受;它能够提供定量研究经常无法获得的详细的信息。可以通过一对一的访谈或者对特定群体的调查来收集定性数据。这些方法都不具有排他性,经常需要同时采用。选择对多少人收集实证信息以及判断如何挑选这些人。一般而言,样本包括的人数越多,结果就越准确,对于定量研究来说尤其如此。对于定量分析来说,必须随机挑选参与人并且确保没有遗漏重要的群体。没有能够替代同实际经历过我们要解决的问题的人交谈的方法。发现这一信息的最好方法通常是直接与那些人交谈并用他们自己的话记下他们的感受。”①为此,本书选取笔者所在的中级人民法

① 〔美〕帕森斯等:《试点与改革:完善司法制度的实证研究方法》,郭志媛译,北京大学出版社2006年版,第19—22页。

院作为直接样本法院,并形成了对下有13个下辖基层人民法院、对上有1个高级人民法院和1个最高人民法院的四级纵向上下级法院关系观察网。不过,对某些问题的观察也包括了全国不同省份的部分中级人民法院。[①] 在观察对象的选择上,注意多向度、多视角,共选取了上级法院法官、下级法院法官、当事人、律师、法学专家等,受访对象近600人。在实证研究的方法上,注重多样性、真实性,有问卷调查[②]、深度访谈[③]、开座谈会[④]、参与式观察和对既有统计资料、业务文件的收集利用等。其中,问卷调查共发放370份,回收有效问卷325份;深度访谈15人;座谈调研170多人。通过对各类审判业务关系在实际运行中利弊成效的实证调查,力图使本书的研究观点获得第一手、有分量的实证数据支撑,并近距离观察、面对面访谈了解受访者的真实主观感受,避免得出的结论带有较大的主观臆断性。

第一节　对审判业务关系的一般性评价

我们强调“经验的”研究,也就是承认我们的讨论事实上主要集中在经验性研究方法,即以对现实世界(例如关于现实世界的数据和事

---

① 2013年4月8日至19日,笔者有幸参加了最高人民法院举办的全国高级、中级人民法院副院长(民商事审判专业)轮训班,轮训班分为10个小组,曾分组专题讨论审判业务考核机制,笔者所在的第六小组包括来自山东、内蒙古、辽宁、上海、湖南、安徽、广东、广西、陕西、四川、天津等23个全国中级人民法院的副院长,对审判业务考核进行了颇有深度的专项交流讨论。

② 笔者亲自设计并指导所在中级人民法院研究室人员设计、发放了分别针对基层人民法院法官、中级人民法院法官、当事人、法学专家的五套调查问卷,并由研究室人员进行了数据的统计、图表制作。

③ 笔者选择5位律师和7位法官进行过一对一的深入访谈,并记录下来他们的谈话。

④ 笔者于2012年5—6月间赴所在中级人民法院下辖的13个基层人民法院召开13场专题座谈会,并于同年12月底通过西安市律师协会会长召集由十多个律师参加的专题座谈会。为保证座谈会的效果,事前均拟定调研提纲、给予受访者较为充分的准备时间,并且保证每位人员都能发言,与到会人员展开讨论。

实)的观察为基础的研究。① 在人文社会领域,我们研究的是有意志和感情的人,不应该、也不可能完全依赖对没有意志和感情的物质世界那种数学、物理似的科学方法去理解。前者与外因的关系是双向的、由客观与主观因素互动的,后者才是单向的或客观的。② 为了获得对审判业务关系一个主客观双向的评介,笔者倾向于从不止一个来源收集资料,通过从若干不同来源获知的信息,从不止一个角度来理解问题,并且这种角度是来自法官、当事人、律师、法学专家等与上下级法院审判业务关系有关联的带有意志和感情的人主观感受和经验判断。

一、法官视角

1. 对当前上下级法院审判业务关系的整体看法

笔者在调查中发现,法官们对当前上下级法院审判业务关系行政化的倾向呈现出一种矛盾的心理:排斥与依赖。

一方面,法官(尤其是下级法院法官)认为,当前的上下级法院审判业务关系已不仅是法律规定的审判监督关系,还交织了大量的指导、领导、管理等关系。实践中,上下级法院之间在部分业务领域已经逐步出现了管理、协管、指挥、领导、督查等关系③,这些关系"不仅与《宪法》、《人民法院组织法》相背离,而且对当事人的诉讼权利造成直接损害"④,同时上下级法院相互关系间日趋严重的行政化倾向,亦使得审级独立形同虚设,影响和干扰了下级法院的司法独立和法官的人格尊严。问卷结果表明,法官们并不回避上下级法院之间存在着管理、协管、指挥、领导、督查等关系,而且这些关系是多元混同、彼此交

---

① 参见〔美〕奥斯汀·萨拉特编:《布莱克维尔法律与社会指南》,高鸿钧等译,北京大学出版社 2011 年版,第 185 页。

② 参见黄宗智:《经验与理论:中国社会、经济与法律的实践历史研究》,中国人民大学出版社 2007 年版,第 527 页。

③ 参见刘铮:《上级法院对下级法院监督与指导功能之界定》,载《人民法院报》2009 年 7 月 8 日,第 5 版。

④ 熊洋:《论上下级法院关系之异化及重塑》,载《太原理工大学学报》(社会科学版)2010 年第 28 卷第 4 期。

错的。由于管理、协管、指挥、领导、督查等这些与行政手段相关联的概念在内涵与外延上的界限并不很清晰，法官在选择时可能更多是一种主观感受，不一定准确反映出上下级法院关系的关系类型，但仍不失为一种判断来源。在具体选择中（设置的是一种多项选择），58.4%的基层法院法官和47.8%的中级法院法官选择督查关系；38.1%的基层法院法官和28.4%的中级法院法官选择管理关系；30.1%的基层法院法官和14.9%的中级法院法官选择协管关系；14.2%的基层法院法官和10.4%的中级法院法官选择指挥关系；17.7%的基层法院法官和25.4%的中级法院法官还选择了领导关系（见图2-1）。在对这些关系的评价中，分别有32.7%的基层法院法官和58.2%的中级法院法官认为，上级法院不应该对下级法院具有领导、管理、指挥和督查等职能。在监督指导关系中，认为现在上级法院对下级法院的监督指导中存在的突出问题主要有两个方面：一是监督指导过多、不统一，让下级法院无所适从（分别有35.4%的基层法院法官和32.8%的中级法院法官选择）；二是过分强调监督指导，给下级法院造成很大压力（分别有15.9%的基层法院法官和20.9%的中级法院法官选择）。对这种行政化的上下级法院审判业务关系，下级法院表现出某种程度的无奈、反感和抵触。

另一方面，下级法院又依赖这种行政化的上下级法院审判业务关系，希望借助上级法院的力量去缓解社会矛盾冲突（尤其是维稳压力）给下级法院带来的困扰，及时指导答复疑难复杂案件的定性意见，提前介入社会关注的重大影响案件，并通过内审程序指导案件的处理结果，通过上级法院对下级法院组织的各类审判业务活动检查、评比、奖励等满足对自身审判业绩的评价，从而在当地党委政府中获得肯定。[①] 调查问卷表明，有59.3%的基层法院法官和10.4%的中级法院法官认为，上级法院对下级法院应该具有一定的管理、领导等职能关系。并

---

① 据河南某个地市法院到笔者所在中级人民法院调研座谈的情况得知，如果被上级法院评上文明单位，当地政府会给予法院一定的经济奖励。

且，高达51.3%的基层法院法官和46.3%的中级法院法官表示当前司法环境较为复杂，司法任务较为艰巨，上级法院对下级法院还存在着指导不足的问题，需要进一步加强上级法院的监督指导。

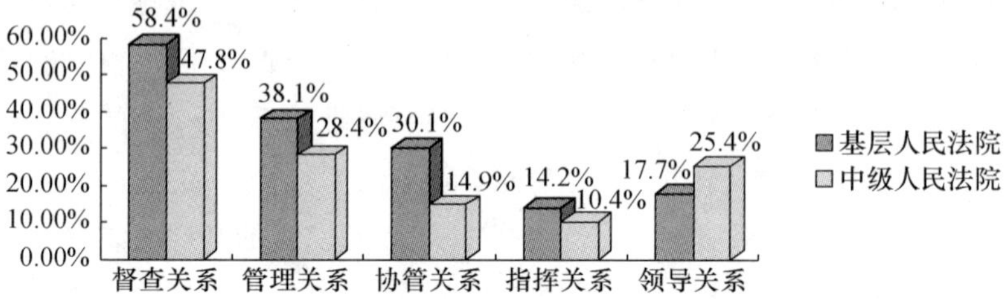

图 2-1　对当前上下级法院审判业务关系的整体看法

2. 对当前上下级法院审判业务关系的方式效果评价

在现实司法实践中，上级法院对下级法院在进行业务监督、指导、管理、督查时最为常用的方式有制定司法政策、制定规范性文件或司法解释、案件评查、裁判文书评查、业务培训、审判研讨、召开工作例会、案件请示答复、提前介入、挂牌督办、发改案件、提审指令再审、带案指导、案例指导，等等。问卷调查表明，基层人民法院法官对他们认为比较有效的监督指导方式的选择从高到低依次是：案例指导(38.9%)、制定规范性文件或司法解释(34.5%)、审判研讨(30%)、制定司法政策(28.3%)、案件评查(28.3%)、业务培训(24.8%)、裁判文书评查(24.4%)、案件请示(22.1%)、提审指令再审(22.1%)、案件发改(17.7%)、带案指导(11.5%)、召开工作例会(7%)、挂牌督办(4.4%)、提前介入(0%)(见图2-2)。中级人民法院法官的调查反馈意见是：制定规范性文件或司法解释(50.7%)、业务培训(41.8%)、审判研讨(35.8%)、制定司法政策(31.3%)、案例指导(29.9%)、案件请示(20.9%)、案件发改(20.9%)、案件评查(16.4%)、提审指令再审(14.9%)、带案指导(13.4%)、提前介入(13.4%)、裁判文书评查(13.4%)、召开工作例会(10.4%)、挂牌督办(1.5%)(见图2-3)。

虽然基层人民法院法官和中级人民法院法官对上级法院某种具体监督指导方式的有效性选择和评价不尽一致，但比较受欢迎的有制

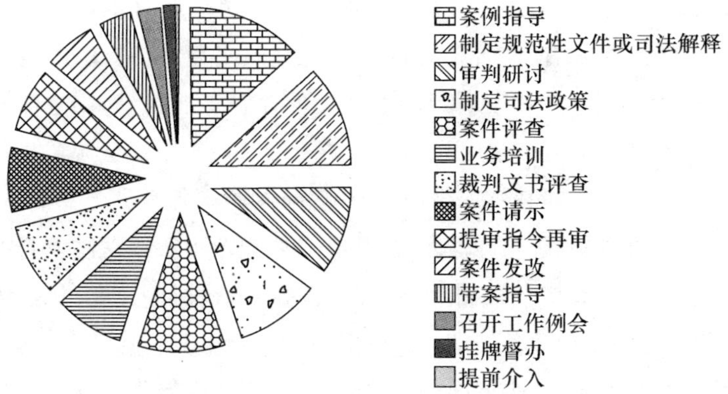

图 2-2　基层人民法院法官对当前上下级法院审判业务关系的方式效果评价

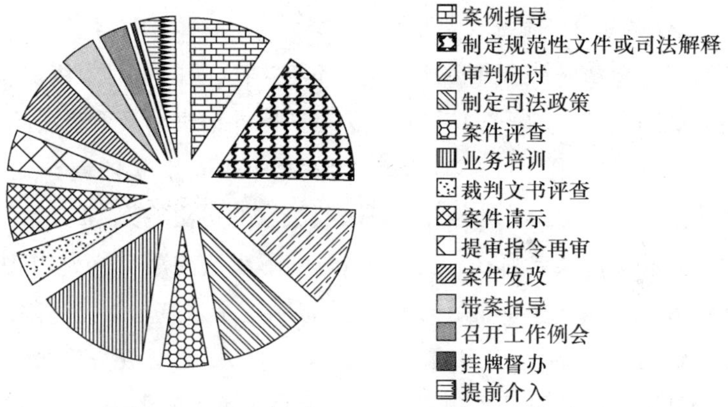

图 2-3　中级人民法院法官对当前上下级法院审判业务关系的方式效果评价

定规范性文件或司法解释、审判研讨、业务培训等，而挂牌监督、召开工作例会、提前介入的认同度则较低。① 但有法官②认为，司法解释依赖症是不需要的，裁判方法更为重要。法官的解释方法如果得到大家

---

① 笔者 2013 年 4 月 8—19 日参加国家法官学院组织的全国高级、中级人民法院副院长培训班时，在与几位高级人民法院领导的交谈中也印证了此种结果。并且授课的一位最高人民法院法官亦称规范性意见、司法解释与指导性案例是最高人民法院进行业务指导最有效的方式。

② 最高人民法院一位业务庭庭长在给全国高级、中级人民法院副院长培训班的讲课中提到的观点。

的普遍认可,裁判方法统一起来比制定任何司法解释都要有用。另外,从下级法院来看,监督指导的行政化倾向明显,信访督办、对个别案件的"内部指示"、批复、指导意见、案件评查等名目繁多、主体不统一、操作不规范甚至被滥用①,也是影响上级法院对下级法院监督指导的一个普遍突出的问题。最高人民法院前专职审判委员会专委、现天津市高级人民法院院长高憬宏提出,有必要规范上下级法院监督指导的方式和机制,如加大案例指导、政策指导、宏观指导力度,加强对辖区法院法官的专项业务培训,统一办案思想、标准和程序,真正调动审级负责和上级指导两个方面的重要性,让上级法院既支持下级法院依法独立审判,又要确保案件质量,提升司法权威。②

3. 对上下级法院法官业务水平的评价

对上下级法院法官业务水平的评价实则反映的是对上级法院监督指导能力与水平的一个认可程度。调查问卷中当问及下级法院(主要是基层人民法院)法官对上级法院法官业务水平的看法时,有54.9% 的下级法院法官认为,上级法院法官的司法能力、业务水平与一审法官相比确实要高;但也有50.4%的下级法院法官认为,上级法院法官大多是从学校毕业后的大学生,不一定是从基层人民法院遴选出来的优秀法官,年纪轻、经验不足,水平不见得比下级法院法官高。两种截然不同的意见几乎持平。当同样的问题抛向中级人民法院的法官时,被调查的法官表现出相当程度的谦逊(至少在问卷中没有明显表露出对一审法官的轻视),无一人选择"一审法官经历案件尤其是重大复杂案件少,无论是在经验理论还是思维方式上都不如自己"的问题选项,相反有49.3%的法官认为基层法官处在审判一线,接触大量的案件,具有丰富的审判经验,业务水平并不比二审法院的法官差。还有26.9%的法官甚至认为,目前二审法院从基层法院遴选上来一些

① 参见高憬宏:《健全审判权力运行机制 提升司法公信力》,载《人民法院报》2013年11月27日。

② 同上注。

优秀的法官，这些法官的素质有的比二审法院的法官还要高。但当笔者在与一位基层法院法官（担任庭长多年，审判经验丰富，理论水平较高，现在已是专职审委会委员）进行访谈时，这位法官对此说法并不赞同，他的理由更多来自对他所熟悉的法官的判断。最高人民法院司法改革领导小组办公室的一位领导在给笔者参加的全国高级、中级法院副院长讲课中讲到，“全世界很难找到像中国那样大学生可以直接成为最高法院法官”。另外，他谈到法官职业化时更是反对将职业化等同于高学历。“职业化强调知识、经验和品德。知识和经验相加等于能力，经验需要时间的历练。”事实的确如此，以笔者亲历式观察：如果从学历来看，层级越高的法院尤其是最高人民法院法官的学历可能更胜一筹，但是经验未必与学历同向增长，中级、基层人民法院法官的经验（他们处理了全国绝大多数的案件）要比高级人民法院、最高人民法院法官更丰富。

二、当事人视角

1. 对当前上下级法院审判业务关系的整体看法

调查显示，当事人在评价上下级法院整体关系时，多数当事人（占68%）认为上下级法院之间是监督关系，只有32%的当事人认为是一种领导关系。但在一些具体问题的回答上，却流露出当事人心中更愿意把上下级法院之间的关系当成是一种领导关系，尤其是涉及对自身案件的处理上，他们可能不一定在乎程序，而注重结果，即使这种结果的实现不以法律程序而以行政方式介入或干预。比如，当问及是否赞同上级法院对下级法院处理不当的案件直接撤销时，62%的当事人十分赞同，认为这样对下级法院的管理更加直接有效，38%的人持否定态度，认为应该按照法律规定的程序进行。再如，在回答当认为自己的案件处理不公，上级法院直接指导下级法院办案是否会更加导致办案不公问题时，68%的当事人认为不会，只有32%的当事人认为会导致办案不公。对下级法院法官案件办错了，上级法院可否直接对下级法院法官处罚甚至停职、免职，52%的当事人选择应当允许，理由是对下级法院法官可进行更好、更有力的监督,48%的当事人主张上下级法院有各自的权限,不应该直接处罚。

2. 对上下级法院法官业务水平的评价

从调查问卷中当事人对上下级法院法官业务水平的评价表明,70%的当事人更愿意相信上级法院的法官,认为上级法院法官比下级法院法官的水平高,30%的当事人选择不一定。尽管这些接受问卷调查的当事人绝大多数只有在基层和中级法院打官司的经历,鲜有到更高层级的法院(包括高级人民法院、最高人民法院)打官司的经历和感受,但对到更高层级的法院上诉、再审,还是抱有一定的期望,因为他们更愿意相信层级越高的法院的法官水平、素质更高,能为不满意层级较低的基层、中级人民法院裁判的当事人提供一个救济纠错、伸张冤屈的机会。当事人的这种诉讼心态,可从对他们设计的一道问题得出:当问及如果不满意一审、二审判决是否会继续到更高层级的法院寻求救济时,94%的当事人选择了“会”。而当事人在评价哪个层级法院的法官工作态度更耐心细致时,与某些律师的感受不谋而合:即认为中级人民法院的法官更细致耐心(有78%的当事人选择),12%的当事人选择了基层人民法院,18%的当事人选择了高级人民法院。

三、律师视角

1. 对当前上下级法院审判业务关系的整体看法

在评价中国当前上下级法院的审判业务关系时,认为是监督关系的占50%、指导关系的占59%、领导关系的占23.8%、管理关系的占15%(见图2-4)。在带有行政色彩的关系方式上,认为属于管理的占32.5%、属于协管的占18.8%、属于指挥的占22.5%、属于领导的占32.5%、属于督查的占52.5%。在上级法院可否对下级法院具有一定的管理职能问题上,61%的律师认为不应该。对目前监督指导关系存在的主要问题方面也存在两种截然不同的观点:一是监督不足、指导不力。38%的律师认为监督不足,导致下级法院存在滥用职权现象;27%的律师感到当前司法环境较为复杂,司法任务较为艰巨,上级法院对下级法院的审判业务指导不足。二是指导过多。35%的律师认为上级法院过分强调指导,且指导方式不统一,让下级法院无所适从,造成下级法院法官压力很大。对于监督方式,92%的律师认为,上级法院只能通过审判程序督促下级法院全面正当行使审判权,不能通过行使管理职能等方式督促下级法院行使审判权,且这种监督是一种事后监督、个案监督。对于业务指导的具体内容,选择给予司法理念指导的占60%、审判经验和技能指导的占53.8%、司法政策上指导的占38.8%、具体裁判思路指导的占23.8%、对外部矛盾协调应对方面指导的占17.5%。

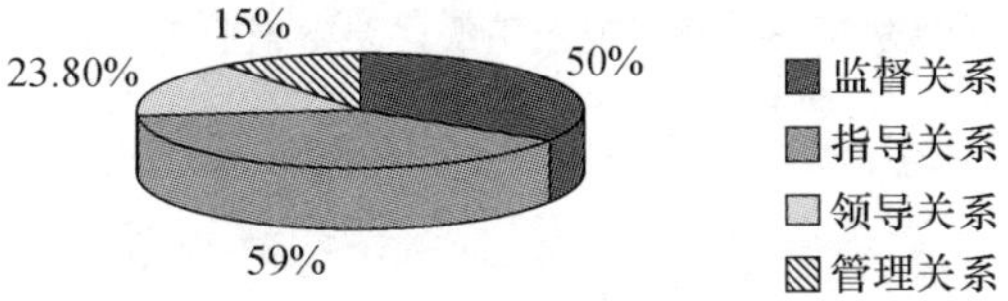

图2-4　律师对上下级法院审判业务关系的看法

2. 对当前上下级法院审判业务关系的方式效果评价

问卷结果反映,律师们对他们比较认可的监督指导方式的选择从高到低依次是:制定规范性文件或司法解释(占38.8%),裁判文书评查(占38.8%),提审、指令再审(占37.5%),案件评查(占36.3%),制定司法政策(占32.5%),案例指导(占27.5%),审判研讨(占27.5%),业务培训(占26.3%),案件发改(占22.5%),提前介入(占16.3%),召开工作例会(占10%),挂牌督办(占5%),案件请示(占3.8%),带案指导(占3.8%)(见图2-5)。

3. 对上下级法院法官业务水平的评价

调查问卷中律师对上下级法院法官业务水平的评价并不是与他们(或她们)所对应的法院层级相一致:在被问及是否层级越高的法院法官业务水平越高时,有67.5%的律师认为不一定,只有20%的律师持肯定态度。在具体问及哪个层级法院的法官业务水平更高时,35%的律师选择最高人民法院的法官,27.5%的律师选择中级人民法院的法官,25%的律师认为高级人民法院的法官素质高,只有7.5%的人认

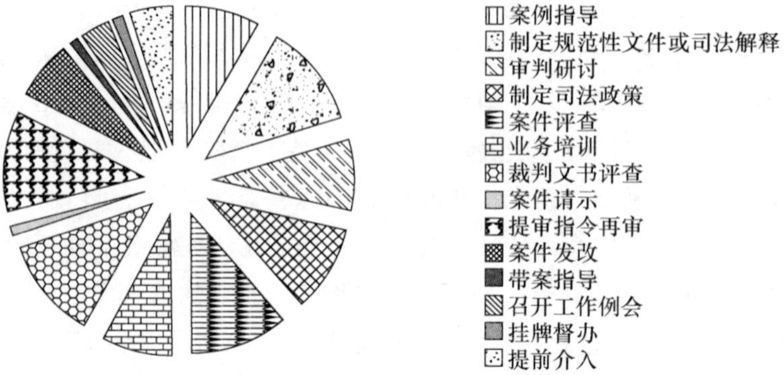

图 2-5　基层人民法院法官对当前上下级法院审判业务关系的方式效果评价

为基层人民法院法官的素质高。访谈中一名律师协会的副会长提到，“中国法院的法官不像国外的法官是从下级逐级遴选上来的，我的一些同学直接分到最高人民法院，不一定比分到下面法院的其他同学水平高。另外，我也被一些法院邀请参与案件的评查，评查中发现某些上级法院法官的业务水平不一定比下级法院法官水平高，下级法院法官不信服”。另一位与笔者交谈过的律师以自身经历对四级法院法官的审判作风和水平进行了一个对比：“基层法院整体感觉实践能力较强，但是理论水平弱些，办事节奏快，但不是很细致。高级法院门楼高，办事节奏慢，追求客观公正，讲一些理论，但实践能力较弱。中级法院更丰满，实践理论都比较好，中院这个层级更公正，更得到大家的认可。”笔者不怀疑这位律师的真诚态度和对中级法院的偏好，也不会因为他对笔者所在的中级法院法官的赞誉而沾沾自喜。

四、法学专家视角

1. 对当前上下级法院审判业务关系的整体看法

法学专家们在评价现实中的上下级法院审判业务关系时，选择监督关系的占 66.7%、选择指导关系的占 60%、选择领导关系的占 40%、选择管理关系的占 20%（见图 2-6）。在带有行政特色的关系方式上，认为是管理的占 20%、协管的占 13.3%、指挥的占 13.3%、领导的占6.7%、督查的占53.3%。法律专家对上级法院是否可具有一定的管理职能表现出十分鲜明的否定态度，有93.3%的专家表示反对。对于监督的方式，86.7%的法学专家认为上级法院只能通过审判程序督促下级法院全面正当行使审判权，不能通过行使管理职能等方式督促下级法院行使审判权，且这种监督是一种事后监督、个案监督。对于业务指导的具体内容，选择给予司法政策上指导的占60%、审判经验和技能指导的占60%、司法理念指导的占53.3%、具体裁判思路指导的占33.3%、对外部矛盾协调应对方面指导的占13.3%。

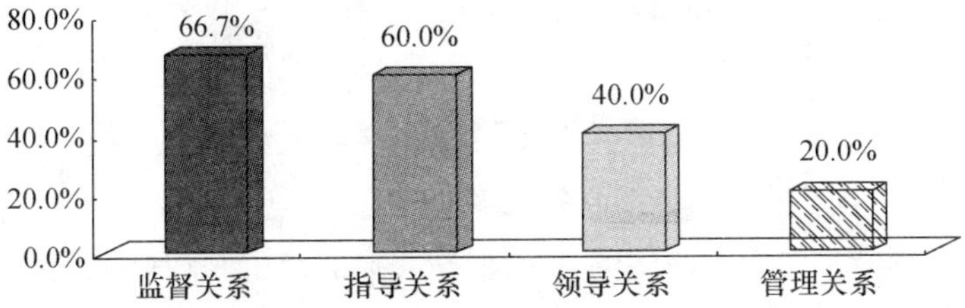

图2-6　法学专家对上下级法院审判业务关系的看法

2. 对当前上下级法院审判业务关系的方式效果评介

调查结果显示，法学专家认为现实司法中上级法院对下级法院监督指导的有效方式依次是：案例指导（占66.7%），审判研讨（占60%），业务培训（占53.3%），制定司法政策（占46.7%），制定规范性文件或司法解释（占46.7%），案件发改（占46.7%），裁判文书评查（占46.7%），案件评查（占40%），提审、指令再审（占33.3%），召开工作例会（占20%），案件请示（占13.3%），提前介入（占6.7%），挂牌督办（占6.7%），带案指导（占0%）（见图2-7）。也有学者对最高人民法院的司法解释、指导文件等的质量进行了批评："不少司法解释缺少对社会事实复杂性的充分考虑，失之简单片面和绝对；某些指导文件的文字表达失准，语焉不详，形成'司法解释还需进一步解释'的尴尬局面。更为突出的是，出自最高人民法院并对下级法院审判具有实际影响的各种司法解释、公报案例、领导讲话、工作意见、通知、批复、纪要、答记者问乃至集体或法官个人编著的专业书籍，林林总总，不仅效力层次不明，而且内容不统一、甚至彼此矛盾的情况也屡见不鲜，下级法院常常感到无所适从。”①

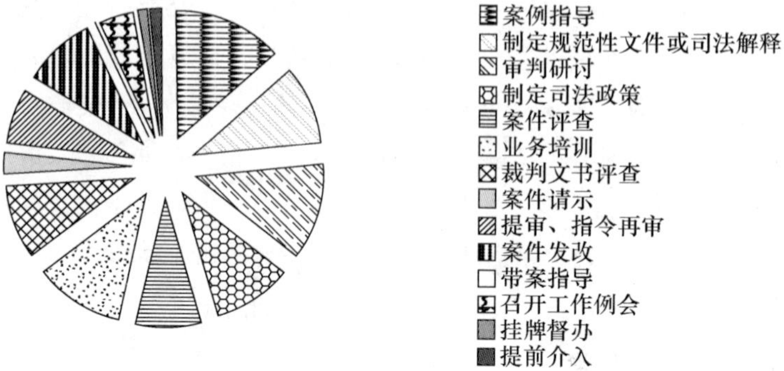

图 2-7　法学家对当前上下级法院审判业务关系的方式效果评价

3. 对上下级法院法官业务水平的评价

法学专家对上下级法院法官业务水平的评价与律师们的看法基本相似，有 66.7% 的法学专家并不认为层级越高的法院法官业务水平也越高，只有 20% 的法学专家持肯定态度。在评判哪个层级法院法官的业务水平更高时，40% 的法学专家把肯定票投给了最高人民法院的法官，40% 的票投给了中级人民法院的法官，只有 6.7% 的法学专家选择高级人民法院的法官。笔者的调查问卷结论受样本选择的范围、数量等所限，不一定全面准确反映学者们的观点，因为在一些学者的文章中，那种认为法院层级超高法官业务水平或素质就越高的看法并非是孤立的。“法官的素质往往与法院审级存在着正相关关系，即审级越高，法官素质越高，审级越低，法官的素质也就相对更低。而根据我国现行的法院审级制度，绝大多数刑事、民事案件的初审或上诉审法院是审级较低的基层人民法院和中级人民法院，这些法院法官的素质不高。”②新中国成立初期，主要考虑的是下级法院法官的专业能力欠

① 顾培东：《当前我国司法公正问题的认识与思考》，载《人民法院报》2013 年 4 月 23 日。

② 万毅：《历史、现状与走向：案件请示制度研究——以最高法院为中心的考察》，载左卫民：《最高法院研究》，法律出版社 2004 年版，第 364—365 页。

缺,因而要求下级法院就疑难案件向上级法院请示。这种做法在一定程度上可以保证案件质量,减少错案、冤案的发生。[①]“在地方法院的法官素质普遍低下的情况下,结合我国法院职能分工的特点确立请示与批复制度对我国法院的公正审理及兼顾法院审判工作的经济效率十分重要。”[②]

第二节 对几类审判业务关系的重点评价

一、发回重审

(一) 法官视角

1. 对发回重审制度的主要功能评价

“发回重审是上级法院行使审判监督权最直接、最具体的体现,也是审级制度设立的必然结果,其目的在于保障裁判的公正性。”[③]调查中,法官们评价发回重审制度的积极成效主要表现在两个方面:一是审判监督的重要程序设置。通过发回重审,弥补程序的漏洞并纠正违法,能及时有效地防止错案的发生,对提高司法的公正性、严肃性发挥了积极的推动作用(分别有50.4%的基层法院法官和52.2%的中级法院法官选择)。二是上级法院发挥业务指导作用的一种重要有效的方式。特别是内部指导函指出问题所在,有助于提高一审法官的业务水平和裁判思路(49.6%的基层法院法官和47.8%的中级法院法官持肯定态度)。调查问卷就二审发回重审案件的正确率在一审法官中做了一个认同度的测试,选择发回重审的案件只有20%~30%是正确的占8%、30%~50%是正确的占22%、50%~80%是正确的占40%、

① 参见侯猛:《案件请示制度合理的一面——从最高人民法院角度展开的思考》,载《法学》2010年第8期。

② 邵书平:《我国法院在具体案件上适用法律的请求与批复的理性思考》,载《湖南公安高等专科学校学报》2004年第16卷第2期。

③ 王旭光、满洪杰:《民事诉讼发回重审制度之重构》,载《法律适用》2006年第9期。

80%以上是正确的占30%。笔者在多个基层法院集中座谈时,得到的验证基本相似。多数法官认为,二审法官的司法能力、业务水平与一审法官相比确实要高,通过发回重审,可以提高自己的办案水平。

2. 对发回重审制度的主要问题评价

法官们普遍感到,案件发回重审会引起诉讼周期过长、诉讼成本增加、司法效率降低、案件久拖不决等负面影响,使司法公信力受到损害。调查问卷表明,发回重审中存在的突出问题主要表现在:一是缺乏标准和程序、制度的约束(分别有72%的基层法院法官和66%的中级法院法官作了选择)。二是发回重审过多,滥用发回重审权问题较为突出①,存在反复发回的现象,使原审法院不断更换合议庭,与程序效率严重冲突,浪费司法资源(54%的基层法院法官和39%的中级法院法官表达了他们的这种感受)。三是发回重审理由不清晰,指导依据不充分。② 42%的一审法官认为,发回重审函过于简单、语意不清,多以疑问句为主,对发回重审的理由不作详细说明;27%的法官感到上级法院对下级法院指导的内容不具有针对性;31%的法官表示上级法院法官的办案思路本身不是很清楚,指导内容模棱两可。四是发回重审在信访压力和维稳形势下已经变成上级法院回避矛盾、快速结案③的一种方式(69%的基层法院法官和46.3%的中级法院法官认同)。五是发回重审成为上级法院对下级法院考核的重要指标之一,

---

① 据笔者所在中级人民法院下辖的一个基层法院近3年来发回重审的数据可略窥一二:2009年,该院上诉至中院案件556件,发回重审18件,发回重审占上诉案件的比例为3.24%;2010年上诉案件603件,发回重审48件,占上诉案件的比例为7.96%;2011年5件上诉案件,发回重审47件,上升9.13%。

② 参见荀红、陈海发:《2013:继续拉升“三个板块”——访河南省高级人民法院院长张立勇》,载《人民法院报》2013年1月9日。访问中张院长表示:“要加强对下级法院的指导,对发回重审的案件,必须有明确的指导意见。”

③ 尤其是到了年底,法官迫于结案压力,一些事实复杂或矛盾较大、当事人难缠的案件会选择发回重审,既减缓了二审的压力,又能结案,完成办案任务。座谈中,基层法院法官们对中级法院法官的此种做法多有微词。

对一审法院的排名和法官业绩、晋升等影响很大。[①] 不合理的考核机制，使一审法官在夹缝中挣扎，损害了其办案积极性、自信心和职业荣誉感。同时也造成考核的异化，下级法院的法官为了避免案件被发回，会频繁请示上级法院，而不论案件是否符合请示的范围，法官的独立裁判意识受到影响。[②] 笔者设计了一道题，想从心理上揣度基层法院法官对案件被上级法院发回后的内心感受，结果表明，发回重审对法官职业自信心影响颇大。调查中80%以上的法官感觉有压力，其中27%的法官坦承是对自己能力的一种否定，自己的挫败感很强；38%的法官抱怨不公平，自己办的案件数量很多，发改的案件只占少数，却严重影响了对自身审判业绩的客观全面评价；35%的法官表示频繁"发改"，会令自信心受到打击，从而更加依赖上级法院的法官，以后自己会定期去上级法院请示交流，职业尊荣感受挫（见图2-8）。六是发回重审在某种程度上会加剧上下级法院法官之间的矛盾和对立，形成一种博弈。在审判实践中，二审法官感到恼火的就是案件发回去了，过了一段时间一审法官又原封不动地按原判决作出处理。问卷调查中17.9%的中级法院法官毫不掩饰自己的气愤，表示如果可以的话就再次发回；36%的中级法院法官感觉二审法官没有权威，意见不被尊重；14%的中级法院法官认为，这其实是上下级法院法官的一种心理较量、一种博弈，是一审法官对二审法官的示威，是对上级法院权威的挑战；也有32.1%的中级法院法官冷静地表示，也许一审法官确有难

---

① 发回重审率是四级法院案件质量评估体系及考核的重要指标，上级法院每年自上而下都会层层对下级法院进行包括此项指标的审判绩效考核并对下级法院排名通报。下级法院再对影响到本院指标（特别是发回重审案件数）的法官采取相应的措施，进行内部考核惩戒（包括对被发回的案件由审判委员会逐案讨论，如认定法官有责任的，会在评选先进或晋职等方面受到影响，有的还会在经济方面予以处罚）。

② "案件发回改判对法官的晋职晋级会产生重大影响，发回改判率会对一审法院的审判质效排名产生重大影响……基于上述的顾虑，多年来上下级法院之间经常用内部请示在判前进行沟通。带来的问题是，上级法院认为下级法院不仅对新类型疑难复杂案件的法律适用问题或新出台法律法规的理解问题进行请示，而且对一些裁判结果不太有把握的案件也通过请示方式了解上级法院的看法，变相侵犯了当事人的上诉权。"参见高憬宏：《健全审判权力运行机制　提升司法公信力》，载《人民法院报》2013年11月27日。

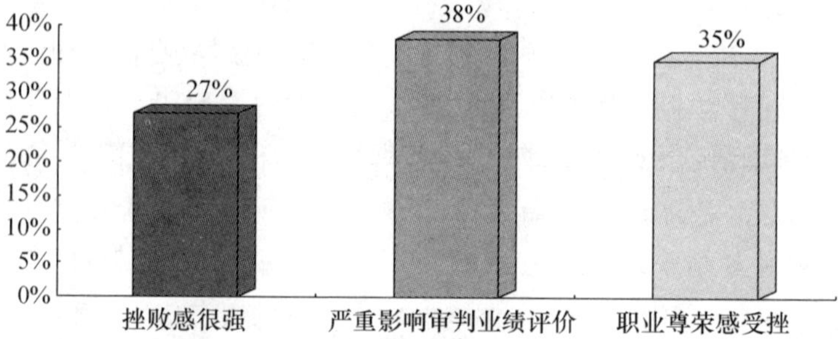

图 2-8　基层法院法官对案件被发回后的内心感受

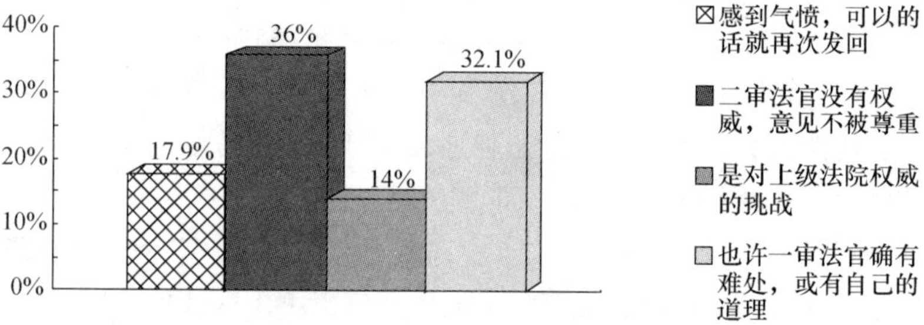

图 2-9　二审法院法官对发回案件被维持的态度

处，或有自己的道理（见图 2-9）。一审法官的心态各有差异：55% 的法官坚信自己这么做是因为原审判决没有错，虽然案件被发回，自己是不会妥协的。其中有 34.5% 的法官是迫于维稳和信访的压力，确实没有办法对原判决结果改判，只能按现状作出同样的处理；22% 的法官认为，最高人民法院发布的文件规定上级法院只能发回重审一次①，即使自己按原判决作出了相同的处理结果，二审法院应该不会再发回；23% 的法官明确这么做是想试探二审法官，如果真的再次被发回再

① 2002 年最高人民法院发布的《关于人民法院对民事案件发回重审和指令再审有关问题的规定》第 1 条规定："第二审人民法院根据民事诉讼法第一百五十三条第一款第（三）项的规定将案件发回原审人民法院重审的，对同一案件，只能发回重审一次。第一审人民法院重审后第二审人民法院认为原判决认定事实仍有错误，或原判决认定事实不清、证据不足的，应当查清事实后依法改判。"2012 年修订的《民事诉讼法》《刑事诉讼法》都对发回重审的次数进行了限制。

说。围绕发回重审,上下级法院法官开始了一场心理拉锯战和力量的博弈,相互间的信任和尊重受到影响。一些地方法院为了慎重并减少发回重审案件的数量,缓解上下级法院间的矛盾,尝试对发回重审的案件进行意见交换制度。[①] 但对该制度在实践中的效果褒贬不一。[②]

3. 对发回重审制度的改革建议

针对发回重审函过于简单、指导不明的问题,有法官建议取消发回重审内部指导函,将需要指导的内容直接写入裁定书内,使其明确具体,同时有利于对当事人和律师知情权的保障,并对下一步的诉讼活动进行充分的准备和应对。周道鸾教授曾撰文主张此观点。[③] 对于

---

① 笔者所在的中级人民法院就在多年前建立了发改案件意见交换制度,规定中级法院的法官在发回重审之前,必须要同基层法院的办案法官进行沟通和意见交换,听取基层法院法官当时办理案件的具体情况和处理依据,根据基层法院法官反馈的意见再研究决定是否发回。而且,为了落实这项制度,还要求基层法院法官在交换意见的笔录上签字确认。

② 笔者曾对所在中级人民法院上下级法院发改案件意见交换制度的实际效果进行过专项问卷调查和座谈。结果表明,60%以上的基层法院法官、30%的中级法院法官赞同该制度。肯定者认为,这是一项很好的制度,给两级法院法官相互学习探讨和各自阐述意见观点的机会,有利于个案的处理;有助于二审法官充分了解案卷中反映不出来的一审办案细节和一审法官当时考虑到的各种因素,慎重发回案件;可规范并限制上级法院过于频繁地发回重审的做法,避免发回重审被滥用;基层法院法官尤其有被尊重的感觉,并能通过有效的沟通和意见交换知道发回重审的原因,提高自己的业务水平。反对者认为,这不是法定程序,且违背了独立审判;下级法院不配合,因为知道要发回往往情绪较为抵触;上级法院发回前征求自己的意见,但事后还是发回了,有不被尊重的感觉;一审被发回的案件有的是经过审判委员会讨论的,而二审只是合议庭决定就可发回,没有经过审判委员会或至少是审判长联席会议讨论,显得比较随意且不够慎重;两级法院的法官都很忙,要抽出时间征求或说明意见,花费时间精力,而且有时也不容易见面,交换意见在实践中流于形式;等等。

③ 参见周道鸾:《增强司法的民主性和公开性 落实公开审理的宪法原则——以二审发回重审的裁定为视角》,载《法律适用》2012年第2期。1999年4月6日,最高人民法院审判委员会第1051次会议通过了《法院刑事诉讼文书样式》,规定在"在裁定书中,原则上应当写明发回重审的理由","不再向原审法院另行附函说明,特殊情况除外"。内蒙古自治区高级人民法院借鉴刑事裁判文书改革的模式,在发回重审的经济纠纷案件中取消了"内部函"制度,将发回重审的理由一律写入裁定书中,公之于众,接受公众监督。但周文亦坦承:"1999年刑事裁判文书改革中提出的取消'内部函',将发回重审的理由写进裁定书的要求,十多年来没有得到认真执行。"主张"应当从立法上、司法上采取有力措施,取消'内部函'"。

因发回重审导致的上下级法官博弈对立的现象，建议建立有效的发回重审上下沟通交流指导机制，比如上级法院定期对发回重审的案件进行分析、总结，通过召开专题会议系统指导或者主动带案到基层法院具体指导，这样的指导机制比单个发回某个案件效果更好，因为它是一种类型化、集中式、交流式的业务指导方式，更会受到下级法院的欢迎。在座谈调研中，几乎所有的基层法院和法官都表示了对中级法院法官采用这种方式指导的一种热盼与期望。一位基层法院法官说，这种面对面的交流，使上下级法院法官都找到了一个平等对话的平台，大家就案件坦诚分析，互相沟通想法和观点，感情容易拉近，抵触不易形成，尤其上级法院法官对下级法院被发回重审案件共性问题的集中梳理和客观总结，给下级法院法官的同行们起到很好的提示、警醒作用，用他们的话说，就是“指导一案，教育一片”。对于上下级法院尝试的发改案件意见交换制度，多数法官赞同，认为这是一种良性的沟通机制，但要在交换意见的具体程序和方式上进一步完善，避免流于形式。另外，对目前比较突出的绩效考核弊端及给下级法院法官带来的困惑和消极影响，法官提出要科学合理设置考核机制，客观区分发回重审的不同原因，对于属于法官自由裁量权范围的以及出于维稳等需要所作的特殊处理（以不违反法律基本规定为限），即使发回也不宜统计在发回重审的数字内，更不能以此为据作出对下级法院及法官的工作实绩不利的评价。还有的法官认为，发回重审这种考核机制本身就是荒谬的，只能作为对审判工作的一种动态分析指标，不应当作为考核奖惩的依据，进而异化成为一种对法官的否定性评价，成为法官人人自危的桎梏，损害法官的职业荣誉感和敬业心、积极性。有的法官进一步提出要建立上下级法院互动监督异议机制①和对发改案件的事

① 参见胡刚、党盟盟、杨宁：《反思和重构：上下级法院监督关系实证研究》，西安市法院第十一届审判实务与理论研讨会征文，2012年6月。作者针对目前缺乏下级法院对上级法院审判监督的异议反馈机制，提出建立上下级法院互动监督的异议机制，让下级法院针对二审发改案件能够发出异议之声，促使上下级法院的相互制约效力更加显著。

后救济机制。[①] 由于判决终局性和既判力缺失,案件屡判屡翻,当时被发回的案件可能经历多少个轮回后又回到了原点,证实一审法官没有判错。但时间不可逆转,当时的办案法官因此受到的责任追究甚至名誉如何得到事后的救济?其所在的法院被扣除的考核分值如何得到修正?笔者认为,应通过建立事后救济机制,对于事后证明二审发回一审是错误的,应修正统计数据,将此案从已计入的发回重审数字中删除;对法官业绩受到影响的,要恢复法官名誉并予以情况说明。

（二）当事人视角

当事人对法院的诉讼程序并不是很了解,对哪些需要发回重审或改判的情形也不是很明白。问卷调查表明,对于在一审中败诉的当事人来说,他们上诉到二审法院后,多数希望在二审得到一个直接的处理结果。受访中有68%的当事人主张直接改判,32%的当事人表示可发回一审法院重新审理。依笔者的亲历观察,有的当事人对案件被发回表示出一种无奈,因为他们"估摸"对方可能找"关系"了,二审法官摆平不了,就将案件发回;有的当事人是为了拖延诉讼而主动要求法官将案件发回;有的则想通过案件发回逼迫对方让步,从而在一审达成妥协;等等。发回重审也成为当事人的一种博弈和诉讼策略。但更多的当事人尤其是认为一审错判的当事人,希冀二审直接改判,从而使自己的利益尽快得到实现。笔者设计了一道针对当事人对发回重审的心理测试题,当问及"如果您的案件被上级法院发回重审,您的感受是什么?"时,有62%的当事人表示很气愤和无奈;58%的当事人认为发回重审存在问题,主要表现在上下级法院互相推诿、"踢皮球",降低了效率,造成当事人的诉累,浪费时间和精力,使案件长期得不到解决,给"人情案""关系案"提供了机会。受访中有70%的当事人建议

---

① 参见杨飞、张俊文:《案件质量评估语境下的审判管理改革》,载《河南大学学报》(社会科学版)2012年第52卷第2期。自2009年起,重庆市高级人民法院在中级和基层人民法院工作绩效年度考核中引入申辩机制,不断完善司法统计的基础工作和审核申辩程序,并将审核申辩范围逐步扩大到二审发改率、再审发改率、立案变更率等重要评价方面。

法官在发回重审前征求双方当事人或者他们代理人的意见,这样可以明明白白地了解自己案件的进展情况和发回的理由,有些问题(比如一些程序性小问题,或者事实证据)在二审就可以解决,没有必要再将案件发回,让案子久拖不决。

(三)律师视角

1. 对发回重审制度的主要功能评价

通过问卷调查,61%的律师认为,发回重审制度的主要价值是作为审判制度设置的一道监督程序,能够纠正一审程序的违法,给当事人以程序救济;13%的受访律师回答,发回重审可以让一审法官把事实证据再核查清楚,对当事人的实体权利予以更好的保护;还有25%的律师提到,发回重审能够有效指导一审法官的裁判方法,帮助弥补一审法官原有的不恰当、狭隘的审判思路,对把握好正确的审判路径、准确理解和适用法律提供更高水平的知识和技能(见图2-10)。在同律师的座谈交流中,有律师提到,发回重审会降低当事人的心理期望值,有助于案件在一审复审中达成调解。

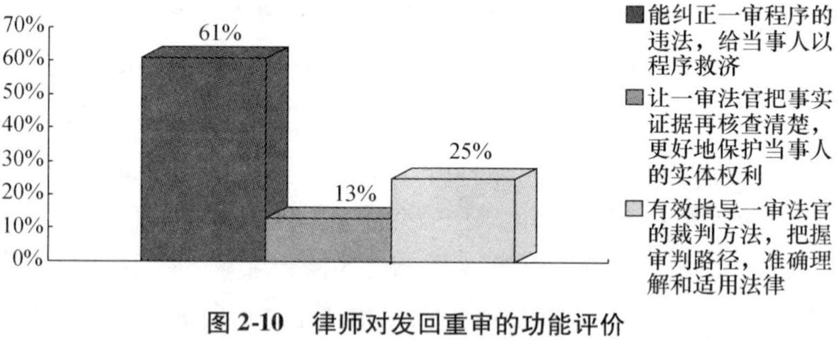

图2-10 律师对发回重审的功能评价

2. 对发回重审制度的主要问题评价

调查问卷表明,当律师被问及与法官同样的问题时,认为发回重审缺乏标准和程序、制度约束的占68%;同时70%的律师对上级法院滥用发回重审权力表达了不满。笔者在与西安市律师协会的十多位律师座谈时,几乎一致的观点是,认为现在的发回重审过多过滥,有些不影响案件实体处理结果的一般性程序问题被频频作为发回的理由,尤其是一些事实不清的问题也被发回,甚至反复发回,二审法官应该在能够查明事实和证据的情况下直接改判而不必发回。认为可能有以下方面原因:

(1) 出于维持上下级法院法官之间良好关系的考虑,给一审自我纠正的机会(占32%)。认为这种做法会纵容下级法院法官,违法判案没有成本,导致下级法院法官没有精益求精的精神,不愿钻研业务,无助于办案质量的提高,会产生更多的错案。

(2) 二审的审限较一审要短,二审法官为了提高自己的年度结案率(突出表现在年底发回案件较多),在某些事实、证据查明比较费事耗时时,往往会选择将案件发回,尽快结案(占23%)。

(3) 发回重审是二审法官规避矛盾、减轻自身压力的一种策略(占45%)。在当前人情社会、利益诱惑、案件风险、维稳压力等多重因素考虑下,二审选择发回是一种利益衡量、规避矛盾的最佳选择。

对上级法院以发回重审的数量作为对下级法院业绩考核奖惩的依据,问卷调查中有78%的律师认为不合理,认为量化考核是一种企业化的管理模式,不应该在法院提倡,而且会助长下级法院法官对上级法院法官的依附。座谈交流中一位律师指出,“下级法院法官会为了取悦上级法院而不独立思考,遇到问题就往上推,最终形成恶性循环”。也有少数律师建议,要加大上级法院对下级法院发回重审等指标的考核及处罚力度,认为这样可以提高下级法院的办案水平和质量,增强责任心,减少违法和错案。律师们的观点还集中在发回重审的内部研究程序透明度不高、当事人和律师被排除在司法决策程序之外、没有机会发表意见。他们认为内部函本身不符合程序公开透明的要求,尤其是发回重审涉及当事人权利的问题,更应当向当事人及律师充分告知,并听取当事人和律师的陈述和辩解。对于上下级法院之间对发改的案件实行意见交换这种做法,为数不少的律师并不认同,一位参与座谈会的律师鲜明表达了自己的观点:“交换意见制度如果仅限于上级法院为了充分了解案情,并不涉及对于是否需要发回而征求下级法院的意见,那么无可厚非,否则实际上是上下级法院在监督权导致利益冲突时双方的一种妥协,也是违反了两审终审制规定的。上级法院不能就是否发回问题与下级法院协商,这是对自身监督权的一种让渡。”另一位律师提出:“发回重审中上下级法院意见交换的程序及内容是隐蔽的,遇到案件被发回,当事人及代理律师并不清楚发回的具体理由,如果要实现意见交换,可否将发回的理由具体化并让代理律师知晓,也有利于律师对该发回事项有针对性地准备证据、查找法律依据及提供相应的代理意见。”

3. 对发回重审制度的改革建议

律师们对增加发回重审内部指导函的公开透明性表达了较为强烈的愿望,调查问卷中有73.8%的律师认为,上级法院发给一审法院的内部意见函的内容应当告知律师和当事人。在强调上下级法院之间审级独立性的同时,律师也建议建立上下级法院间的沟通协调平台,完善通报分析制度,通过召开发回重审、改判、信访案件分析讲评会或新类型、疑难、典型案件研讨会等形式,以会代训,定期总结、分析、点评对下级法院发回重审等案件的原因、教训,帮助下级法院明白自己在案件审理中的问题。通过交流,消除隔阂,增进信任,共同研究裁判方法和工作方法,统一法律适用尺度,达到全面提高法官综合素质的目的。引用一位律师的话:“上下级(法院)之间如果缺乏有效的沟通交流平台,就很难形成统一的司法价值取向。发回重审案件的大量存在,说明这种交流的机制还不够,裁判的尺度也就很难统一起来。”针对法院上下级间不合理的考核弊端,律师建议,与其法院关起门来搞发回重审等审判绩效的考评,不如强化当事人的监督,进而敞开大门,面向社会、面向公众,向社会实行开放式的评价,使发回重审以及法院的审判工作更好地置于公众的监督之下。为了有效制约上级法院过滥行使发回重审权力,有律师主张建立上下级法院间的双向监督体系,使下级法院拥有合法表达意愿的途径,以制衡上级法院过于强势的监督权力,也更加有利于其本身独立行使审判权,进而提升其自身的审判质量。这种建议,打破了传统的上级法院对下级法院的单向监督体系,更能建立起互动合理的监督体系。

（四）法学专家视角

1. 对发回重审制度的主要功能评价

有学者认为："改判和发回重审是对不服一审裁判当事人的诉讼救济，是上级法院行使审判监督权最直接、最具体的体现，也是审级制度设立的结果，其目的在于保障裁判的公正性。"①问卷调查结果显示，46.7%的法学专家认可发回重审是上级法院进行业务指导的重要有效方式。

2. 对发回重审制度的主要问题评价

虽然法学专家承认发回重审制度对于保证案件质量和发挥上级法院"纠错监督"功能产生了一定作用，但多数专家还是给予发回重审制度不同程度的批评和质疑。"发回重审制度设计和重审的结果并不一定就实现了刑事上诉的目的，其本身存在的矛盾性如正义本身的矛盾、效率本身的矛盾以及正义和效率的矛盾就足以让人怀疑这种制度存在的合理性。"②发回重审制度的目的是对一审法院的审判权进行监督，从而救济当事人权利并保障裁判结果的正当性。但从实践中该制度的实际运行状况来看，却在一定程度上出现了结果与其设计初衷相背离的窘境。有学者对发回重审存在的十大问题进行了详细的检讨。③ 问卷调查中，73%的法学专家批评发回重审制度缺乏标准和程序的约束，27%的专家感到目前的发回重审过于随意且存在滥用的问题。除了13%的法学专家认为对下级法院进行发回重审的考核机制不失为一种强化监督指导的方式，能增加下级法院法官的责任意识

---

① 范在峰、李辉凤：《论技术理性与当代中国科技之法》，载《政法论坛》2002年第6期。

② 张元鹏、李寿荣：《从正义和效率的视角分析刑事诉讼发回重审制的矛盾性》，载《岭南学刊》2012年第1期。

③ 参见刘敏：《民事诉讼发回重审制度之探讨》，载《法律科学》(西北政法大学学报)2011年第2期。文章检讨了民事诉讼发回重审存在的十大问题：如发回重审的标准不清晰，发回重审忽视了当事人的程序主体地位，发回重审忽视了对当事人系争利益的保护，发回重审制度有浪费国家司法资源之嫌，发回重审制度有重实体轻程序之嫌，发回重审次数限制不够，滥用发回重审权，发回重审的内部指导函不科学，发回重审的审判监督功能没有得到有效发挥，重审时法院须重新进行全案审理。

外,87%的法学专家持反对态度,认为各级法院法官不可能达到同样认知感,应当允许一、二审法官认识上的不一致,允许个性差异的法官存在,否则审级的矫正功能就无法实现。调查中,有80%的法学专家对笔者所在的两级法院实行发回重审意见交换的做法表示不解,认为不合理,也不符合法律规定,违背了独立审判原则,会导致一审终审。

3. 对发回重审制度的改革建议

学界对发回重审制度的完善提出了不少建议。其中,有的是具有建设性的建议,有的则较为过激。“我国现行的发回重审制度在司法权威性的塑造方面本身就是一大败笔……有必要对发回重审制度进行反思和改革,要么废除发回重审制度,要么对现行的发回重审制进行改革。”[①]在改革建议方面,提出了包括重新设定发回重审的法定事由、增设发回重审的条件、赋予当事人程序选择权、规定发回重审裁定中判断理由的法律效力、明确界定重审的审理范围和限制发回重审的次数等完善建议。[②] 陈卫东教授还认为,我国设立二审制度的目的在于使一审的错误裁判得到及时纠正,借以保护当事人的权利,并使得案件得到公正的裁判。如果发回重审只是“指出错误”,而没有纠正错误,这显然与二审法院的纠错功能不相符。[③]

二、案件请示

(一) 法官视角

1. 对案件请示制度的主要功能评价

新中国建立之初,人民法院系统内部即产生了案件报告请示的做法。按照最高人民法院当时的解读,实行这种做法,对于“密切上下级关系,交流经验、正确处理重大或疑难问题、避免错误缺点,以及提高

---

① 刘敏:《民事诉讼发回重审制度之探讨》,载《法律科学》(西北政法大学学报)2011年第2期。

② 同上注。

③ 参见陈卫东、李奋飞:《刑事二审“发回重审”制度之重构》,载《法学研究》2004年第1期。

干部和改进工作,都有很大的好处”。① 问卷调查亦反映出法官对案件请示制度的一个基本态度,即它符合司法传统习惯与现实需求。其功能主要体现在:一是保证法律统一适用(分别有 60.2% 的基层法院法官和 35.8% 的中级法院法官选择)。二是适应当前司法环境的需要,上下级法院需共同应对涉诉信访案件的压力(34.5% 的基层法院法官和 40.3% 的中级法院法官选择)。三是与上级法院保持一致意见,可降低审判工作的风险(11.5% 的基层法院法官和 32.8% 的中级法院法官选择)。四是司法的惯性作用,需尊重和依赖上级法院的观点(22.1% 的基层法院法官和 1.5% 的中级法院法官选择)(参见图 2-11)。在法官撰写的一些文章中也可以看出,他们对案件请示制度的实用主义态度:“虽然案件请示制度有种种弊端,但其长期存在的现实表明,在其消极结果背后,一定存在某些积极功能造就了其存在的现实合理性。它具有弥补抽象司法解释缺陷、发现疑难案件、统一法律适用等功能。”②

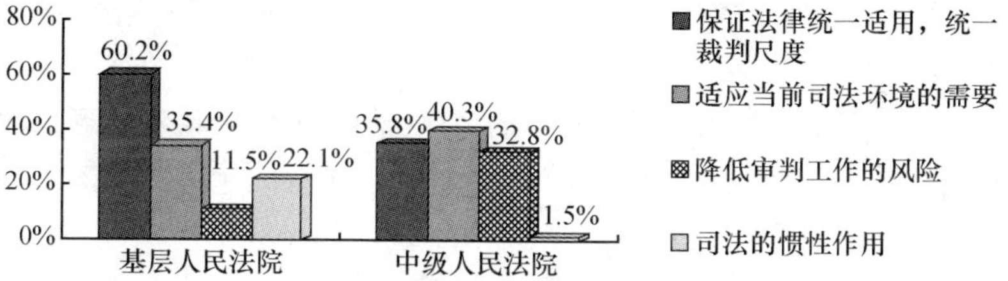

图 2-11　法官对案件请示制度的基本态度

2. 对案件请示制度存在的主要问题评价

作为这一司法惯例的实际使用者,法官们对案件请示中存在的问题感触深刻,毫不掩饰对其的批评和困惑心理。法官们并不像学者那样从审判制度、司法理念和政治架构去批评案件请示制度,他们更倾向从该惯例在实践中的使用程序和技术层面去分析和思考。“案件请

① 《案件请示做法的由来》,载《法制资讯》2009 年第 5 期。

② 沙永梅:《案件请示制度之废除及其功能替代》,载《河北法学》2008 年第 26 卷第 7 期。

示的动因复杂性导致请示程序运行的随意性，案件请示程序规范的缺失导致结果的负面性。”①问卷调查亦显示，法官对当前案件请示制度的运行，更注重从程序和实际效果去评价，透视出来的问题主要是：

（1）缺乏程序规定。分别有54%的基层法院法官和38.8%的中级法院法官认为没有可操作的关于案件请示的统一规定，请求工作随意性强。

（2）答复期限没有要求。36.3%的基层法院法官和32.8%的中级法院法官感到没有明确的答复时限，致答复时间较长。

（3）答复的形式较混乱。分别有21.2%的基层法院法官和29.9%的中级法院法官表示，由于未规定必须书面答复的情形，导致请示案件得不到书面答复。

（4）接受请示答复的部门和协调机构不明确、不够衔接。46.9%的基层法院法官和17.9%的中级法院法官表示难以找到对口业务部门去请示，而且上级法院也缺少专门负责案件请示的综合协调部门，使下级法院在向上级法院请示报告案件时比较困难和难以操作②（参见图2-12）。

笔者进而从请示的范围、请示的程序、请示的效率、请示的形式和请示的效果五个方面对案件请示制度存在的主要问题进行了深度实证评价。

（1）请示的范围。从司法的实际运作状况来看，大部分请示的案件不符合请示制度要求的“就法律适用疑难问题，或具有普遍法律适

---

① 沙永梅：《案件请示制度之废除及其功能替代》，载《河北法学》2008年第26卷第7期。

② 中国法院系统的业务庭设置及受理案件的范围各省、各地区都不尽一致，有的差异很大。以笔者所在的省法院为例，笔者所在的中级人民法院有4个民庭，高级人民法院有3个民庭，不仅中级人民法院与高级人民法院民庭受理的案件类型完全不对应，而且中级人民法院下辖的13个基层人民法院民庭的案件与中级人民法院民庭间也基本不对应。上下级法院业务庭之间不对口，使得下级法院在请示案件时，往往不知道该向哪个业务庭请示，尤其是口头请示时，因为对上级法院不同业务庭法官不熟悉，感到不太便利。

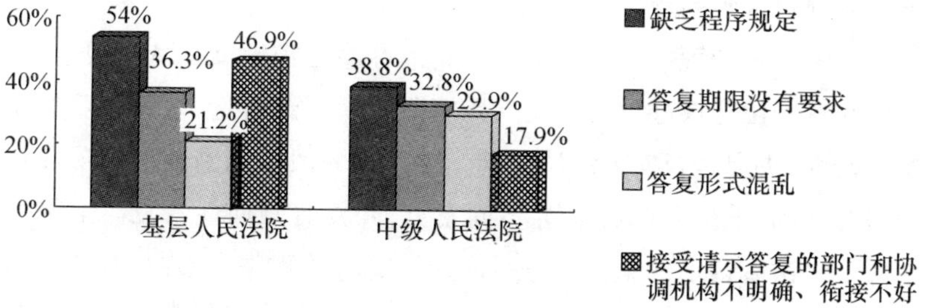

图 2-12　法官对案件请示制度存在的主要问题评价

用意义"①所规定的条件和范围。问卷调查曾设计了一道题:"司法实践中常常就案件事实和证据的认定等非法律适用疑难问题或非具有普遍法律适用意义的问题向上级法院请示,作为一审法官,您认为这类请示提出的主要原因是什么?"58.4%的基层法院法官和49.3%的中级法院法官认为,是因为实践中的案情复杂,证据问题与法律问题交织在一起,一审法官把握不准,希望得到上级法院明确的方向性指导意见。其他原因还有:案件自身的社会影响大,希望得到上级法院一致性支持态度(27.2%的基层法院法官和25%的中级法院法官选择);担心引发涉诉信访,请示可降低诉讼风险(12.4%的基层法院法官和25.4%的中级法院法官选择)等。在与13个基层人民法院进行谈论交流时,在对每个法院的调研中都会听到基层法院法官反映最高人民法院关于请示的范围和条件,仅限于法律适用疑难问题过于狭窄且不符合实际情况,因为实践中的很多案件的法律问题是与事实问题等交织在一起的,不能截然分开。请示的需求或动因也呈现出多元化,"案件是否请示存在多种动因:在主体上包括承办人、合议庭、审判庭、审委会;在客观上包括承办人的案件压力、案件复杂情况、是否法律适用问题、是否存在社会压力、是否存在人情和行政的干预,甚至可

① 最高人民法院于1986年3月24日和1990年8月16日先后下发了《关于报送请示案件应注意的问题的通知》以及《关于报送请示案件应注意的问题的补充通知》,对案件请示的范围和条件予以了确认和规范。

能用来规避审限困境”。[①]

（2）请示的程序。案件请示的具体程序在各地没有统一规定，基本的惯例是由合议庭评议后提交到审判长联席会讨论，再经该院的审委会研究，决定是否向上级法院请示。请示一般需以书面形式形成请示报告，同时至少有两种以上不同意见，并要有倾向性意见。上级法院对下级法院请示的案件在进行研究答复时的程序也不同，有的由对口的二审案件审理部门办理，有的则由研究室承办[②]，还有的交由审判管理办公室统一集中后分类送交相关业务庭研究答复。[③] 在案件请示程序的启动上存在一定的随意性，上级法院对请示案件的立案审查形同虚设，在对请示案件的处理结果上是否答复也存在随意性，案件请示的程序具有隐形性，缺乏当事人、律师参与的监督和制约。[④]

（3）请示的效率。由于该制度本不是法律上的专门规定，请示案件的审理期限无论是三大诉讼法，还是在专门规范审理的司法解释中，都找不到关于该期限的规定[⑤]，各地法院自行规定该期限，如《江苏

---

① 沙永梅：《案件请示制度之废除及其功能替代》，载《河北法学》2008 年第 26 卷第 7 期。

② 参见沙永梅：《案件请示制度之废除及其功能替代》，载《河北法学》2008 年第 26 卷第 7 期。“2004 年初，江苏省徐州中院考虑到请示案件和二审案件由同一部门办理，庭内信息的互通容易使二审法官先入为主，使当事人的上诉形同虚设。但案件请示制度又在目前不宜取消，应尽快得到改革。”该院决定：“请示案件统一由研究室承办，使请示案件的承办部门与二审案件的审理部门相分离，克服上述缺陷。”为实施这一制度，该院向研究室充实了 9 名法官，多为审判和调研骨干，其中有 6 名硕士研究生、3 名审判长，专业涉及民事、行政、刑事三大诉讼领域，可谓“精英式”配置。

③ 此种做法为笔者所在的中级人民法院目前的一种尝试，目的是解决下级人民法院因与中级人民法院业务庭不对口、不熟悉带来的衔接不畅问题，由审管办统一收集后分类交给相应业务庭集中研究。

④ 参见沙永梅：《案件请示制度之废除及其功能替代》，载《河北法学》2008 年第 26 卷第 7 期。

⑤ 参见法释〔2000〕29 号最高人民法院《关于严格执行案件审理期限制度的若干规定》。司法理论和实务界有的认为案件请示期间属于中止诉讼，如最高法院行政审判庭编写的《〈关于执行《中华人民共和国行政诉讼法》若干问题的解释〉释义》一书认为：“案件涉及法律适用问题，需要送请有权机关作出解释或者确认的，”因“下级法院需要逐级向上请示，所需时间较长，所以人民法院也应中止诉讼”（参见该书第 111 页）。但有的则持不同意见。

省高级人民法院案件审限管理规定》规定：各类请示案件的审理期限为两个月；有特殊情况需要延长期限的，经院长批准，可以延长两个月；报最高人民法院请示的期间不计入审判、执行期限。[①] 笔者所在的中级人民法院规定请示期限为1个月，也不计入审判、执行期限。"那些没有对请示案件的审限作出规定的法院尤其是最高法院，对请示案件的审限几乎没有限制。"[②]案件审理期限因请示而变相延长甚至无限拖延，已成为案件请示制度的诟病之一。如前述问卷调查结果显示的那样，基层法院法官包括中级法院法官对请示答复时间较长的意见比较突出。另外，上级法院同意接受案件请示并书面答复的比例在实践中也不太高。答复比例在5%～10%的基层法院为40.7%、中级法院为20.9%；在10%～50%的基层法院为25.7%、中级法院为16.4%；在50%以上的基层法院为26.5%、中级法院为19.4%；几乎不答复的基层法院为8.8%、中级法院为9%（参见图2-13）。在分析上级法院为何不愿接受请示并答复的原因时，比较集中的原因是上级法院自由裁量的空间过大，加之上级法院的法官同样面临审判的压力，无力过多承担案件指导的责任，因自身面临的压力或考虑而不愿答复（基层法院法官和中级法院法官的选择比例分别为43.4%和46.3%）。一些中级法院的法官（占17.9%）更直率地表示，请示答复的工作量未计入法官个人的业绩中，故而答复的积极性不高；6%的法官担心答复错误而受到不利影响（占6%）；还有的认为，上下级法院法官缺乏经常性的工作沟通，认为请示就是上交矛盾，相互间缺少信任（基层法院法官为38.1%、中级法院法官为37.3%）。

（4）请示的形式。目前审判实践中，请求的形式除了最高人民法院规定的书面形式外，大量的是非书面形式亦即口头请示。调查问卷以及座谈交流中得出的普遍结论是：口头请示居多（有63.1%的基层

① 参见沙永梅：《案件请示制度之废除及其功能替代》，载《河北法学》2008年第26卷第7期。

② 同上注。

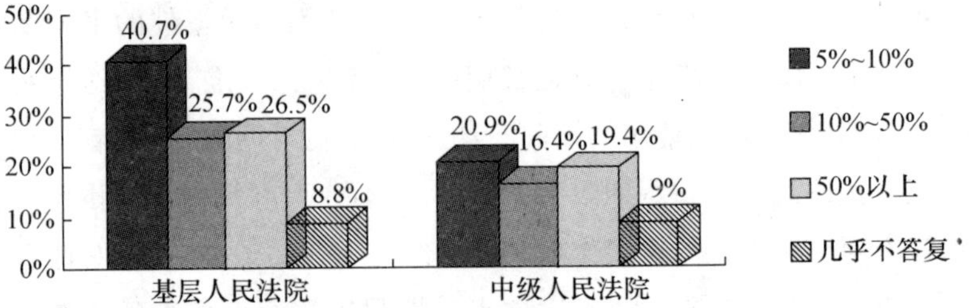

图2-13　上级法院同意接受案件请示并书面答复的比例

法院法官和56.7%的中级法院法官选择)。法官们在分析口头请示为何多于书面请示的原因时,由高到低依次是:方便快捷,没有时限的压力(55.8%的基层法院法官和38.8%的中级法院法官);易与熟悉的庭长、法官进行沟通交流(48.7%的基层法院法官和34.3%的中级法院法官);便于与审判业务部门联系(30%的基层法院法官和37.3%的中院级法法官);能够减少上级法院法官的顾虑和担心(22.1%的基层法院法官和19.4%的中级法院法官)。

(5)请示的效果。除了书面请示答复时间长、程序随意、效率不高等缺陷外,对于已经作出的书面答复,下级法院一般认为能起到业务指导的作用,特别是最高人民法院对案件请示所作的批复具有司法解释的效力,更具针对性、实用性和操作性,可统一疑难案件的法律适用,弥补抽象法律和司法解释的功能缺陷。而对口头答复,在承认其便捷、高效、易沟通、无压力等优点外,法官们也指出了它的缺陷和不足。通过对口头答复效果的问卷调查得知,有50%的基层法院法官和46%的中级法院法官认为,上级法院的答复在一般情况下不具有确定性,并附有"个人意见,仅供参考"的条件,难以作为裁判的参考意见;29%的基层法院法官和30%的中级法院法官感到比较困惑的是,由于给予答复的法官与日后审理此案的法官不是同一个人或同一个合议庭,下级法院按照答复意见作出裁判,案件上诉到上级法院后,由于不同法官的认识不同,案件又被发回或改判,令一审法官对这种请示的结果或效果感到困惑不解;而真正认为这种口头答复是明确具体、有一定指导价值的比例并不是太高(基层法院法官为21%、中级法院法官为

24%)。另外,对请示制度最大的担忧是"助长了下级法院法官的业务依赖性和拒绝审判心理"①,侵犯了审级独立原则,直接导致上诉虚设。

3. 对案件请示制度的存与废之争

对于案件请示制度,法官们基本上主张在现有的环境下可以有限度地保留,在体制和制度原因得到根本性改善的情况下可逐步取消案件请示制度。调查结果表明,65%的基层法院法官和83%的中级法院法官认为基于司法的传统习惯与司法现实的客观需要,案件请示可有限度地保留,进行诉讼化改造,使之规范运作或寻找符合诉讼规律的替代方式;14%的基层法院法官和4%的中级法院法官表示,现行的案件请示制度作用重大,不能废止,而应继续保持原有的运行模式;21%的基层法院法官和13%的中级法院法官提出由于案件请示与法律规定和精神相悖,模糊了上下级法院的层级界限,应予废止(见图2-14)。一些地方法院还出台了规范性文件,对案件请示进行规范并逐步取消个案内部请示。如陕西省高级人民法院《贯彻落实〈人民法院第二个五年改革纲要〉实施意见》中明确提出:"改革完善下级人民法院就法律适用疑难问题向上级人民法院请示的制度,逐步取消个案请示。"②江苏省扬州市中级人民法院早在2004年就对这一制度作了改革,规定"今后基层法院在审理新类型案件中遇到适用法律的共性问题仍可书面报请中院答复外,原则上取消个案内部请示"③,但实际执行的效果却并不满意。④

---

① 沙永梅:《案件请示制度之废除及其功能替代》,载《河北法学》2008年第26卷第7期。"案件请示制度的存在,使基层法官遇到疑难问题以请示为首选,不注意司法素养的提高,也在实质上构成了'拒绝审判'。"

② 王亦君:《陕西:法院判案不再请示上级》,载《中国青年报》2006年5月18日。

③ 扬州市中级人民法院《关于取消个案内部请示的通知》(扬中法〔2004〕34号)。

④ 如陕西省高级人民法院的规定执行至今并没有取消个案的请示,笔者所在的中级人民法院每年仍有一定数量的案件请示到高级人民法院。据扬州市中级人民法院的法官在文章中所说,该规定实行后,有的法官认为效果很好,2004—2005年全市基层人民法院只有6个案件请示;有的法官认为实际上非正式请示增多,如电话请示或下级法院法官携卷请示。参见沙永梅:《案件请示制度之废除及其功能替代》,载《河北法学》2008年第26卷第7期。

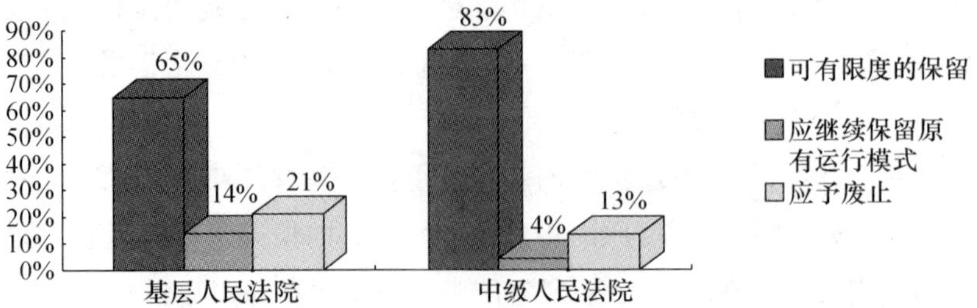

图 2-14　法官对案件请示制度存废的意见

4. 对案件请示制度的改革建议

“司法改革的进程中,我们无法回避这样一种带有普遍性的矛盾:任何一种制度设计都可能在不同的视角、不同的依据中得到肯定或否定的迥异评价,任何一项制度改革都可能受到另一种价值或功利的挑战。”①案件请示这一司法惯例“在中国法制环境下生成,并不是预先设计的结果,而是一种经验事实,因此,判断其存在的合理性的标准不在逻辑而在事实”。② 虽然案件请示制度的长期存在具有一定的现实合理性,但其弊端亦十分明显,“已经证明它在事实上并非完全的切实有效,它在确保个案公正的同时造成了诉讼程序机制的其他功能障碍”。③ 法官对案件请示制度提出了一些改革的设想和建议。

(1) 案件请示的诉讼化改造。最高人民法院对案件请示制度提出了诉讼化改造的思路和措施④,即对于法律适用上有普遍意义的案

① 熊洋:《论上下级法院关系之异化及重塑》,载《太原理工大学学报》2010 年第 28 卷第 4 期。

② 〔法〕米海依尔·戴尔玛斯·马蒂:《刑事政策的主要体系》,卢建平译,法律出版社 2000 年版,第 316 页。转引自万毅:《历史与现实交困中的案件请示制度》,载《法学》2005 年第 2 期。

③ 王亦君:《陕西:法院判案不再请示上级》,载《中国青年报》2006 年 5 月 18 日。

④ 最高人民法院印发《关于规范上下级人民法院审判业务关系的若干意见》的通知(法发〔2010〕61 号,2010 年 12 月 28 日公布)第 3 条规定:“基层人民法院和中级人民法院对于已经受理的下列第一审案件,必要时可以根据相关法律规定,书面报请上一级人民法院审理:(一) 重大、疑难、复杂案件;(二) 新类型案件;(三) 具有普遍法律适用意义的案件;(四) 有管辖权的人民法院不宜行使审判权的案件。”

件移送管辖纳入到诉讼法范畴[1]，上提一级法院管辖，由下级法院报请上级法院审理。最高人民法院司法改革办公室副主任蒋惠岭在接受中央电视台记者专访时表示，最高人民法院《关于规范上下级人民法院审判业务关系的若干意见》的最大亮点是对"案件请示做法"进行了诉讼化改造，尽可能发挥移送管辖这种制度的作用。新类型案件，具有普遍适用意义的案件，重大、疑难这些案件类型，不要再走请示程序了。[2] 然而，《若干意见》执行三年多来，笔者所在的两级法院没有一件案件适用《若干意见》第 3 条之规定，书面报请上一级人民法院提级审理。通过问卷调查分析其中的原因，47% 的基层法院法官和 34% 的中级法院法官认为，《若干意见》所规定的四类案件缺少配套的操作规定，即使下级法院有意向报请，上级法院往往以各种理由不接受下级法院的报请。因为上级法院没有将重大复杂、疑难、新类型案件及具有普遍法律适用意义的案件变为自己提审的一审案件的主观动因，尤其是在当前社会矛盾尖锐、案件压力增大的形势下更是如此。53% 的基层法院法官更感到《若干意见》所规定的四类案件在基层法院审理案件中所占比重相对偏少，没能有效解决司法实践中需要请示的案件的其他问题，基层法院执行的积极性不高。如何解决案件请示诉讼化改造效果不佳的问题，还要从程序的设置和操作性上更加细致具体。

（2）考核机制的合理化改革。"上级法院对下级法院的考核机制直接造就了大量的请示案件。"[3]调查显示，83.2% 的基层法院法官和 68% 的中级法院法官认为，由于对上级法院法官发回改判的自由裁量

---

① 参见何帆：《改革案件请示做法的路径》，载《法制资讯》2009 年第 5 期。

② 参见孙莹：《最高法规范法院审判业务关系 明确案件请示做法》，载搜狐网（http://news.sohu.com/20110128/n279140965.shtml）。

③ 随着目标管理责任制、错案追究责任制的推广落实，作为下级法院，其一审案件的上（抗）诉率、改判发回率是衡量其办案质量的重要参数；对下级法院及其审判人员而言，案件进入二审程序后能否被维持，是衡量该法院、法官办案是否合格、是否能参与评优、评先进的依据。只要超过规定比例，法官办案就是不合格的，甚至影响到工资、奖金。下级法院为降低改判发回案件的数量，不仅就重大、疑难案件向上级法院请示，而且对在认识上和公诉机关分歧较大或当事人缠诉、上诉可能性大的一般案件，也向上级法院报送请示。

权缺乏应有的制约，担心案件发改数会影响所在单位对自己的业绩考评、考核排名，为了减少案件发改的数量，争取上级法院法官支持自己的裁判结果，而提前请示沟通，导致“被迫请示”的问题出现和加剧。座谈交流中有的法官建议完善案件考核指标体系的设置，有的甚至主张取消案件发改率作为衡量法官办案质量并进而决定法官评优、晋升的不合理标准。“当发改率仅仅是对法官评价的激励性标准而不再是惩罚性标准时，法官依靠请示制度避免‘错案’的动因就会消失，废除请示将会取得更多法官的支持。”①丹宁勋爵亦言：“当法官依法行事时，每位法官均应受到保护，以免负赔偿损害的责任。绝不能弄得法官一边用颤抖的手指翻动法书，一边自问，‘假如我这样做，我要负赔偿损害的责任吗?’只要法官在工作时真诚地相信他做的事是在他自己的法律权限之内，那么他就没有受诉的责任。”②只要法官行为不违法而仅仅是其所承办案件被上级法院改判或发回重审，该法官就应免予被追究责任。这样在一定程度上就会避免“被迫请示”的问题滋长、异化。

（3）案件请示的功能替代机制。调查中法官们普遍感到，可以发挥典型案例的指导作用，通过案例指导制度来替代案件请示制度。因为案例指导制度可以克服成文法的缺陷，能够弥补抽象司法解释的不足，消除现行审级制度对司法统一带来的弊端和影响，避免在统一的司法权域内出现“同案异判”的问题，这些功能和案件请示制度所承载的“弥补抽象司法解释缺陷的功能，为司法解释提供缘由之疑难案件的发现功能，统一法律适用的功能”是完全一致的，完全可以通过建立案例指导制度来实现。③ 问卷调查表明，有62.4%的基层法院法官和64.3%的中级法院法官赞同用案例指导作用替代案件请示制度。

---

① 沙永梅：《案件请示制度之废除及其功能替代》，载《河北法学》2008年第26卷第7期。

② 〔英〕丹宁：《法律的正当程序》，刘庸安等译，法律出版社1999年版，第75页。

③ 参见沙永梅：《案件请示制度之废除及其功能替代》，载《河北法学》2008年第26卷第7期。

（二）当事人视角

当事人对法院的案件请示制度缺乏专业人士的基本知识和判断眼光，因此无论是问卷调查的设计还是访谈，那些针对法官、律师和法学专家“内行人”才能回答的“专业性”问题显然不合适他们。但了解他们作为一个“外行人”（其实是案件请示制度的适用对象或“用户”）对“非专业性”（虽不了解却有可能直接影响其利益及上诉权）问题的看法，可在某种程度上得知他们的内心感受。比如，问卷设计了这样一道题：“如果一审法院对所办理的案件拿不定主意，向上级法院请示如何办理，您是否能接受这种做法？”64%的当事人表示能接受，因为他们相信上级法院法官比下级法院法官的水平高，下级法院请示后自己更放心了；32%的当事人不能接受，认为上下级法院串通一气，如果自己败诉了，就是想再上诉也没有什么用了。当事人对案件请示其实是抱着一种实用主义的态度，衡量一个制度是以该制度是否对自己的案件有利为判断的基点：如果有利，他们不太可能在乎程序是否合法，也不大可能体察下级法院法官请示的苦衷；如果不利，则“偶合”了审级独立的程序价值。而这种从实用立场作出的经验判断或感官上的观察，从某种角度上再次印证了前述问卷调查中他们对上下级法院关系和上下级法院法官业务水平的基本倾向和整体评价，即上下级法院的关系可以是监督关系，也可以是行政领导关系；上级法院法官要比下级法院法官的业务水平更高一些，这种判断是支撑他们不断上诉或寻求再审改判的内心驱动力。

（三）律师视角

1. 对案件请示制度的主要功能评价

某些律师认为，案件请示、甚至内审程序等习惯做法在统一各级法院理解、适用法律方面，特别是疑难案件的法律认识方面，可以做到同案同判，维护法律适用的统一。另外，在整合上下级法院资源、平息社会舆论、化解矛盾等方面也发挥着实际作用。笔者曾和一名律师（执业经验丰富，有一定知名度）就案件请示制度进行了较为深入的交谈，他认为，案件请示制度虽然不符合法定程序，但在我国审判实践中，确实发挥过积极作用。主要体现在三个方面：一是通过请示制度排除下级法院法官在法律适用上的障碍，可以起到统一裁判尺度，保证法律的统一适用；二是通过请示制度，由上级法院提供指导性意见，在一定程度上有利于对下级法院法官正确理解适用法律和办理案件起到作用，会提高下级法院法官的办案质量和水平；三是通过请示制度，有助于下级法院摆脱当地行政部门等的干扰。

2. 对案件请示制度存在的主要问题评价

多数律师认为，案件请示制度虽然有一定的现实合理性，也发挥了实际作用，但整体上它属于不正常的司法状态，会对程序的独立价值和法官的独立判断造成损害，对司法公正带来消极的影响。一位与笔者访谈过的律师对案件请示的不满情绪溢于言表："案件请示让审判程序名存实亡，下级法院没有独立的司法审判权，案件审理过程中，上级法院的意见已经定了，双方当事人并不知情，你辩你的，下级法院早已有了结论，裁判结果游离于审判过程之外，是对程序正义的践踏。这样的情况难以实现司法公正和司法正义。"还有律师认为，案件请示有时沦为下级法院在利益关系难以协调时推卸责任的方法，成为不愿承担责任的借口。问卷调查中，71.3%的律师认为，案件请示制度影响了上下级法院间的审级独立，"如果一审法院的判决结果已经体现了二审法院的意志，这使得两审终审的审级制度形同虚设。两级法院的裁判变成一个法院的裁判"。[①] 有36.3%的律师认为案件请示制度程序不透明，让当事人及代理律师摸不着头脑，妨碍了当事人和律师的知情权。"案件请示，往往给人的印象是暗箱操作，上下级法院法官避开当事人和律师，不公开透明说理，不听取双方当事人意见，上级法院只凭下级法院汇报或书面资料，以自己的主观判断和狭隘的、封闭

---

① 在笔者委托西安市律师协会召集的有关上下级法院审判业务关系的专题座谈会上，一位资深律师在分析案件请示制度的弊端时说了上述一段话，并举许霆案作为取消案件请示制度的例子。

的决策方式作出倾向性意见，是不能让人信服的。”①笔者问到那位肯定案件请示制度积极作用的律师对案件请示制度存在问题的看法时，他归纳了四个方面：一是基层法院法官办案时，会想着可以向上级法院请示，不利于法官办案能力和素质的提高；二是会影响法院办案的独立性；三是请示制度造成上下级法院成为一种行政式的上下级关系；四是案件请示制度实际上剥夺了当事人上诉的权利。既然案件请示存在这么多问题，为何案件请示在实践中仍然有着旺盛的生命力？在与律师协会的座谈会上，让笔者惊讶的是，律师们的观察是敏锐而精细的。归纳他们的看法，存在的原因主要有以下几个方面：一是由于案件本身疑难复杂且法律适用存在争议，下级法院法官不能作出判断，需要向上级法院请示。二是一般认为上级法院审理的案件类型多，法官素质高，对疑难复杂的案件能够给予正确的答复，满足下级法院法官解惑释疑的知识渴求。三是一般经过请示汇报的案件，即使当事人不服上诉，也多是维持，很少有发回或改判的风险。四是按上级法院答复制作的裁判文书，即使最终证明是错误的，承办人也会免受错案责任的追究。五是由于地理上的优势，上下级法院之间存在着经常的业务往来，这就不可避免地导致两级法院之间感情上的亲近，使得请示汇报成为一种联络感情的纽带。

3. 对案件请示制度的存与废之争

座谈交流中，没有律师认为现行的案件请示制度作用重大且应继续保持原有的运行模式，即使对案件请示制度给予肯定评价的律师，同样坚持了自己的看法：“无论请示制度在实践中发挥过何种作用，它也是完全不符合法定的程序的，案件请示制度在以后必须逐步消除。”在问卷调查中，有46.3%的律师认为，案件请示与法律规定和法律精神不符，模糊了上下级法院的层级界限，应予废止。他们认为，审判应当独立，案件请示制度应当废除。“上级不能成为下级办案人的挡箭

① 在笔者委托西安市律师协会召集的有关上下级法院审判业务关系的专题座谈会上，一位律师协会副会长的发言内容。

牌、上级意见也不能成为下级办案人的免死金牌。”①一个案子对办案法官而言,对就对,错就错,下级法官要敢于负责,不能依赖请示和上级批示。废除请示,也能保证案件质量。53.7%的律师则主张适度保留,并辅之以相关制度的改革。

4. 对案件请示制度的改革建议

律师们认为,案件请示制度的改革如同现行的司法改革一样,绝不是孤立的,需要有相应的配套制度跟进。即使主张取消案件请示的律师,亦担忧如果只是单纯取消案件请示,不改变现有的上级法院考核下级法院审判绩效和责任追究等行政化的管理手段,不对审判权与司法行政管理权加以区分,下级法院以各种方式和名义的请示还是难绝其生存的土壤。面对案件请示在中国存在的无奈现状,在主张保留意见的律师中,有律师表示,由于司法的传统习惯与司法现实的客观需要,可以有限度地保留案件请示并进行诉讼化改造,使之纳入程序的范围内规范运作;还有的律师认为,应寻找符合诉讼规律的替代方式,逐渐取代案件请示。此外,在问卷调查及座谈访谈中,多数律师还特别表达了完善案件请示时需要保证当事人和律师的知情权,不能只在上下级法院法官之间隐蔽交流。问卷调查中,有67.3%的律师提出下级法院在向上级法院请示前有必要告知律师。在深度访谈中,一位律师对诉讼化改造程序提出了具体建议,如对下级法院报请上级法院审理的“请示之诉”的启动可确定为以下两种方式:一是由当事人直接或通过原审法院向上级法院提出申请;二是由原审法院依职权向上级法院提出申请。是否符合最高人民法院《若干意见》规定的报请审理的条件,由上级法院审查后作出裁定。另外,对经过提审的案件实行强制备案,明确其作出的具有普遍法律适用意义的裁判结论具有对下级法院同类型案件的审判指导效力。实际上,该建议是想通过对案件请示制度的诉讼化改造,通过对具有普遍法律适用意义的案件上提一

---

① 在笔者委托西安市律师协会召集的有关上下级法院审判业务关系的专题座谈会上,引用的一位律师的发言。

级审理裁决，发挥其对案件请示制度的替代功能，也能克服案件请示制度的一些内在缺陷，如程序的内隐性、侵蚀审级独立、剥夺当事人上诉权等，解决法官们尤其是下级法院法官困惑的《若干意见》操作性不强、不符合基层法院的现实的某些问题。

（四）法学专家视角

1．对案件请示制度的主要功能评价

对案件请示制度的属性，学界有不同的提法。苏力教授认为："在我国，立法上对于案件请示制度并无明文规定，但这一制度在实践中由来已久，并已固化为法院的一种办案方式和审判惯例。"[①]侯猛教授则将其称之为"非正式制度"[②]，万毅教授表述为"非法的制度"[③]，但就是这样一个"不具有法律合理性、游离于正式法律程序之外的'非法'制度"[④]，或者"非正式制度"，或者"审判惯例"却在我国审判实践中发挥着重要而独特的功能。正如万毅教授所言，从实践效果来看，案件请示制度的主要价值在于具有一定的纠错功能、确保个案审理的公正性：一方面，应当看到案件请示制度在我国审判实践中确实起到了积极的作用。由于基层人民法院或中级、高级人民法院法官水平所限，对一些重大、疑难、复杂案件，客观上确实存在着把握不准的情况，特别是在对新的法律规定如何理解、法律缺乏规定时如何处理等方面，尚存在较大不足。通过上级法院与下级法院之间的案件请示制度，在一定程度上确有提高办案质量之功效。另一方面，案件请示制度的存在，能够在一定程度上排除法外干扰、摆脱地方干扰。[⑤] 还有的学者认为，法院对具体案件适用法律上的请示与批复制度是一种法律背景下的选择，"在我国法律人才普遍缺乏的时期，在行政权强大、司法权弱

---

① 苏力：《送法下乡——中国基层司法制度研究》，中国政法大学出版社 2000 年版，第 74 页。

② 侯猛：《案件请示制度合理的一面》，载《法学》2010 年第 8 期。"通常所说的案件请示，它是一项没有被法律明确规定但又实际上普遍实行的非正式制度。"

③ 万毅：《历史与现实交困中的案件请示制度》，载《法学》2005 年第 2 期。

④ 同上注。

⑤ 参见同上注。

小的情况下,在我国现有的法律框架下,它的存在有一定的现实意义”。[①] 侯猛认为,案件请示制度还具有政治意义,对于解决“影响难办案件”仍然发挥着重要作用,彻底废除并不可能。同时,用案件请示的方式让案子久拖不决,有时也可能是法院的一种策略选择。[②] 在各种关系压力之下,法院只能中立,只能消极地等待时机的转变。[③] 问卷调查中,40%的法学专家选择案件请示能够保证法律适用的统一,规范裁判尺度;26.6%的法学专家认为是下级法院为了规避自身办案的风险(包括应对涉诉信访压力等)而作出的一种策略性措施;33.4%的法学专家则感到下级法院长期形成的惯性思维和心理依赖,而上级法院也有满足被请示、被尊重的需求。“在最高人民法院看来,下级法院向其所作的案件请示本身,就被视为是对最高人民法院拥有排他性司法解释权的一种尊重,这正好契合了其对司法解释权力化的认识。”[④]

2. 对案件请示制度存在的主要问题评价

学者对案件请示的批评并不少见,主要是认为案件请示剥夺了当事人的上诉权,使两审终审流于形式,干扰了下级法院的独立审判,违背审判公开原则等。如万毅批评道:“案件请示制度的弊端在于违背了审判独立、直接审理等通行的现代司法逻辑和原理。一是违背审判独立原则。二是‘虚置’了上诉审程序,侵犯当事人诉权。三是导致诉讼效率的低下。”[⑤]其他学者如陈瑞华、侯猛等也有涉及。[⑥] 有的学者

---

① 邵书平:《我国法院在具体案件上适用法律的请示与批复的理性思考》,载《湖南公安高等专科学校学报》2004年第16卷第2期。

② 参见侯猛:《案件请示制度合理的一面》,载《法学》2010年第8期。

③ 同上注。以科斯定理来理解,久拖不决构成了当事人双方谈判的交易成本,直至交易成本过高使得当事人最终达成一个妥协结果。此时,法院才介入加以确认裁判。参见 Coase, Ronald H., The Problem of Social Cost, The Journal of Law and Economics, 3 (Oct. 1960), PP. 1-44.

④ 万毅:《历史与现实交困中的案件请示制度》,载《法学》2005年第2期。

⑤ 同上注。

⑥ 参见陈瑞华:《为中国“案件请示”把脉》,载《法制资讯》2009年第5期;侯猛:《案件请示制度合理的一面》,载《法学》2010年第8期;赵蕾:《取消“案件请示”呼声再起》,载《南方周末》2009年5月21日;王建勋:《“案件请示”有悖法治精神》,载《东方早报》2009年6月7日。

更尖锐地指出,“甚至从宪法层面上来说,请示与批复在某种程度上来说是违宪的”。[①] 担忧该制度使我国宪法中规定的上下级法院之间的监督关系的内容发生质的变化,进一步强化了上下级法院的行政依附关系。问卷调查中,专家们还对案件请示中的一些其他问题进行了分析,比如66.7%的法学专家认为,由于最高人民法院对案件请示缺乏统一、可供操作的程序性规定,使得案件请示无论是启动、条件、时限、负责的部门,还是具体的答复等,随意性都很大。

3. 对案件请示制度的存与废之争

学者对案件请示的主流意见是倾向于取消案件请示制度。[②] 即使目前不能废除,但是随着其存在条件或环境的改变,也会最终退出我国司法领域。问卷调查的结果表明,80%的法学专家持废除的观点;20%的法学专家认为,由于司法的传统习惯与司法现实的客观需要,案件请示要彻底废除并不可能,可以寻找符合诉讼规律的替代方式或进行诉讼化改革,使之纳入程序中规范运行。

4. 对案件请示制度的改革建议

学者们更多是从案件请示的深层次原因去分析其存在的体制和制度原因[③],在这些体制和制度原因不能得到根本改善的前提下,主张寻找功能替代的方式替代案件请示。至于是哪种替代方式,各有不同见解。万毅认为,可考虑通过判例制度的引入代替案件请示制度的功能[④];侯猛认为:“改革应该双管齐下,既要改革自下而上的案件请示制度,同时也要采取各种措施减少自上而下提前介入的情形。”[⑤]他提出

---

① 万毅:《历史与现实交困中的案件请示制度》,载《法学》2005年第2期。

② 参见景汉朝、卢子娟:《经济审判方式改革若干问题研究》,载《法学研究》1997年第5期;谭世贵:《案件请示制度:是否还有出路?》,载《中国律师》1998年第4期。

③ 参见万毅:《历史与现实交困中的案件请示制度》,载《法学》2005年第2期。如法官素质能否得到提高、能否形成所谓解释的共同体,法院管理体制能否克服集权化模式,司法权地方化的现象能否得到改变,司法独立于地方的体制能否形成,等等。

④ 参见万毅:《历史与现实交困中的案件请示制度》,载《法学》2005年第2期。

⑤ 侯猛:《案件请示制度合理的一面》,载《法学》2010年第8期。

了法院科层内部的改革和法院与院外关系改革等思路。[①] 问卷调查中，专家们也提出了改革案件请示制度的一些思考。比如，60%的法学专家认为，要将个案指导变成一种对类型化案件的探讨交流，上级法院所作出的处理意见只具有参考作用，这样既可以统一裁判思路，又可以避免个案答复致上诉程序流于形式，造成对当事人上诉权的损害。也有40%的法学专家倾向于通过发挥典型案例的指导作用，替代案件请示的功能。但超过80%的法学专家认为，真正改革案件请示，必须强化下级法院法官自身的审判业务能力，减少不必要的对上级法院的心理依赖。案件请示制度究竟是存还是废，取决于一种观念上的转变，即我们在多大程度上能够"'抛弃法律解释权力化'的观念而树立'法律解释技术化'的观念？这个问题又可以置换为'我们能否以及在多大程度上能够容忍个性法官的存在？'"[②]不能否认的是，法律是一门艺术，应当允许并鼓励法官特别是低层级法院法官根据自己对法律的诚挚感情和理性职业素养来理解和适用法律。不同层级法院的法官对于某些法律条文在理解上的差异难以避免，也是法律程序设计审判层级制度的目的和价值所在。因而，给予个性法官一定合理限度的法律适用自由裁量空间，允许法律解释差异的现实存在，既是对下级法院司法裁量权的必要尊重，也是司法独立的内在要求。

三、审判绩效考核

（一）法官视角

目前，全国一些法院对审判绩效考核工作越来越重视且有不断强化的趋势。除全国四级法院都基本建立了专司审判绩效考核的审判

---

① 参见万毅：《历史与现实交困中的案件请示制度》，载《法学》2005年第2期。法院科层内部改革包括：改革法院主管领导调阅案件制度；改革审判委员会讨论案件制度；赋予合议庭对案件独立进行政治判断的权力；对涉及"社会稳定"的判例进行司法整理编纂。法院与院外关系改革包括：严格界分案件请示与重大事项报告制度、规范院外权力提交个案的进入程序。

② 万毅：《历史与现实交困中的案件请示制度》，载《法学》2005年第2期。

管理办公室[①]外，一些省、市的高级人民法院和中级人民法院开始升级审判管理办公室为审判管理局[②]，从职能、人员及待遇上给予更突出的保障。对于审判业绩的考核，法官的评价是多元的。在问卷调查中，分别有31%的基层法院法官和28.4%的中院法院法官认为，审判绩效考核是审判管理的一个重要抓手，在审判改革中发挥了应有的作用，有助于评价法院和法官的工作绩效，鼓励争先创优，建立规范有效的审判秩序，提高下级法院的审判效率和质量，且实践也证明取得了一定的效果。但不少法官也表达了对过于繁琐和不尽科学的审判绩效考核机制的抵触和担忧。有法官发出了"唯绩效主义危害性不可小视"的声音。[③] 笔者参加全国高级、中级人民法院副院长（民商事审判专业）培训班时，在培训班组织的对审判业绩考核的分组讨论会上[④]，只有1位院长[⑤]认为目前的审判绩效考核还不够，要进一步加强。更多院长给予的是批评，而且以笔者的亲历式观察，他们的观点在一定程度上反映了全国法院法官的某些心声。笔者总结，他们提出的问题主要表现在：

1. 考评指标体系设置不合理、不科学

考评指标体系过于繁杂，有的指标设置不合理、违反审判规律，如调撤率、上诉率、发改率、服判息诉率、信访投诉率等。湖南省某中级人民法院副院长发言称，2003年省高级人民法院对中级人民法院和

---

① 参见张先明：《坚持改革创新 完善司法制度》，载《人民法院报》2013年1月9日。"2010年以来，31个高级人民法院和2601个中级、基层人民法院成立了专门审判管理机构。"

② 如山西省高级人民法院2012年成立了审判管理局，太原市中级人民法院2013年向当地政府报请成立审判管理局。洛阳市中级人民法院也已成立了审判管理局。

③ 参见徐朋：《唯绩效主义危害性不可小视》，载《人民法院报》2012年7月17日。作者认为，唯绩效主义的危害性表现在：一是为考核而工作；二是数字至上；三是弄虚作假；四是考核攻关。

④ 笔者所在的第六小组包括来自山东、内蒙古、辽宁、上海、湖南、安徽、广东、广西、陕西、四川、天津等23个全国中级人民法院的副院长。

⑤ 这位山东省某中级人民法院的副院长刚从检察院调过来，在他的发言中强调，当前的考核力度并不高，并且如果不对考核结果排名，落后的法院别人不知道，发挥不了对其工作的督促效果。因此，他建议加大考核力度，加大对考核结果的奖惩和执行力。

125个基层人民法院进行考核，还在最高人民法院作了经验介绍，当时设置的考核指标体系有80多项指标。虽然目前我们有20多项指标，但我仍然感觉太多了，有的意义不大，如结案均衡度，法官不理解，也不会算。收案、结案其实是有规律的，春节后往往是收案高峰，只要在法定审限内结案就可以。

2. 数据的客观性、真实性存在一定的问题

有的下级法院为了提高在上级法院考核中的名次，获得上级法院的肯定和表彰，不得已在数据上造假，导致考核工作的异化。上海市某区法院一位副院长就尖锐地指出：由于审判质量效率评优指标对下级法院影响很大，考核数据在实践中开始异化。如果以数据好看作为先进与否的话，采用的是工厂的管理模式，是不科学的。在发改率、调撤率、审限率、结案率等指标上是可以作假的。全国都在打假，而法院自己作假，是对不起我们自己的职业良心的。业绩考核作为指挥棒，如果运用不当，实际上产生的不是"正能量"，而是不良导向。

3. 考评中行政化色彩较重，加重了上下级法院关系的行政化倾向

上级法院通过对下级法院进行审判绩效考核排名奖励和惩戒，实则是强化了上下级法院的行政领导关系。据笔者观察，全国四级法院都层层对下级法院进行考核排名，有的地方还每月通报、季度讲评、年底奖惩，对排名靠后的法院，上级法院还要约谈。有的高级人民法院还在有关文件中规定，对连续3年排名末位的，上级法院要建议地方党委对该院班子进行组织调整。

4. 考核影响了下级法院法官的独立性品格，最终影响审判独立和司法公正

考核指标及奖励措施的设计存在不合理，导致法官会过度重视指标而通过请示或和上级法院搞好关系，影响下级法院的独立性。比如某高级人民法院曾规定，在对下级法院进行业绩考核时，如果高级人民法院的各业务庭提出对下级法院的某项指标不扣分的可在考核中予以考虑，后来下级法院纷纷"攻关"上级法院相关业务庭，导致省高级人民法院最后取消这项规定。

5. 对下级法院和法官造成的精神压力和负荷过重,起不到激励作用

山东省某中级人民法院一位副院长提出:现在考核要全部实现数字化,不适合法官的需要,法官是脑力劳动,用(工厂)大生产式的考核,会打击法官的积极性,导致法官压力很大,身心疲惫,法官的荣誉感受到挫伤,我们要反省考核的目的是什么?内蒙古一位中级人民法院的副院长认为,考核并没有对法官起到激励作用。近几年法官愿意去综合部门,不愿意办案。因为考核是对审判一线的考核,非常辛苦。有的地方重办案数量,不考虑案件复杂疑难程度,这种简单化考核,促成法官追求办案数量,不愿研究审判的新情况新问题,探讨案件的难点疑点,而是放在提高考核名次上。一个好的法官应当有一个激励机制,鼓励怎样去办好案件,研究法律,办难案,是一个精英法官,而不是一个"工匠式"的法官。

尽管对审判绩效考核持批评意见的较多,但对于审判绩效考核的存留,法官们的态度并不一致。问卷调查中,有40.7%的基层法院法官和37.3%的中级法院法官明确表示要予以禁止。在全国高级、中级人民法院副院长(民商事审判专业)培训班上,只有少数院长认为"考核办法本身不科学。这么多年来,根本不可能搞出科学的审判考核,应当废除考核"。[①] 多数院长仍然主张不能够废除。辽宁省一位中级人民法院副院长提出:一些指标需要科学、完善、规范,而且是服务性的,不能用来作为行政式的领导管理手段。如果指标设置科学合理且不繁琐,是能起到对审判质量、效率效果的一个正确导向作用的。湖南省某中级人民法院副院长也认为,不主张废除考核,一些指标可以起监督作用。如对发回重审率的考核,可以促使上级法院对发回重审权的慎重行使,也能反映下级法院法官的办案水平,比如一个法官的案件反复被"发改",说明他的办案质量是有一定问题的。纪检监察方面的指标也是可以的,如投诉率可以作为参考性的评价指标。以前法

① 安徽省某中级人民法院一位专职审判委员会委员根据自身这几年负责对下级法院考核和被上级法院考核的经历,立场鲜明地表明了废除的观点。

官不理解,认为是鸡蛋里挑骨头,但是经过这么多年还是增强了法官的质量责任意识。山东省某中级人民法院副院长认为:考评指标需要进一步健全,要增加一些评价性的指标,尊重下级法院法官的人格。法官如医生,只有妥当与否,而无正确与否。可借鉴现代管理学和国外法院的人性化评价方法,强调下级法官依法独立、积极地行使审判权,避免中国当前上下级法院的行政化色彩,强化上级法院对下级法院的审判程序监督和业务指导。在某些数字化指标的设置上,如调解率、发改率、服判率是考察审判变化状况的指标,应当有一个合适的度,在这个度内不作为一个负面影响的评价指标。

(二) 律师视角

座谈中有的律师提出:业绩的考量应当从案件本身着手,程序无误、案情查明、证据充分、事实认定和法律适用不失公正,就是好的判决。否则,即使当事人从结果上感到满意,也不能说明法官办案质量之优劣。盲目以数量考核反而容易使得办案人很难专心于案件本身的是非曲直,从而导致案件质量下降。数据代表不了公正,与其内部数据统计、自我评价,不如让社会公开监督,公众评价。建议从案件本身着手,坚持案件评查。还有的律师提到,一些在法院的考核中业绩很好的法官,其实在律师界的口碑并不好,说明数字考核出来的优秀法官与当事人或法律职业群体认可的好法官并不是绝对等量齐观的。在问卷调查中,有12.5%的律师持肯定态度,认为考评有利于下级法院提升审判质量与效率。87.5%的受访律师则予以批评,其中60%的律师建议对这种行政化的管理方式要废除和禁止。当问及目前下级法院法官的最大困境是什么时,47.5%的律师表示,在案件数量和维稳压力下,各种不合理的考核指标已经使下级法院偏离了正常的办案方向,且使一审法官不堪重负。

(三) 法学专家视角

在问卷调查中,只有6.7%的法学专家认为,上级法院对下级法院进行审判业绩考评较为合理,因为考核的方式比较符合当前我国法院的司法现实需要,客观上也能起到督促下级法院法官公正司法的作用,有利于下级法院提升审判质量与效率,是可取的。93.3%的法学专家认为,目前的考评指标及奖惩措施的设计存在不合理,导致考评中上下级法院的行政化色彩较浓,影响下级法院法官的独立性,使审级独立形同虚设。67.7%的法学专家还主张废除这种考核方式。一些法学专家对上级法院实行审判业绩的排名通报、约谈下级法院院长的做法,更是给予了批评,认为这种方式违反了司法规律,把法院视同一般的行政机关,对下级法院的独立性会带来致命损害。

四、案件评查

(一)法官视角

近年来,各地法院通过强化司法管理对司法审判进行监督,案件评查与审判绩效考核一样会成为其中的重要形式。这是上级法院在程序性监督之外另设的一套工作机制,主要以对案件评查的得分多少作为评价的依据,并在管辖的区域内排位、通报,奖惩等①,成为指挥下级法院审判工作的"指挥棒",对下级法院审判工作产生十分明显的激励、引导、规范和监督管理效应。上级法院通过制定详细的案件质量评定标准②,对案件质量从立案、案件审理、执行、裁判文书、卷宗装订和归档等全部环节进行全面评定,量化为百分制,分为优秀、良好、合格和不合格四个案件质量等次。评查的方式有自查、重点评查和专项评查。③ 最高人民法院还会针对案件质量开展重点内容的评查,如裁

---

① 如陕西省高级人民法院下发的《关于进一步加强全省法院案件质量评查工作的通知》(2013年3月18日)规定:"各中级、基层法院每季度要把自查、重点评查和专项评查情况上报上级法院,省法院按季度通报,年底评出案件评查优秀法院并进行表彰。"

② 陕西省高级人民法院制定了《陕西省人民法院案件质量评定标准(试行)》(2009年通过,2011年修订)。

③ 根据陕西省高级人民法院发布的《关于进一步加强全省法院案件质量评查工作的通知》(2013年3月18日)的规定,自查是指案件结案后由办案庭室和本院审管部门自行检查的工作机制,确保案件不"带病归档";重点评查是对被上级法院改判发回,被上级法院提审、指令再审,检察机关抗诉后被再审改判,被确认违法或引起国家赔偿,引发重大涉诉信访,超审限、执限,领导机关批办,社会关注等案件进行的重点评查;专项评查是对新类型案件、重大疑难案件、执法尺度不统一案件、产生重大影响案件进行的专项评查。

判文书评查、庭审评查等。[①] 案件评查是上级法院对下级法院审判质量的一种监督检查方式，实践表明，这种评查活动增强了下级法院法官的质量意识，在一定程度上提升了下级法院的案件质量和司法公信力。特别是最高人民法院开展的裁判文书评查和庭审评查活动"达到了找差距、补短板、练技能、强素质的预期目的，为切实提升队伍能力、审判质量发挥了重要的基础性作用"。[②] 在问卷调查中，有64%的基层法院法官和49%的中级法院法官肯定上级法院的案件评查对审判质量的提升有一定的效果（其中认为非常好，应当经常开展的比例并不高，分别为7%的基层法院法官和7.5%的中级法院法官；57%的基层法院法官和42%的中级法院法官认为可以开展，但要适度，特别是不能搞成"运动式"[③]的案件评查）。调查结果亦反映出这些行政化的审判管理制度存在的某些负面影响不容忽视。分别有36%的基层法院法官和35%的中级法院法官认为，案件评查对审判质量与效率没有明显效果，而且影响审判精力、浪费财力，影响对现有案件的办理；24%的基层法院法官和20%的中级法院法官表示会导致当事人对法院评价的降低；36%的基层法院法官和34%的中级法院法官感到案件评查多属于走过场，不能从根本上解决审判质量问题（见图2-15）。因为，实践中，这种案件评查方式往往采用"运动"方式，突击解决问题，不能一以贯之，持之以恒，而且容易诱发法院行政化现象的发生，或使已经行政化的上下级法院关系趋于严重，使监督异化为干涉、命令。[④]

---

① 2012年最高人民法院在全国范围内开展庭审和裁判文书"两评查"活动。全国各级人民法院总计评查庭审27万多个、裁判文书143万余份，审判一线每名法官至少有1个庭审、2份裁判文书接受评查。

② 2013年1月29日，最高人民法院副院长沈德咏在全国法院"两评查"活动总结表彰电视电话会议上的讲话。

③ 参见李忠好、周瑞平等：《安徽"两评查"：内强素质 外树公信》，载《人民法院报》2013年3月8日。"全省法院共评查庭审32176件次，评查裁判文书26062篇，均大幅度超过预期评查目标，全省法院一线法官全员参与，普遍接受和参与多次评查，评查规模和范围前所未有……所有评查一律双向开展，审判一线法官既作为'运动员'接受评查，又作为'裁判员'评查其他法官。"

④ 参见湖南省高级人民法院课题组：《完善上下级法院之间的审判监督关系》，载《法制资讯》2009年第5期。

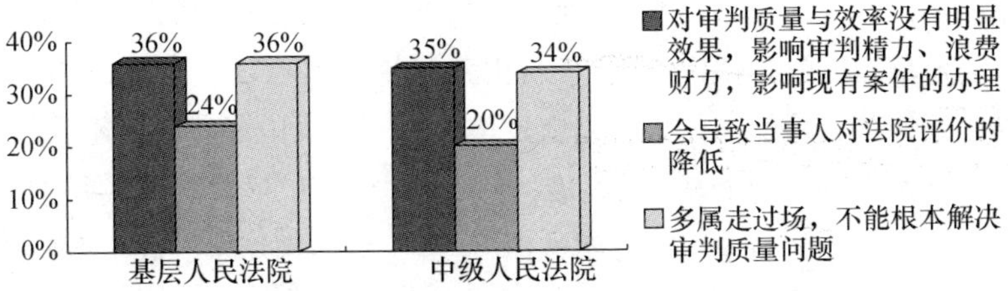

图 2-15　法官对案件评查制度的意见

（二）律师及法学专家的视角

问卷调查中，律师对上级法院开展的案件评查的认可率比法官要高，有 40% 的律师持"非常好，应该经常开展"的积极态度。法学专家与律师的观点有较大差别，认为"非常好，应该经常开展"的比率只有 6.7%。在对律师的访谈中，有的律师还表达了希望介入的愿望，建议法院在进行案件评查时邀请法学专家和资深律师参与，如发现错误裁判案件，可对该案进行研讨后按法律程序启动审判监督程序。40% 的法学专家感觉上级法院评查下级法院的案件，多属于走过场，实际效果有待验证，而持相同观点的律师仅占 8.8%。

五、案例指导

（一）法官视角

原最高人民法院副院长现任中纪委副书记的张军曾指出："案例是人民法院审理案件后形成的司法产品，是总结审判经验、诠释法律精神的重要载体，具有宣传法治、教育群众和指导审判的重要作用。为了建设公正高效权威的社会主义司法制度，必须充分认识中国特色案例指导制度的意义，积极健全相关配套制度和保障机制，推进案例指导制度稳步、健康发展。"[①]2011 年 12 月 20 日，最高人民法院依照规定公开发布第一批指导性案例，标示着中国特色案例指导制度的正式确立，至 2014 年 6 月 26 日，最高人民法院一共发布了七批共 31 个指

① 张军：《指导性案例是诠释法律精神的载体》，载《法制日报》2013 年 2 月 27 日。

导性案例。这些指导性案例“是认定事实证据的模范、是正确适用法律的模范，是展示法官正确行使自由裁量权的模范”。[①] 但实践中，指导性案例的实际效果并没有完全显现出来。访谈中法官们普遍表示，指导性案例在促进新类型、疑难、复杂案件审理中形成统一裁判思维和法律适用标准的作用不够明显：一是指导性案例发布的数量在茫茫案件中为数寥寥[②]，不能对下级法院审判复杂多变的案件起到充分的指导作用。二是指导性案例的规则创制和司法解释功能还比较有限，目前还很难满足下级法院对规则和法律适用难点寻求指导的需求。三是指导性案例尚未形成统一、规范、权威的编纂发布查询引用系统，给裁判文书的引用带来操作不便的困扰。虽然2010年11月最高人民法院发布的《关于案例指导工作的规定》要求指导性案例可以在裁判文书中引用[③]，但实践中真正在裁判文书中引用指导性案例的很少。目前，除了最高人民法院正式公布的指导性案例外，其他形式的案例大量存在，如最高人民法院的各业务庭、室编纂出版大量的案例，地方各级人民法院为总结司法审判经验、指导本辖区审判工作编选并发布的“参考性案例”“示范案例”和“典型案例”等案例文件。[④] 重庆市高级人民法院出台了《参考性案例工作规定》，要求全市法院审理类似案件时，参照适用指导性案例和重庆市高级人民法院参考性案例时，只可在裁判文书说理部分引述案例确定的裁判规则，但不能将案例作为法律依据直接援引。并且，如果必须对类似案件作出不同于指导性案例和参考性案例的处理结论时，应当有充分的理由并经审判委员会讨论决定。否则，当事人提出上诉或者申诉，上级法院就会参照指导性

---

① 胡云腾：《指导性与具有指导性作用案例之别》，载《法制日报》2013年2月27日。

② 同上注。“打个或许不甚恭敬的比喻，指导性案例就像案例中的尚秀云、陈艳萍、詹红丽等模范法官，所以这类案例才十分罕见，最高人民法院对指导性案例的编选才慎之又慎。”

③ 根据最高人民法院《关于案例指导工作的规定》的规定，指导性案例可以在裁判文书中引用，不过不宜作为裁判的依据引用，而是可以作为说理的依据引用。

④ 参见胡云腾：《指导性与具有指导性作用案例之别》，载《法制日报》2013年2月27日。

案例或参考性案例,对案件作出改判或撤销原判发回重审。[①] 重庆市高级人民法院的这个规定,实则是将参考性案例的地位与指导性案例基本等同视之。进而说明,数量有限的指导性案例远不能满足审判实践的需求,催生了大量的参考案例、典型案例、示范案例。一方面,这些具有参考、示范甚或指导作用的案例,在某些方面可以填补指导性案例的空白地带,"其典型性、权威性尽管可能与指导性案例无法比拟,但具有指导作用的案例具有范围广泛和丰富多彩的优势"。[②] 另一方面,这些层级多元、效力不同的案例体系也给具体案件的审理、适用和引用带来了一定程度的混乱。

(二) 律师及法学专家的视角

访谈中多数律师对案例指导制度的建立初衷表示肯定,认为中国特色的案例指导制度的价值定位在于:同案同判,实现公平正义;释法析法,促进法律完善;有章可循,提高司法效率。在问卷调查中,有35%的律师提出案例指导制度应当加强,但应当以最高人民法院认可的典型案例为基础,由最高人民法院统一编纂发布,不应以其他层级的法院自己确定的典型案例为基础,这样可保持指导性案例的权威性和统一性。同时,为防止下级人民法院对指导性案例不适当地扩大化引用的倾向,建议最高人民法院在发布指导性案例时要明确案例主旨并严格适用范围。有的律师对指导性案例在审理过程中如何具体使用还提出自己的观点:可由当事人及律师举证,如恰当,法官应当适用,不予采用则应在判决书中说明原因和理由。法学专家认为,案例指导制度是一种规则提供方式,它对我国法律规则体系的完善具有重要意义,实际上有相当一部分在承接司法解释的功能。但由于它是一种自上而下、并由最高司法机关颁布的,因此它的数量是有限的。在这个意义上,我国的案例指导制度具有很强的"中央集权"性质。因此

① 参见张瑞雪:《重庆高院发布第一批参考性案例》,载《人民法院报》2013 年 2 月 21 日。

② 胡云腾:《指导性与具有指导性作用案例之别》,载《法制日报》2013 年 2 月 27 日。

这一制度目前还很难完全满足司法机关对规则的需求。① 在问卷调查中,66.7%的法学专家认为,指导性案例只能由最高人民法院发布,其他层级的法院不得发布指导性案例;33.3%的法学专家亦认可其他层级的法院可发布参阅性的案例,认为法院在审判中应当允许指导性案例与参阅性案例同时存在,只是二者的适用效力有较大差异。

六、学习培训

(一)法官视角

对学习培训的调查主要从受训主体即法官的视角切入。问卷调查中,法官们认为上级法院的培训非常必要,表达了提升业务素养的一种需求(其中基层法院法官占66.4%、中级法院法官占47.8%)。但对培训的实际效果流露出不甚满意的情绪:现在的培训不具有针对性,对审判实践作用和帮助不大(基层法院法官占33.6%、中级法院法官占40.3%);还有的感到基本没有作用,并且影响办案时间、分散办案精力(基层法院法官占20%、中级法院法官占21%)(见图2-16)。

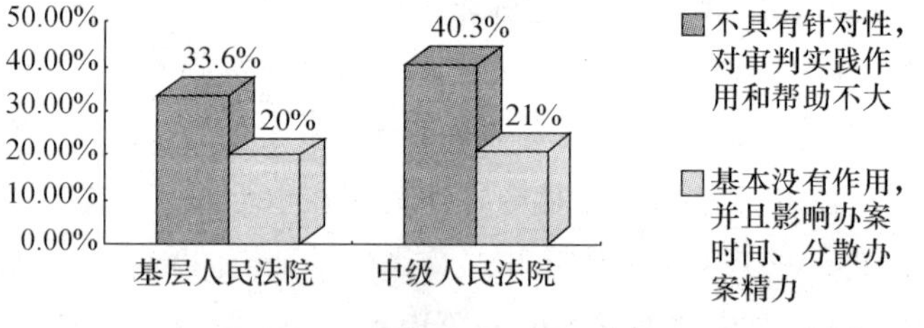

图2-16 法官对学习培训的意见

由于案多人少矛盾的日益凸显,法官能抽出时间参加培训的机会并不多,调查中,有38.1%的基层法院法官和35.8%的中级法院法官表示,每年一次培训都不能保证,只有3%的基层法院法官和4.4%的中级法院法官能参加5次以上的各种形式的学习培训。与此形成反差的是,法官们参加非审判业务及活动则比较频繁,62%的基层法院

① 参见陈兴良:《建立案例指导制度意义深远》,载《法制日报》2013年4月10日。

法官和57%的中级法院法官选择自己每年参加的非审判会议,占到每年参加的会议和活动比例的50%以上(见图2-17)。

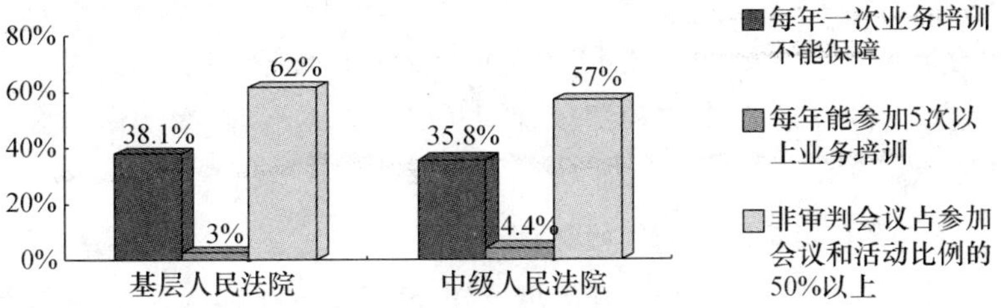

图2-17 法官的业务培训情况

在培训方式上,70%的基层法院法官和54%的中级法院法官希望能够外出集中培训,其他比较受欢迎的培训方式还有讲座式培训、讨论式培训、案例研讨式培训等。这一调查结果也与全国其他法院的调研结果相吻合,如浙江省高级人民法院2006年5月曾针对法官培训效果进行座谈调研,部分参加座谈的中级人民法院、基层人民法院的建议是"除了传统集中面授方式外,应当融入互动交流的双向教学方法,每期培训班至少安排一次讨论或答疑,组织'圆桌式'的互动交流,也可以外出实地考察或现场观摩,加深对问题的理解与切磋。培训开班之前,最好事先征求基层法院学员的意见,调查摸底,搜集相关问题,使每期的内容预先让学员有所了解,带着问题前来培训,会使培训更有针对性"。① 在培训老师的选择上,问卷调查结果表明,按受欢迎的程度依次是:上级法院法官(尤其是最高人民法院的法官)、学者、本院的审判人员、本院的领导。对培训内容的需求程度,依次选择的是:司法技能培训,特别是结合具体案件审判中的技能培训;新颁布法律及司法解释的理解适用培训;法律理论培训;其他知识培训等。浙江省高级人民法院的专题座谈调研亦表明,"聘请大学教授授课有助于拓宽理论视野,增加见识,但审判实务技能培训最好请专家型的法官尤其是来自最高人民法院的法官授课,对实务中的问题有针对地讲解,

① 吴道富:《法官培训概论》,人民法院出版社2012年版,第167—168页。

帮助理解司法解释和解决审判实务中的疑难复杂问题,多运用案例教学法,特别是对二审改判或发回重审案例的剖析”。[①] 笔者在同几位法官的访谈中也印证了法官们的看法:希望更多地得到上级法院有针对性的业务指导;在指导方式上,不是单向的知识传输(如授课式教学),而是双向的互动式交流和深度探讨(如讨论式培训、案例研讨式培训等)。

(二)律师及法学专家的视角

除了法律法规、司法解释的培训外,61.3%的律师认为,法官应当着重司法技能和职业素养的培训,而53.3%的法学专家则强调法官的法学理论素养非常重要。

① 吴道富:《法官培训概论》,人民法院出版社2012年版,第167—168页。

第三章　审判业务关系的特征及成因分析

第一节　域外司法制度中上下级法院审判业务关系的基本特征

“各国法院的设置因政治制度、历史传统、文化背景、法系归属等因素不同而各不相同。”①以国家结构作为影响法院设置的决定性因素之一来分析，由于国家结构②的不同，在不同的国家结构背景下，法院的设置也呈现出不同的模式。在单一制国家如英国、法国、日本，各级法院均由国家设置，法院都属于国家法院，地方政府无权设置法院。《日本宪法》第 76 条规定：“一切司法权属于最高法院及由法律规定设置的下级法院。”③采用联邦制的国家，联邦法院与州法院分别适用联邦和州的法律，两套法院体系平等并列、互不从属。“例如美国的联邦法院是联邦宪法中明确规定设立的法院，属于国家的法院。各州的法院在联邦宪法中均未提及，而是由各州的宪法自行规定，因此属于地

---

① 蒋惠岭、王劲松：《国外法院体制比较研究》，载《法律适用》2004 年第 1 期。
② 当今世界各国通常分别采取两种国家结构，即联邦制和单一制。
③ 蒋惠岭、王劲松：《国外法院体制比较研究》，载《法律适用》2004 年第 1 期。

方法院。"[①]在联邦制下,还有一种是"混合模式",即国家虽有联邦法院与州法院之分,但联邦法院是州法院的上级审法院,州法院所适用的法律绝大多数也是联邦法律,兼具国家性和地方性双重性质,如《德国法院组织法》第 12 条规定:"普通诉讼之审判权,由区法院、地方法院、高等法院及联邦最高普通法院行使之。"[②]法院设置模式的不同,影响到该国上下级法院之间关系也就不同。如美国"国家法院(即联邦法院)与地方法院(即州法院)的关系,一般限于地方法院处理的与联邦宪法有关的案件的上诉或司法审查,而对于完全属于地方权限范围内的事项,国家法院不加过问"。德国联邦法院处在全国法院金字塔的顶端,"联邦法院与州法院之间没有直接的上下级关系,通过联邦法院和州法院上诉的渠道……保证联邦法律解释和发展的一致,确保国家法制的统一"。[③] 单一制国家的法国"上诉法院受司法部授权管理基层法院,基层法院院长行使法院案件管理的权力,其他管理职能保留在上诉法院"。[④] 本书通过对域外主要国家上下级法院审判业务关系特征的观察,试图建立一种与我国上下级法院审判业务关系特征之宏阔的比较研究视野,进而分析它们各自的形成或影响性成因,以期对思考和改革我国上下级法院审判业务关系的构建有所帮助。

一、英美法系国家法院上下级审判业务关系的特征

在选择英美法系国家的研究对象上,自然离不开孕育、创造并发展了英美法系的英国和美国这两个主要代表性国家。虽然它们属于同一法系,但由于国家结构、政治制度、历史传统及文化观念等的不同,它们各自在上下级法院的设置和关系特征上,既有差异又有着某

---

① 蒋惠岭、王劲松:《国外法院体制比较研究》,载《法律适用》2004 年第 1 期。

② 同上注。

③ 梁三利、郭明:《法院管理模式比较》,载《长江师范学院学报》2010 年第 26 卷第 1 期。

④ 同上注。

种相似性。

（一）法院设置

英国的法院按审理案件的性质可分为民事和刑事两大系统。民事法院系统由四级法院组成：

（1）郡法院(County Courts)；

（2）高等法院(High Court)，分为王座庭(Queen's Bench Division)、家事庭(Family Division)和大法官庭(Chancery Division)；

（3）上诉法院(民事庭)[Court of Appeal(Civil Division)]；

（4）上议院(House of Lords)。

刑事法院系统分为以下四级法院：

（1）治安法院(Magistrate's Courts)；

（2）刑事法院(Crown Court)；

（3）上诉法院(刑事庭)[Court of Appeal(Criminal Division)]；

（4）上议院。

除上述法院外，英国还有一些特别设立的专门法院，独立于民事和刑事法院系统之外，主要有枢密院(Privy Council)、反垄断法院(The Restrictive Practice Court)、验尸官法院(Coroners' Courts)、专业法庭(The Tribunals Service)和军事法庭(Courts Martial)。随着《2005 年宪法改革法》的实施，自 2009 年 10 月 1 日起，英国最高法院正式运行，《1968 年刑事上诉法》和《1960 年司法管理法》中有关上议院的规定自此将对最高法院生效。最高法院由此成为英格兰和威尔士以及北爱尔兰的刑事最终上诉法院和包括英格兰在内的英国民事最终上诉法院，并接管枢密院司法委员会负责的自治问题的裁决工作。此前，英国的最高审级由两个机构分享，即上议院上诉委员会和枢密院司法委员会。①

美国法院的组织结构分为两个系统，即联邦法院系统和州法院系

① 参见宋英辉、孙长永、朴宗根等：《外国刑事诉讼法》，北京大学出版社 2011 年版，第 7 页。

统。“这是两个自成体系、互不隶属的两套法院组织系统，美国称之为双轨制。”[①]联邦法院分为三级：联邦地区法院（Federal District Court）、联邦上诉法院（Federal Court of Appeal）和联邦最高法院（Supreme Court of the United States）。除有些州仅有两级法院外，许多州的司法系统由三级法院构成：初审法院（Trial Court）、州上诉法院（Court of Appeal）和州最高法院（Supreme Court）。[②]

（二）上下级法院间审判业务关系基本特征

1. 下级法院拥有较高程度的独立与法官职位的非等级控制性

一般而言，英美国家法院具有较高的独立地位。司法独立由一个高度复杂的法律体系发展，一个独立的法律职业阶层以及在某种程度上的司法专门化等这些因素组成。这些因素互相支持、彼此影响，提供了某种程度的司法自治。18 世纪，英国的司法独立在很多方面达到了高峰。法律的复杂性促使高水平的司法专业化团队的形成[③]，“英国人比之大陆国家的人们更易于将他们的法院视为是独立的，因为他们的法官看起来是一个私人自治的职业协会的成员而不是一个具有等级性的政府官僚机构中的官员”。[④] 19 世纪对英国和美国来说，是两国正统的法律观念的形成时期，英国人和美国人认为，他们在这个世纪里看到的是司法独立的最终顶点。如果司法独立意味着法院在职能上的专业化以及法治，他们是正确的，但实际上这种独立也并不是绝对的[⑤]，“在英国乃至整个世界上，几乎没有哪个官职像英国的大法官这样有如此多的兼职和混业现象……他不但全面地横跨立法、行政

---

① 宋英辉、孙长永、朴宗根等：《外国刑事诉讼法》，北京大学出版社 2011 年版，第 62 页。

② 同上注，第 64 页。

③ 转引自〔美〕马丁 · 夏皮罗：《法院：比较法上和政治学上的分析》，张生、李彤译，中国政法大学出版社 2005 年版，第 142 页。

④ 同上书，第 94 页。

⑤ 17 世纪，上议院作为在英国发生的诉讼案件的终审法院的地位得到了明确，这种通过议会本身对英国法院实施等级控制的现象表明，司法的独立并不是彻底的。

与司法三界，而且同时是这三个权力分支的最高层级的首领”。[①] 但所有这些，并不否认在个案审判中通常不受政府、议会控制的这一事实，英美国家法院确实拥有相当程度的司法独立。从上下级法院的关系来看，英美国家的法官不经常谋求从一个法院升迁到另一个法院。最低级别的司法官员几乎都从出庭律师中选任，而且在任命许多最高级别的法官时，要求候选人作为出庭律师和法官从事了多年的工作。从司法权力组织结构上，“英美国家司法权力组织的结构被安排为一个单一的、未分化的层面，其中就不会存在专门负责预先搜集、甄别和保存程序材料的法庭官员，也不会存在初审判决已经作出后主持进一步审查程序的高级官员。一种基本上均匀分布的单层权力推动着以被推定为最终裁判者的初审法官为中心的审判程序”。[②] 因此，英美国家的整个司法系统，基本上是由一系列的平级法院组成的。“即使是现在，在美国也很难找出这样的一个司法管辖区域：在其中，各个法院组成了一个明显的、有内聚力的科层。初审法官往往是政治人物，他们更倾向于留意其选民意见而不是上级法院的意见，即使后者具有技术上的约束力。提升到上级法院的前景远不像其在欧陆那样能够作为慢慢灌输科层式训诫的工具，因为即使只是最基层法院的法官，在美国也是一种非常受人尊敬的职业。”[③]“至于初审法官与上诉法院法官之差别，不能从个人素质上加以区别，唯一的差别是上诉法院有终审权，这并不是说法官本人更优秀，仅仅是他们有最后一锤定音的权力，仅此而已。”[④]而且，在英国和美国的上诉审查远不如在法国和德国的上诉审查那样广泛，下级法院法官得以保留大量的“自由裁量权”或几乎不受审查的权力。

---

① 张越：《英国法院管理的行政化及其借鉴意义》，载 http://www.cnki.net，访问时间：2013 年 5 月。

② 〔美〕米尔伊安·R. 达玛斯卡：《司法和国家权力的多种面孔》，郑戈译，中国政法大学出版社 2004 年版，第 86 页。

③ 同上书，第 69 页。

④ 宋冰：《程序、正义与现代化》，中国政法大学出版社 1998 年版，第 455 页。

2. 上诉审具有特别和非常规性的特性

"在存在一个独立的司法等级体制的地方,上诉一般是上级法院监督下级法院的主要模式。"[①]英国和美国上下级法院之间的审判业务关系,主要是通过程序所设置的上诉审功能来实现对下级法院审判的监督。"我们经常将上诉主要看成是保证对抗一审法官的唯利是图、偏见歧视和昏聩无知以及宽慰败诉方纷乱心绪的一种方式。上诉确实能发挥这些功能,但是它是通过对一审法院的行为强加等级化控制的方式来达到这样的效果的。"[②]对于上诉的功能,除了纠错外,英美国家的学者更认为,"任何一个上诉机制都具有减少对败诉方精神的震动这一功能,所以'将案件一直送交最高法院'的权力,为败诉方提供了更好的宣泄情绪的途径"。[③] 此外,上诉还具有提供统一的法律规则、进行社会控制乃至实现政治的目的。"上诉机构在更基本的意义上是与中央政权的政治目的相联系而不是在完成实现个人正义的工作。"[④]因为,即使法官(主要是下级法院)仅仅从事争议解决工作,上诉也是对地方管理进行中央协调的机制。"上诉是既有利于增强中央对行政下属机构控制能力又有利于保证统治者的权威和合法性的重要政治机制。"[⑤]"美国的那些州中,上诉都能终止于中级上诉法院。为什么某一案件需要上诉至州最高法院呢? 州最高法院中的法官在纠正一审法院对败诉方作出的不公正决定的能力上不比那些首次听审上诉案件的上诉法院的法官强多少。中央坚持作为上诉的最终层级,因为这种做法符合它的目的,而不是那些败诉方的利益。"[⑥]无论是英国还是美国,上诉一般是逐级提出,但均规定在某些情况下也允许越级上诉。如英国经双方当事人的同意,并取得原审法院法官的符合

---

① 〔美〕马丁·夏皮罗:《法院:比较法上和政治学上的分析》,张生、李彤译,中国政法大学出版社2005年版,第71—72页。

② 同上书,第68页。

③ 同上书,第72页。

④ 同上书,第73页。

⑤ 同上注。

⑥ 同上书,第72页。

越级上诉的书面认可(Judge's certificate),经上议院的许可,案件可以向上议院直接上诉,又称"蛙跳式"(Leapfrog)上诉。在美国,针对联邦地区法院的裁判,没有向联邦巡回法院上诉的,可以向最高法院直接上诉。①

但是,在英美国家,上诉权并不被认为具有宪法权利那样的地位,上诉审查是一种特别的和独立的程序。"从一种非常一般的意义上讲,上诉权并没有被尊崇为正当程序的重要组成部分。因此,我们不必惊讶于行使上诉权还需获得初审法院或上级法院的许可(Leave)这一事实——就像英国经常发生的那样。"②在英国,上诉始于较晚近的维多利亚时代的司法改革。在17世纪,托马斯·史密斯仍骄傲地宣称,在英格兰的领土上不存在"拖拖拉拉的上诉"。③ 纠错令状 (Writ of Error)提供了非常有限的判决矫正途径④,但这种令状的授予,直到18世纪才成为一种权利。19世纪的一个重要改革就是在上诉程序中用重新审理来代替纠错令状。⑤ 在美国,上诉法院是在独立战争之后建立起来的。各种便利和鼓励上诉的机制,也远不及欧陆类似机制那么完善。到了后期,美国大多数州在刑事案件中提供一种作为权利的上诉的机会。在这些州中,许多州的辩护律师的普遍做法是为每一个被告提起上诉,一些州为判处严厉刑罚的所有案件设置了具有强制性

---

① 参见张春霞:《最高法院上诉审判权之比较研究》,载左卫民等:《最高法院研究》,法律出版社2004年版,第127—128页。

② 〔美〕米尔伊安·R.达玛斯卡:《司法和国家权力的多种面孔》,郑戈译,中国政法大学出版社2004年版,第91页。

③ T. Smith, De republic Anglorum, Third Book, ch. 2, p. 111[London, 1953].〔美〕米尔伊安·R.达玛斯卡:《司法和国家权力的多种面孔》,郑戈译,中国政法大学出版社2004年版,第91页。

④ 在纠错令状之下,上诉机构仅仅审查来自下级机构的案卷,案卷所包括的内容仅限于判决以及主审法官的法律意见。纠错令状程序意味着上诉法官仅仅对法律适用而不是认定的事实进行审查。

⑤ 当上诉审采用重新审判这一方式时,上诉法院当然能够自行对事实问题进行重新裁决。到20世纪,英国已经通过两种方式对上诉阶段的重新审理进行了限制:一是针对事实问题的上诉必须得到一审法院或是上诉法院的同意;二是禁止上诉法院提取新的证据。参见〔美〕马丁·夏皮罗:《法院:比较法上和政治学上的分析》,张生、李彤译,中国政法大学出版社2005年版,第155页。

的首次上诉,这些州的体制接近于100%的上诉。但是,在首次上诉是常规做法的那些州,审理这些上诉的中间上诉法院通常会驳回90%的案件,上诉法院将判定剩下的10%的案件,而且其中仅有非常少的几个案件可以上诉到州最高法院。[①] 上诉到联邦最高法院的案件更是少之又少。美国每年约有6 000件左右的案件[②]涌向最高法院,"只有125件到150件可以获得受理。其中只有100件左右在法庭里安排口头辩论进行审理,另有50件左右就依据书面材料作出裁决,这两项受理的案件,仅占案件总数的4%左右;其他占总数96%的案件都不受理"。[③] 2009年英国最高法院成立之前,作为英国国内最高法院的上议院受理的上诉案件也非常少。"1999年,上议院审理了约100个上诉案件"[④];"2001年,上议院共接受了2 270件上诉申请,只审理了其中的73个案件"。[⑤] 因此,"上级审查在这里远不是初审后的正常结局,也不是审判程序的常规的和可以预见的连续步骤。从性质上看,它更像是一种特别的和独立的程序"。[⑥]

---

① 参见〔美〕马丁·夏皮罗:《法院:比较法上和政治学上的分析》,张生、李彤译,中国政法大学出版社2005年版,第71页。

② 每年向美国联邦最高法院提起申请的案件数量,各资料显示的数据在4 000件到8 000件不等,如William H. Rehnquist, *The Supreme Court: How It Was, How It Is*, William Morrow and Company, Inc. New York 1987, p. 253中为4 000件,而在Susan Low Bloch and Thomss G. Krattenmaker, *Supreme Court Politics: The Institution and its procedures*, West Publishing Co. 1994中提供的数据为6 000件。可见每年的数据都有变化,在有些年份甚至高达8 000件。参见张春霞:《最高法院上诉审判权之比较研究》,载左卫民等:《最高法院研究》,法律出版社2004年版,第129页。

③ 张春霞:《最高法院上诉审判权之比较研究》,载左卫民等:《最高法院研究》,法律出版社2004年版,第129页。

④ 武增执笔、蔡定剑修改定稿:《英国上议院作为司法机关的组织和职能》,载议会研究网(http://www.yihuiyanjiu.org/wgyh-d2.asp? id = 1087),访问时间:2003年8月。

⑤ 该数据来源于马斯特·F.巴穆(Marsk Furse Ballm)2004年5月在四川大学的讲座(The Supreme Courts of England and Scotland)。参见张春霞:《最高法院上诉审判权之比较研究》,载左卫民等:《最高法院研究》,法律出版社2004年版,第127页。

⑥ 〔美〕马丁·夏皮罗:《法院:比较法上和政治学上的分析》,张生、李彤译,中国政法大学出版社2005年版,第89页。

3. 初审判决具有被推定为终审判决的效力

由于上级审查的非常规性，在一般情况下，人们可以将初审判决视为已决事项(res judicata)，并支持它的执行。零星的上诉只能成为要求暂缓执行的根据。让初审法院的判决立即产生各种附随后果似乎也是妥当的。① 而且，"初审判决终结刑事审判程序"这一观念并没有真正被放弃，所以，在英国和美国，对被宣判无罪的人的重新审理，被看成是新的、不公正的或双重的危险，而不仅仅是初审的延续。但是，"在一个平面化的司法组织中，初审判决被推定为最终判决这一事实并不意味着初审判决被赋予了不可更改的属性或者必须立即执行"。② "只有当推定的最终的决策者犯下了严重过错以至于他的决策在一定程度上是不正当的、他对该案件的司法管辖权因此丧失的情况下，其判决才能受到攻击。"③因此，英美国家上级法院的复审只是一种不同寻常的救济。这种限制复审的惯例，使得普通法法域的初审法官不需要为他们的裁定提供清楚的、详尽的理由，"如果监督是零星的并且仅最显著的失误，判决往往只需要片段的和结论性的理由就足够了"。④ 上诉复查机制只是补充，而不是替代了促使初审法官重新考虑的机制。

4. 一审法院与上诉法院间的权力平衡

一般而言，在英国和美国，一审法院和上诉法院的区分是上诉法院将听审法律问题而不是事实问题，事实问题则留给一审法院处理。"英国的普通法体系的发展过程和西欧的大陆法系法院的发展过程之间的一个主要差异存在于上诉中的事实认定这一领域。"⑤这种差异的形成主要与英美国家实行陪审团的传统有关。陪审团对事实作出

① 参见〔美〕米尔伊安·R. 达玛斯卡：《司法和国家权力的多种面孔》，郑戈译，中国政法大学出版社 2004 年版，第 90 页。

② 同上注。

③ 同上注。

④ 同上注。

⑤ 〔美〕马丁·夏皮罗：《法院：比较法上和政治学上的分析》，张生、李彤译，中国政法大学出版社 2005 年版，第 54 页。

认定,而且陪审团的评议是口头和秘密进行的,因而不能被审查。在案卷中,仅有的可以由上诉法院审查的内容是向陪审员作出的指示,这些指示从技术上说是法官就相关法律向陪审团作出的解释。在英国发展出来的用以提出上诉的基本工具是纠错令状,它由上诉法院发布,命令一审法院应将“案卷”移送到此以检查其中是否存在错误。但英国一审法院的书面案卷,几乎不包括任何关于事实的资料,案卷的内容在很大程度上限于双方当事人的诉讼请求和由法院发现的法律。因而英国的上诉法院别无选择,只能将自己限定于发现在案卷中存在的法律方面的错误这一范围内。“因为它没有任何的证据资料,所以即使它想这么做,它也不能认定事实方面的错误。”①现代英美国家的法院也许会有一个记录口头证据的抄本,但在口头证据是一个规则的地方,上诉法院会感到它们和那些真正听到证言和看到证人的一审法院相比,不太具有对事实问题进行判决的能力。② 英美国家将上诉的审理范围限制在法律问题上,这种模式与大陆法系国家的上诉审查范围相比,对平衡一审法院和上诉法院的权力来说具有不同的结果。“在上诉法院作出了一个法律方面的有约束力的声明后,上诉法院将案件发回一审法院重审或由一审法院作出一个与由上诉法院宣布的法律规则协调一致的新判决。因而一审法院仍拥有最终的发言权。”③但在事实审与法律审的区分上,英国和美国又有了一些新的变化和改革。在19世纪的司法改革中,英国人认识到作为一种上诉程序形式的纠错令状存在缺陷,他们寻求在上诉中引入重新审理的模式。这一改革的进程随后受到了很大阻碍,但仍保留着部分影响。在美国,由于已经清醒地意识到这一权力制衡的问题,最高法院有权对确定各州行为的合宪性来说必不可少的某些事实进行最终的认定。并且,将上诉法院拉向事实领域的这种情况正在不断增加,“在其中上诉法院拒

---

① 〔美〕马丁·夏皮罗:《法院:比较法上和政治学上的分析》,张生、李彤译,中国政法大学出版社2005年版,第54页。

② 同上书,第55页。

③ 同上书,第56—57页。

绝接受一审法庭认定的事实并且在认定法律的伪装下用他们自己认定的事实来代替前者”。[①] 一般而言,“当上诉法院发现初审法院有错并影响到案件最终结果时,上诉法院的做法是连同自己在法律上的意见将案件发回初审法院重审,而不是自己对事实作出重新认定”。[②] 另外,上诉法院不得就初审法院未审理过的问题进行审查,但有例外情形:即如果初审中有“明显错误”或“足以影响司法程序的公正、诚实及公众形象”的错误,上诉法院可以对该错误予以纠正,体现了上诉法院在上诉审查中的积极、能动作用。美国联邦最高法院曾在韦伯格诉美国一案中明确:“如果初审中的明显错误对被告人至关重要,那么即使被告人没有在庭审中及时提出异议,我们也有自由去纠正它。”[③]但是,过于强调上诉法院的能动作用,不仅会导致其过多干预初审法院的审判权,而且也有违对抗制诉讼的本质。为了防止上诉法院滥用权力并导致对初审法院的过度干预,在对上诉法院的审查权进行制约的同时,联邦最高法院并没有将“明显错误”救济,视为上诉法院必须要履行的义务。[④]

5. 上级法院造法和统一政策规则的功能

英国最著名的法官丹宁勋爵 1948 年晋升为高等法院法官,并担任民事上诉法院法官,他后来说,只有当上高等法院法官,“一名法官才有影响法律的主要机会”。[⑤] 上诉机构在寻求阐明法律规则时,必须考虑规则最大化地适用于社会而不是仅能适用于双方当事人。对上诉法院来说,与立法机关相互竞争,进行造法活动与一审法院相比明

---

① 〔美〕马丁 · 夏皮罗:《法院:比较法上和政治学上的分析》,张生、李彤译,中国政法大学出版社 2005 年版,第 58 页。

② 宋冰编:《读本:美国和德国的司法制度及司法程序》,中国政法大学出版社 1998 年版,第 412 页。

③ *Wiborg v. United States*, 163 U. S. 632(1896). 转引自史立梅:《论美国刑事上诉审查中的“明显错误”原则》,载宋英辉、甄贞主编:《京师刑事诉讼法论丛》,北京师范大学出版社 2012 年版,第 274 页。

④ 参见史立梅:《论美国刑事上诉审查中的“明显错误”原则》,载宋英辉、甄贞主编:《京师刑事诉讼法论丛》,北京师范大学出版社 2012 年版,第 274—278 页。

⑤ 〔英〕丹宁:《家庭故事》,伦敦巴特沃斯出版公司 1981 年英文版,第 172 页。

显多了。“尽管在上诉法院和事实之间存在所有这些明显的联系，然而仍可能将一审法院作为用以认定事实的社会基本设置之一。”[①]在以判例法为主要法律渊源的英美国家，先例拘束制度使得法官“造法”成为最高法院一种不折不扣的权力，而对司法先例的严格遵循成为一种司法“惯习”，这便使最高法院判例的形成本身就演化为一个法律规范的形成过程。[②] 在司法不断演进的过程中，美国联邦最高法院被赋予法治统一的使命。除了造法外，联邦最高法院还通过行使规则的制定权，统一所辖区域法院的诉讼程序和证据规则的适用。[③] “如果全国政府要想拥有制定和实施高于各州法律的权力，就要设立这样一个最高法院。没有这样一个机构来维持国家的最高权威，保证对国家法律的统一解释并解决各州之间的冲突，是按照联邦条款组成的中央政府的一大缺陷。”[④]美国联邦最高法院经国会授权，于 1938 年制定了《美国联邦民事诉讼规则》，1945 年制定了《美国联邦刑事诉讼规则》。此外还有 1967 年制定的《美国联邦上诉审程序规则》、1972 年《美国联邦证据规则》等。[⑤] 由于美国联邦最高法院是美国最高、最具权威性因而也最具挑战性的终审法院，联邦最高法院的判决过程，在某种意义上可以说就是为全国制定政策的过程，其最终发表的判决意见，会对全国产生重大而深远的影响。[⑥]

6. 上下级法官知识的分层更为明显

“由初审法院晋升上来的上诉法官也许会比其他上诉法官更可能投票确认一位初审法官。他们更敏锐地感知，就深入理解一个案件而

---

① J. Frank：《法院的审判》，普林斯顿大学出版社 1949 年版。

② 参见〔法〕皮埃尔·布迪厄、〔美〕华康德：《实践与反思——反思社会学导论》，李猛、李康译，中央编译出版社 1998 年版，第 186—188 页。

③ 美国联邦最高法院制定的规则，原则上仅适用于联邦法院，对各州并无当然的拘束力。

④ 〔美〕詹姆斯·M. 伯恩斯等：《民主政府》，陆震纶等译，中国社会科学出版社 1996 年版，第 691 页。

⑤ 参见白绿铉：《美国民事诉讼法》，经济日报出版社 1996 年版，第 45 页。

⑥ 参见何继业、罗文禄：《判决是如何形成的——美国联邦最高法院判决的意见形成机制研究》，载左卫民等：《最高法院研究》，法律出版社 2004 年版，第 165 页。

言,初审法官比上诉法院法官更有优势,特别是已实际审理的某个案件,因为初审法官为此案已经花费了很多时间,远远超过复审其判决的上诉法官所花费的时间。"[①]上诉法官会对事实发现问题的上诉复审尊崇初审法官的认定,而不会尊崇初审法官对纯法律问题的判定。[②]这就是上诉法官与初审法官在知识上的分工,初审法官的知识和经验优势在于事实发现,而上诉法官的知识优势在于法律的判定、对法律的创制、发展的影响力。波斯纳更偏重于对上诉法官的赞赏,他认为,联邦上诉法院发表的司法意见数量要比最高法院发表的司法意见数量高出100多倍,尽管最高法院大法官的平均素质只略高于上诉法院法官。某些联邦上诉法院的法官要比最高法院大法官能干,但权力要小得多。进而言之,如果中间层级的上诉审法院法官很出色的话,他们所拥有的就是对法律之发展的影响力,这就好像作家影响了文学的发展一样。[③]

二、大陆法系国家法院上下级审判业务关系的特征

(一)法院设置

法国存在两套相互独立的法院系统,即行政法院体系和司法法院体系。[④] 司法法院体系或称普通法院系统包括民事法院和刑事法院。其中属于民事法院的有大审法院、小审法院、近民法院(街区法院);属于刑事法院的有重罪法院、轻罪法院、治安法院(违警法院)、近民法院;另外还有特殊法院,包括劳资调节法院、社会保障事务法院、商事法院、农事租赁法院;以及青少年法院,包括青少年法官、青少年法庭和青少年重罪法院。普通法院在层级上分为三级:初审法院、上诉法院和最高法院。行政法院分为两级:各省所设的27个行政法庭、最高

① 〔美〕理查德·波斯纳:《法官如何思考》,苏力译,北京大学出版社2009年版,第69页。

② 同上书,第65页。

③ 同上书,第59—60页。

④ 参见宋英辉、孙长永、朴宗根等,《外国刑事诉讼法》,北京大学出版社2011年版,第195页。

行政法院。①

根据《德国法院组织法》的规定，德国的法院系统由以下六个体系组成：宪法法院体系、普通法院体系、行政法院体系、财政法院体系、社会法院体系和劳动法院体系。普通法院审理民事和刑事案件，其体系由低到高分为四级：区法院、地方法院、州高等法院和联邦最高法院。因为德国实行联邦制，除了联邦法院，在本地区设立的法院的数量、法院的选址以及管辖权的划分，都属于州内部事务。② 德国在联邦一级共设立了联邦最高法院、联邦行政法院、联邦劳动法院、联邦社会法院、联邦宪法法院、联邦财政法院等。这些联邦法院都有相应的下级法院，除联邦宪法法院与各州的宪法法院并不是上下级关系外③，设立于州的其他各种法院都是同类联邦法院的下级法院，对这些法院的判决不服的，可以按照审级制度的规定向联邦法院上诉。④

（二）法院间审判业务关系的基本特征

1. 下级法院相对独立与法官职位阶梯的受控性

在欧洲，司法独立和司法官员被同化为政府官僚机构的行政人员这两个方面，一起处于一个高度紧张和相互斗争的状态。“如果将独立的概念限制在一个极其狭窄的范围内，即具体案件判决的作出没有受到任何直接的外部干预这一范围内，那么欧洲国家的法院从本质上是独立的。”⑤但是与英国和美国不同的是，法国和德国的法系系统更像是一个等级化的有组织的行政机构，因而与高层级的政府或法院部

---

① 法国法院组织，载 http://baike.soso.com/v8830266.htm，访问时间：2013 年 5 月 14 日。

② 参见宋英辉、孙长永、朴宗根等：《外国刑事诉讼法》，北京大学出版社 2011 年版，第 280 页。

③ 州宪法法院审查州立法机关制定的法律是否符合本州宪法，审理本州公共机构之间的争议，而不涉及联邦法律是否符合联邦宪法（即《德意志联邦共和国基本法》的规定，而且州宪法法院的判决不能向联邦宪法法院提起上诉）。

④ 参见朱福惠、邵自红：《美国与德国法院体制之比较》，载《现代法学》2001 年第 6 期。

⑤ 〔美〕马丁・夏皮罗：《法院：比较法上和政治学上的分析》，张生、李彤译，中国政法大学出版社 2005 年版，第 219 页。

门相对协调一致并保持密切联系，也就成为一种事实化的状态。“在许多国家，尤其是在法国，政府能够能动地控制法官们的任职机会。希望在职业上取得成功的法官们很可能作出掌权者所需要的那种判决，即使政客们没有施加直接压力。”①另外，从下级法官的职位阶梯晋升途径来说，法国和德国法院的人员组成基本上是一个专业化的、长期从事司法事务的官僚阶层。一个年轻人直接进入最低一级的司法机构，然后在工作的过程中不断升到更高的职位直到他退休。一般来说，他们从担任最不重要的地区法院的法官开始，然后他们会沿着职位阶梯，到位于大一点城市的高一级法院中任职。几乎每一位欧洲法官都寻求在他任职的机构中充任更高的职位。虽然他们在没有特别充分理由的情况下不能被免职，然而他们需要服从由上级规定的大量纪律，他们的上级既能决定他们是否能够升到较高的职位，也决定着他们能否调任到更好的地点和更好的法院。② 在德国，“初次任命的法官一般都在州初级法院或中级法院任职，在初级或中级法院工作 10 年左右，他们中的个别人才有可能到上一级法院任法官。最高法院和下级法院一样，往往都是由那些在司法部门工作多年而逐渐提拔上来的法官组成。逐级缓慢的晋升是德国法官晋升的一般规律，它保证了法官特别是上级法院法官的高度专业性”。③ “法国法官的命运取决于他们能否与主导性的政治意见以及其司法上级的法律观念保持一致。”④法国普通法院系统的最高法院对地区各级法院没有领导关系，但上诉法院对基层法院有行政上的领导关系，基层法院的管理职能都由上诉法院完成。⑤

---

① 〔美〕马丁·夏皮罗：《法院：比较法上和政治学上的分析》，张生、李彤译，中国政法大学出版社 2005 年版，第 219 页。

② 同上书，第 212 页。

③ 钟尔璞：《德国法院的组织体系与法官制度》，载《四川审判》2002 年第 2 期。

④ 〔美〕马丁·夏皮罗：《法院：比较法上和政治学上的分析》，张生、李彤译，中国政法大学出版社 2005 年版，第 213 页。

⑤ 参见梁三利、郭明：《法院管理模式比较——基于对英国、德国、法国的考察》，载《长江师范学院学报》2010 年第 26 卷第 1 期。

2. 不受上级司法意见左右与事实上的服从上级意见

达玛斯卡曾指出,在欧陆国家,"上级法院的法律意见被宣称为对下级法院法官不具有约束力,即使是在发回原审法院重审的场合"。但是,现实生活中,"虽然下级法官不再负有服从上级意见的法定义务,他们还是会继续寻求上级法院的指导。虽然这种服从上级的态度是在许多因素的共同作用下得到保存的,但其最显著的原因和推动力量却是录用、培训和晋升政策,所有这些都亲和于科层式组织……第一次被任命(或选举)为法官的人士往往被派到基层法院工作,出任一个地位较低的职位,而其晋升至少在一定程度上有赖于那些常规性地审查下级法院判决的人士的赞同。在这种情况下,下级法院当然不敢贸然主张独立,即使在形式上有此可能性。被牢牢绑缚在公共服务这一桅杆之上的下级法官听到演绎自由的诱人音乐,正像尤利西斯听到塞壬的吟唱一样"。①

3. 上级审具有全面和常规性的特性

上诉权被奉为公民的一项宪法权利,且常规的上诉机制从一开始就是欧陆司法体系中的一项重要内容。上级法院通常通过常规和全面的上诉程序审查下级法院的判决。"在14世纪,一套等级森严的官阶制度在巴黎高等法院内部形成,伴之而生的还有内部申诉的可能性。科层式官僚化成为一种不可逆转的趋势。"②"权力的科层式安排意味着这样的权力组织信赖一套全面而系统的上诉审查制度。"③上级法院的审查阶段并不是被理解为一项非常事件,而是被视为在常规事件流程中可以预见的初审的后续步骤,是上级司法权力机构的一项职责。法国最高法院被称为"撤销法院",因为它是通过撤销原判而不是修正原判的方式对下级法院进行审查监督的。"如果认为下级法院没有错误,就作维持原判处理,案件也就终结;如果认为原判不当,不

---

① 〔美〕米尔伊安·R. 达玛斯卡:《司法和国家权力的多种面孔》,郑戈译,中国政法大学出版社2004年版,第56页。

② 同上书,第50页。

③ 同上书,第46页。

作另行判决，只能撤销原判，并将原案及法律上所作的'正当解释'一并送交给一个与原判法院同级的法院再审。"[①]1967年7月3日，一项法律解释颁布后，最高法院的审判权增加了一项内容，至少对某些案件，尤其是对所有事实问题都已澄清的案件，可以作出它自己的判决，而不必将原案交给另一个法院去审理。德国联邦最高法院主要是民事和刑事案件的第三审法院，其上诉审判权局限于审查下级法院的法律裁判。原则上，只有经一方诉讼当事人的请求，联邦最高法院才会受理对民事、刑事案件裁判的上告、抗告。[②] 在特殊情况下可以越级上告。[③] 法国和德国最高法院受理的上诉或上告案件比英国和美国要高得多。[④] 法国"每年向最高法院上诉的案件数量，从1837年的1 200件到今天的10 000件，增加近10倍"。[⑤] 德国"1999年联邦最高法院受理的民事上告案件有4 408件，是过去20年的两倍，比1992年增加了52%"。[⑥] 在上诉审查的范围力度上，欧陆国家的上级法院拥有更广泛的权力。"上级审查不仅是常规的，而且还是全面深入的。下级机构决策的方方面面都难以避免上级的监督；事实、法律和逻辑都可能受

---

① 张春霞：《最高法院上诉审判权之比较研究》，载左卫民等：《最高法院研究》，法律出版社2004年版，第136页。

② 同上书，第131页。

③ 参见肖扬主编：《当代司法体制》，中国政法大学出版社1998年版，第111页。

④ 德国最高法院受理上诉的范围广、数量多的主要原因是它所扮演的角色比较单一，主要是刑事、民事案件的上诉审。违宪审查、行政案件以及一些专门案件的最高审判权分别交由联邦宪法法院、联邦行政法院和联邦专门法院履行。联邦最高法院的职能主要指向司法审判，加之与州法院属于同一法院系统，就是州高等法院的上诉法院，故其承担的上诉审工作比较繁重。法国最高法院主要行使对下级法院裁判的撤销权，所以受理案件的数量也超过了英国和美国的最高法院。参见张春霞：《最高法院上诉审判权之比较研究》，载左卫民等：《最高法院研究》，法律出版社2004年版，第136—137页。

⑤ 张春霞：《最高法院上诉审判权之比较研究》，载左卫民等：《最高法院研究》，法律出版社2004年版，第136—137页。

⑥ Der Bundesgerichtshof, Karlsruhe 2000. S. 12. 转引自张春霞：《最高法院上诉审判权之比较研究》，载左卫民等：《最高法院研究》，法律出版社2004年版，第133页。

到仔细的复审和纠正。”[①]在上级审核变得几乎无所不及的情况下，要求下级法院明确表述自己作出了何种决定以及为何如此决定，就变得十分必要了。在理由陈述部分马马虎虎或轻易给出结论，这种情况在普通法系的初审法官中十分常见，但在科层式的司法体系中就注定会招致驳回或推翻。[②]

4. 初审判决具有暂时性或阶段性的特征

由于上级审查不仅是常规和全面的，初审判决的地位也不如英、美国家那样具有推定为终审判决的效力。“在上级审查成为常规的地方，在最高权威尚未发话之前，初审判决暂时不得执行。”[③]一位下级法官一旦作出判决，由他主持的程序阶段就算告一段落了：对其判决的矫正，如果有必要，现在只能由司法组织中的上级官员来进行。“上级官员赋予‘质量控制’的重要意义不可避免地降低了初审判决的重要性：初审判决由此具有了暂时性或阶段性的特征。”[④]此时，质量控制的重要性，就可以解释为什么常规的和全面的上诉制度在科层式司法系统中通常被认为是公正、有序的司法活动的必要保障，或者是个案中的“正当程序”的重要组成部分了。

5. 一审法院与上诉法院间的权力交叉

与英国和美国上下级法院间的权力区分不同，德国和法国的上级法院与下级法院在权力间的一个交叉点是事实审与法律审的结合。

---

① 在欧陆体系中，“逻辑”会在上级法院审核下级法院如何得出关于事实的定论时受到检验。虽然在权衡证据方面不可能出现违反法律规则的情况（自由心证原则），但下级法官采信某一特定证据而不是其他证据的理由很可能被认为是薄弱或不完备的，这可能导致以“逻辑错误”为由被推翻。只有在非常有限的仍然适用残留的陪审制度领域内，对证据的评估才是真正自由的；在这些领域内，陪审员有权根据他们自己的“内心确信”来权衡证据。当然，对下级法官的事实判定进行有效监督是有限度的，下级法院的法官逐渐学会了如何按照能够“经受住”上级审查的方式来正当化自己的判定。参见〔美〕米尔伊安·R. 达玛斯卡：《司法和国家权力的多种面孔》，郑戈译，中国政法大学出版社 2004 年版，第 74 页。

② 参见〔美〕米尔伊安·R. 达玛斯卡：《司法和国家权力的多种面孔》，郑戈译，中国政法大学出版社 2004 年版，第 74 页。

③ 同上注。

④ 同上书，第 75 页。

"大陆法系，上诉审既是法律审也是事实审，只要上诉法院认为不适当就可以不经发回而直接改判。"[①]一方面，这与大陆法系国家的体制强调建立书面化的完整案卷有关。"大陆法系的程序强调由较低级别的法院对一个完整的书面案卷以及对所有证据的分析加以汇编。那时几乎不存在英国意义上的那种审判，即所有人同时出现在法庭上，陈述他们的主张，并立即得到一个裁决。相反，案件是在连续的几次开庭中通过逐渐积累起来的书面文件而得以推进的。一叠书面文件真正地变成了案件。如果对一审法院的判决提出了上诉，那么整个卷宗将被送交上诉法院。上诉法院在事实上对整个案件进行重新审理。"[②]与英美国家的上诉法院不同的是，大陆法系国家的上诉法官不会感到和一审法院相比他们离正在接受审查的当事人、证人和证据更远些。另一方面，与大陆法系国家的上诉本质有关。大陆法系国家的上诉本质是中央对地方司法官员行使中央集权化的监督权力的一种方法，"大陆国家的模式是分散的一审法院由更中央集权化的上诉机构来监督。通过重新审理的方式来进行上诉活动很大程度上加强了中央集权化的上诉法院对分散的下属机构进行监督的权力"。[③] 为了强化上级法院对下级法院中央集权化的监督，亦需要进行包括对事实、法律在内的全面的审查与监督。因而，将上诉的审理范围限制在全面和重新审理这种模式上，实则赋予了上诉法院大得多的一般监督权力。"在上诉案件得到重新审理时，将由上诉法院发出对当事人具有约束力的最终命令。"[④]在第三级上诉法院之上，一般存在一个最高级别的最高法院或最高撤销法院。这些法院所受理的上诉通常仅仅是关于法律问题的，但事实审并非绝对排除，"德国联邦宪法法院自行认定事

---

① 宋冰编：《读本：美国和德国的司法制度及司法程序》，中国政法大学出版社 1998 年版，第 415 页。

② 〔美〕马丁·夏皮罗：《法院：比较法上和政治学上的分析》，张生、李彤译，中国政法大学出版社 2005 年版，第 55 页。

③ 同上注。

④ 同上书，第 56 页。

实的程度最高,法国最高法院重新认定事实的程度最低”。[①] 德国联邦宪法法院自为第一审和终审判决机关,因此它的审判必定涉及对事实的判断,这是最高法院中的特例,但是,德国联邦最高法院在审理上诉时,不再审理案件的事实,如果涉及程序违法,仅就程序违法事实进行审查。[②]

6. 上级法院在促进法律规则统一上的作用

在德国和法国,虽然相当多的单行法规与法典同时存在,并且立法机关每年都会通过许多新的制定法。但是,甚至在制定法层面,法典也是不完整的,其间充斥着一般化的和模棱两可的词汇。因此,这些法典化的国家意识到对法典司法解释的必要性,这种司法解释涉及某种程度的个案审理中的法官造法。[③] 高层级法院在创制规则方面拥有特权,可以通过法院的审判活动来创制新的法律规则。另外,在强调普通法系和民法法系的区别时,通识的观点是,强调判例法是普通法系的专利。“因为一个粗略的比较往往只会得出普通法系是判例法以及民法法系是法典法的结论,所以普通法系和民法法系之间所存在的相似性经常被忽视了。”[④]事实上,判例法在德国和法国的影响力在不断扩大。“大陆法系的法官对判例法的依赖程度可通过主要的上诉法院判决理由的出版物得以印证。”[⑤]在法国,“最高司法法院就是为了判例的统一才设立的。人们曾经认为,在法律旁边,必须由一个法院来保证法律始终得到同样的执行。如果最高法院做不到这一点,它将是无用的”。“今天,在德国法的许多领域,主要的判例公开地被认为是提供了法律规则。”[⑥]“特别是法国行政法,司法创设的原则体系

---

① 张春霞:《最高法院上诉审判权之比较研究》,载左卫民等:《最高法院研究》,法律出版社 2004 年版,第 145 页。

② 参见《德国刑事诉讼法典》第 352 条,李昌珂译,中国政法大学出版社 1999 年版。

③ 参见〔美〕马丁·夏皮罗:《法院:比较法上和政治学上的分析》,张生、李彤译,中国政法大学出版社 2005 年版,第 206 页。

④ 同上书,第 190 页。

⑤ 同上书,第 191 页。

⑥ 同上注。

是如此的庞大,而法典用语是如此的贫乏,以至于律师和法官们都相当公开地以完全可与美国相媲美的判例法模式进行辩论。”[①]在欧陆制度框架中,形式上的服从先例原则比在英美制度框架中得到更为严格的遵守。其主要原因不是服从上级的精神在前者比在后者体现得更为强烈,而是对先例的不同理解。欧陆法官并不去权衡事实情境之间的对称性——这种权衡在遵循先例原则的支持下使精致的区分成为可能,并且确保着法律的灵活成长。相反,他试图在先前的判决中寻找具体的规则,而无视包裹着这些规则的事实背景。[②] “对规则的效忠也影响到人们对待司法先例的态度。高等法院的判决,不论是否具有约束力,都不再被认为是一种昭示某一生活情景在过去是如何得到解决、从而使待决案件得以同这些早先决策的例子相匹配的范本。相反,法官在‘先例’中所寻找的是更高的权威所作出的类似于规则的表达,而案件的事实却被弃置在一旁。因此,在传统的普通法原理中被称为‘附带意见’的判决书中不具约束力的部分,在欧陆却可能受到欢迎,正因为它独立于案件的具体事实情境。”[③]现实中,在判决理由和意见中引用先例是常见的做法,低级法院不会忽视由高等法院作出的最重要的判决,尤其是“德国和法国最高法院的判决对下级法院审判工作具有指导功能,最高法院判决没有明确规定具有判例法的效力,但是最高法院的权威性使得由其所作的判决具有统一法制的功能,原则上不可违抗。也即,今后各级法院在作出判决时不得与已有的最高法院的判决相抵触,否则当事人可以以此为理由,获得最高法院对案件的审理,从而改判下级法院的判决。即使在法国最高法院,虽然它只决定是否撤销原判,但是对于最高法院撤销判决的裁定,重审法院必

---

① 〔美〕马丁·夏皮罗:《法院:比较法上和政治学上的分析》,张生、李彤译,中国政法大学出版社 2005 年版,第 89 页。

② 参见〔美〕米尔伊安·R. 达玛斯卡:《司法和国家权力的多种面孔》,郑戈译,中国政法大学出版社 2004 年版,第 56 页。

③ 同上书,第 51 页。

须遵守，即再次审理后的判决必须与原审判决不同”。[①]

三、日本上下级法院审判业务关系的特征

根据《日本法院法》的规定，日本法院组织分为四级：最高法院、高等法院、地方法院和家庭法院、简易法院。日本没有专门法院，只有普通法院。[②]

1．司法的外部独立与对内的控制

日本战后司法改革的宗旨，归根结底在于从制度上真正实现司法独立，进而使政府的各种政策、措施接受司法权的监督，以防止个人的权利遭受不法侵害。改革的结果是，法院不仅在法律的解释上享有了优越于行政机关的权限，而且使最高法院有权通过对法令进行违宪审查以防止国会专断。“相对独立的司法权作为社会秩序的安全阀所起的作用还是很大的。否则，一些政治死结就没有办法打开。”[③]但日本对司法独立的制度设计，着重于防止行政干预，法官个人的独立性没有得到明确肯定[④]，特别是下级法院法官的独立性受到最高法院的影响和控制。“司法机关虽对外奉行‘司法独立’，但在其内部有关人事及预算等方面则实行绝对的行政官僚式‘中央集权型管理’。”[⑤]日本在最高法院设立了事务总局，集中处理法院的司法行政事务，“日本最高法院事务总局司法行政的作用范围包括全国所有下级审法院”。[⑥]“最高法院具有司法行政权，包括对下级法院法官的指名权和对下级

---

① 张春霞：《最高法院上诉审判权之比较研究》，载左卫民等：《最高法院研究》，法律出版社2004年版，第147页。

② 参见宋英辉、孙长永、朴宗根等：《外国刑事诉讼法》，北京大学出版社2011年版，第434页。

③ 季卫东：《法律职业的定位——日本改造权力结构的实践》，载《中国社会科学》1994年第2期。

④ 同上注。

⑤ 王云海：《日本司法改革的深层》，载《环球法律评论》2002年第1期。

⑥ 汪振林：《法官的“顶头上司”——日本最高法院事务总局研究》，载左卫民等：《最高法院研究》，法律出版社2004年版，第198页。

法院及其职员的监督权。”[①]下级法院的人事任命权原则上属于内阁，但是最高法院有提名权，所以实际上控制了各级法院的人事，并通过升迁安排影响着法官的活动，也可能使法官的心境经常为晋升的希望和升迁的忧虑所扰乱，甚至导致围绕再任权出现的最高法院的专断。[②]“下级法院法官的再任命是否能够通过，这与最高法院和内阁的关系相当重要。”[③]因此，对下级法官人事和升迁的控制在某种程度上也会影响下级法官的办案意志，“司法人员在处理有关政治及行政的案件时难于作为独立的主体，无视上级司法机关的意向”[④]，况且，根据一般性的社会心理经验，某一官职的在职者，对在其提名上有责任的人都怀有感恩的心情，而这在司法部门的场合包含了特殊的危险。因为在其提名受到政治考虑的影响时，某一官职的在任者就会通过该官职可以融通的行动予以报答。这可以说是人之常情。[⑤] 最高法院实则是通过事务总局完成对下级法官的官僚统制的。这种官僚统制必然会影响司法独立中最为重要的法官独立和下级法院违宪审查权的行使。因而，虽然通过设置事务总局集中处理司法行政事务，使司法审判活动与司法行政活动得以完全分开，但现实的情况是，事务总局成了下级审法官的顶头上司，在一定的条件下有可能从司法内部形成对法官审判的实际干涉，损害法官的独立。[⑥] 这样的机构和管理体制，是很容易出现弊端的，尤其是那些成为人事管理对象的法官深有体会。日本学者对此进行了批评：“法官生存在这样的一种环境中，在审判中和作

---

① 龚刃韧：《现代日本司法透视》，世界知识出版社 1993 年版，第 63 页。

② 参见季卫东：《法律职业的定位——日本改造权力结构的实践》，载《中国社会科学》1994 年第 2 期。

③ 冷罗生：《日本现代审判制度》，中国政法大学出版社 2003 年版，第 261 页。

④ 季卫东：《法律职业的定位——日本改造权力结构的实践》，载《中国社会科学》1994 年第 2 期。

⑤ 参见〔日〕和田英夫：《最高法院论》，载《法学讲座增刊》，日本评论社 1971 年版，第 37—38 页。转引自汪振林：《法官的“顶头上司”——日本最高法院事务总局研究》，载左卫民等：《最高法院研究》，法律出版社 2004 年版，第 200 页。

⑥ 参见汪振林：《法官的“顶头上司”——日本最高法院事务总局研究》，载左卫民等：《最高法院研究》，法律出版社 2004 年版，第 199—206 页。

出判断时想不受任何影响是很难的。这不但不利于养成法官自由豁达的作风,并且也不利于法官积极地投入工作并提出建设性的意见或建议。这样的话,这种资历制度的法官制,依照法官独立的理念,很容易助长了法官控制的土壤,使其陷入困境。"[①]

2. 上诉审是一种救济程序[②]

上诉因对象不同而分为控诉、上告、抗告、特别抗告和准抗告几类。控诉、上告是对判决的上诉方法,抗告是对裁定的上诉方法。[③] 按日本现行的四级三审制,通常,某些轻微的刑事、民事案件,以简易裁判所为第一审,高等法院为终审。对于一些重大的民事或刑事案件,经过地方法院(或家庭法院)的一审、高等法院的二审后,最高法院就是第三审法院,所下裁定和判决,是终审裁判,当事人不得再上诉、上告或控告。[④] 在某些情况下,可以越级上告,"对地方法院的判决,双方当事人达成保留共同提起上告的权利而不提起控诉协议的,可以直接向最高法院提起上告"。[⑤] 依据 1987—1989 年日本最高法院所受理和审结的上告案件和特别抗告案件的统计数据,每年平均受理 4 900—5 300 件(人)左右,未结 2 300—3 200 件(人)左右。[⑥] "日本最高法院受理的案件数量也很多,但由于法官人数有限,案件久拖未决的现象比较突出,这也引起了日本学者对最高法院的批评。"[⑦]

---

① 〔日〕六本佳平:《日本法与日本社会》,刘银良译,中国政法大学出版社 2006 年版,第 192—193 页。

② 在日本刑事诉讼中,救济程序包括针对未发生法律效力的裁判的上诉审程序和针对确定裁判的非常救济程序。参见宋英辉、孙长永、朴宗根等:《外国刑事诉讼法》,北京大学出版社 2011 年版,第 493 页。

③ 参见宋英辉、孙长永、朴宗根等:《外国刑事诉讼法》,北京大学出版社 2011 年版,第 493 页。

④ 参见张春霞:《最高法院上诉审判权之比较研究》,载左卫民等:《最高法院研究》,法律出版社 2004 年版,第 140 页。

⑤ 同上注。

⑥ 参见周道鸾主编:《外国法院组织与法官制度》,人民法院出版社 2000 年版,第 267 页。

⑦ 张春霞:《最高法院上诉审判权之比较研究》,载左卫民等:《最高法院研究》,法律出版社 2004 年版,第 145 页。

3. 初审判决意见的临时性

“在日本的 Tokugawa，每个一审法院的判决意见都仅被作为是上级机构判决意见的草稿，每一份草稿仅在得到上级机构同意的情况下才能公布并发生法律效力。”①

4. 上级法院意见的拘束力和对法律的统一

“日本司法制度在向英美法系靠近，因此日本最高法院的判决也具有一定的判决拘束力。”②最高法院审理后，对原判决，可以撤销原判，发回重审；也可以撤销原判，直接判决。收到发回或移送案件的法院，应当组织新的口头辩论然后进行裁判。在此情况下，最高法院对撤销原审判决的理由，在事实上和法律上所作的判断，对收到发回或移送案件的法院有拘束力。③ 上级法院特别是最高法院还通过法创造和行使规则制定权对下级法院产生拘束和影响力，并起到统一法制的作用。“最高法院作为最终的法律审，其目标是维护法律的统一，但在下级审中不断出现新型的具体纠纷时，也可以斟酌社会正义感和衡平感进行适合时宜的法创造。”④日本的最高法院还拥有制定规则特别是有关诉讼程序和实务方面的规则的权力。⑤ 1945 年的《日本宪法》第 77 条规定：“最高法院有权就诉讼程序、律师、法院内部规章以及司法事务处理等事项制定规则。”与美国联邦最高法院享有的规则制定权相比，日本最高法院的规则制定权在权力的完整性、权力涉及的事项、对权力分享的态度、权力行使的程序、权力效果的范围等方面不尽

---

① 〔美〕马丁·夏皮罗：《法院：比较法上和政治学上的分析》，张生、李彤译，中国政法大学出版社 2005 年版，第 71 页。

② 张春霞：《最高法院上诉审判权之比较研究》，载左卫民等：《最高法院研究》，法律出版社 2004 年版，第 147 页。

③ 同上书，第 143 页。

④ 〔日〕和田英夫：《最高法院论》，载《法学讲座增刊》，日本评论社 1971 年版。转引自张春霞：《最高法院上诉审判权之比较研究》，载左卫民等：《最高法院研究》，法律出版社 2004 年版，第 140 页。

⑤ 参见季卫东：《法律职业的定位——日本改造权力结构的实践》，载《中国社会科学》1994 年第 2 期。

相同[①],发挥着更为积极主动的作用。

5. 上下级法院的权力分享

《日本宪法》和《日本法院法》都规定了下级法院也享有违宪审查权,但如日本众多法学者和实务家所批评的那样,在最高法院积极追随政治的姿态下,日本最高法院不仅自身没有发挥日本一般国民所期待的“宪法守护人”和“人权保护最后屏障”的作用,而且下级法院结合具体案件作出的很多宣布法令违宪的判决,最后全被最高法院推翻了。[②]《日本宪法》第 77 条第 3 款规定:“最高法院可以把制定下级法院规则的权限委托给下级法院。”《日本宪法》之所以一方面规定了最高法院享有规则制定权,另一方面又规定可以把规则制定权委任给下级法院,由各法院的法官会议负责执行,目的是为了防止最高法院对规则制定权的垄断化,保障上下级法院(法官)相互之间的独立。[③] 不过从实践情况看,这一制度没有充分发挥其功能,日本下级法院基于最高法院的委任而制定规则的情况过去并没有出现,也就尚未有下级法院制定的规则被日本最高法院宣告无效的案例。[④]

第二节 我国上下级法院审判业务关系的基本特征

与英美法系国家、大陆法系国家和日本的上下级法院审判业务关

---

① 日本最高法院的规则制定权是一种完整的权力。最高法院制定规则并不需要向国会提交文本,在经批准后方生效。最高法院规则制定权的范围要广泛得多,包括有关诉讼程序、律师、法院内部规章及司法事务处理等事项。最高法院可以把制定下级法院规则的权限委托给下级法院。制定最高法院的规则是法官会议的权限,由最高法院的法官会议议定。最高法院制定的规则适用于日本全国各级法院。参见牛振宇:《最高法院规则制定权研究:比较与借鉴》,载左卫民等:《最高法院研究》,法律出版社 2004 年版,第 153—157 页。

② 参见汪振林:《法官的“顶头上司”——日本最高法院事务总局研究》,载左卫民等:《最高法院研究》,法律出版社 2004 年版,第 200 页。

③ 参见左卫民、汪振林:《最高法院比较研究——以中日最高法院的功能为视角》,载《社会科学研究》2003 年第 6 期。

④ 参见牛振宇:《最高法院规则制定权研究:比较与借鉴》,载左卫民等:《最高法院研究》,法律出版社 2004 年版,第 156 页。

系呈现出的上述特征相比,我国上下级法院的审判业务关系具有自身的特征。主要表现在以下方面:

一、下级法院形式上的独立与实质上的依附性

根据《宪法》和《人民法院组织法》的规定,人民法院依法独立行使审判权。从法律规定看,各级人民法院在法律地位上是彼此独立的,只是在审判业务上有监督与被监督的关系。① 从应然的状态看,一个案件在下级法院的审判中没有产生结论的情况下,也没有经过上诉、抗诉等程序,上级法院对下级法院的案件不能直接下命令,或者给予一个处理意见。否则,就构成对下级法院审判权的干预。但包括案件请示、内审程序、提前介入、挂牌督办、催办跟踪等做法在上下级法院的关系中仍然会产生而且顽固地存在着,其中一个原因是,"上级法院对下级法院在司法裁判上拥有直接的控制权,这种控制权甚至会关系到下级法院的生存状态"。② 笔者认为,这种控制权形成的原因之一,是由于法院体制中权力构成的特征导致上下级法院间的审判监督关系往往容易异化为行政管理关系,上级法院在政策统一、理念导向、人事调整③、司法保障、绩效评估、考核奖惩等方面的决定权、管理权、支配权,使得上下级法院间的审判业务关系中不可避免地揉入了各种行政化手段,如领导、管理、指挥、协调、控制、请示、汇报等。因此,尽管法律给予各级法院独立的审判裁量权,法院行政化这只"看不见的手",仍然会在法院的相互关系中实际发生作用。上级法院在审理案件中会像上级行政机关对待下级行政机关那样对待下级法院,同理下

---

① 《宪法》第127条第2款规定:"最高人民法院监督地方各级人民法院和专门人民法院的审判工作,上级人民法院监督下级人民法院的审判工作。"《人民法院组织法》第16条第2款规定:"下级人民法院的审判工作受上级人民法院监督。"

② 陈瑞华:《为中国"案件请示"把脉》,载《法制资讯》2009年第5期。

③ 上级法院对下级法院的领导班子特别是"一把手"有人事协管权,在任命或调整下级法院班子成员时要听取上级法院的意见。笔者所在的省法院规定,对审判绩效考评结果居末位的法院,要建议地方党委对该下级法院班子进行组织调整。上级法院往往会从自己的法院派人下去担任下级法院的院长。另外,法官立功受奖、法官晋级晋升、处罚等,也要按上级法院的管理权限层层审批。

级法院亦会进入同样的角色去看待与上级法院的关系。“上级法院可能利用人事任免、奖惩和行政事务上的权力控制、指挥、侵占下级法院的审判权。”[①]比如，上级法院利用对发改率等指标的评估考核与奖惩，使得下级法院为了降低发改率而想方设法揣测并与上级法院保持一致意见，事先沟通，动辄请示，实则是下级法院“自愿”让渡了本属于自己的独立审判权。“从法解释学的角度来说，上下级法院之间是监督、指导关系，审判层级的设置更只是为了保障诉权的实现，因此必须避免类似于行政部门的科层化现象。但在当前的上下级对口考评模式下，极易出现较为隐蔽的科层化问题，尤其是审判等单项工作，为了降低发回重审和改判率，部分基层法院会将汇报、请示作为一项常规‘动作’，有时在本院合议庭或审判委员会已有定论的情况下，也会按照上级法院对口业务庭法官的意见予以调整，这在很大程度上消解了二审的意义，对当事人诉权是一种严重的损害。”[②]

二、上级法院的“家长”式角色与功能扩张

我国的法院系统设置属于一元制，纵向上全国法院从中央到地方共分四级，横向上法院设立按照行政区域进行，法院的地方性十分明显。在现实的司法运作中，“意识形态与政策对司法进程的影响越来越大，法院系统自上而下的家族性越来越明显，上级法院不可避免出现了功能的扩张”。[③] 与西方国家不同的是，我国最高人民法院不仅发挥着案件终审的功能，还扮演着下级法院和法官的监护人的角色——全国法官组成一个家庭，最高人民法院则履行着“全国法官之家”的“家长”的角色。[④] 最高人民法院是我国的最高审判机关，在中国金字

---

① 湖南省高级人民法院课题组：《完善上下级法院之间的审判监督关系》，载《法制资讯》2009 年第 5 期。

② 郭飞：《良好的初衷、可能的异化及其回归》，载《当代法官》2012 年第 4 期。

③ 项坤：《当代司法国情条件下的高级法院功能研究》，载《法律适用》2012 年第 9 期。

④ 参见喻中：《论中国最高人民法院实际承担的政治功能》，载许章润主编：《清华法学》（第 7 辑），清华大学出版社 2006 年版，第 35 页。

塔式的法院组织体系中占据顶端，不仅发挥着对下级人民法院的审判监督功能，还具有公共政策创制功能、法律适用的统一功能等。最高人民法院发布司法政策时，一般是通过层级传递的方式逐级落实。高级人民法院、中级人民法院在其管辖区域内，行使着各自辖区内家庭的“家长”管理功能。“最高法院发布司法政策时，一般都发至各地高级法院。高级法院接到最高法院政策文件后，或以文件的形式转发至本辖区内的下级法院，或依据本辖区内具体情况制定相关实施细则。可以说，高级法院充当了最高法院‘政策助手’的角色，在政策上传下达的渠道中发挥着承上启下的作用。如果把我国的法院系统视为一座金字塔的话，高级法院既要向上对处在塔尖的最高法院制定的政策作出回应，将政策予以贯彻落实，又要向下对处在塔基的下级法院进行监督，督促其将政策执行到实处。”①中级人民法院亦在本辖区内发挥着类似高级人民法院的角色。这种“家长”式的管理角色，增强了下级法院对上级法院的认同感与服从意识。同时，上级法院不断扩张的功能，使得上级法院对下级法院管理控制的范围与力度也有不断扩大与增强的趋势。最高人民法院自上而下推进改革的同时，地方法院也自发地在辖区内积极探索，各类创新性措施层出不穷。以河南省高级人民法院为例，该院将 2010 年确定为制度创新年，全省法院一年共制定出台各项创新性制度 1 753 项。再如广东省高级人民法院粤高法〔2010〕114 号文件公布的《关于在全省法院开展邀请人大代表参与“百案调解”活动的工作方案》，尤其强调了“一把手”和党组的组织协调职责，辖区内下级法院不仅要按照要求开展活动，还要把活动的进展情况上报省高级人民法院联络办，由省高级人民法院进行考核通报，这就形成了对下级法院开展此项工作的有力规制。② 其实，近年来，从最高人民法院到各省、各地开展的绩效考评、案件评查、庭审观

① 项坤：《当代司法国情条件下的高级法院功能研究》，载《法律适用》2012 年第 9 期。

② 同上注。

摩等活动都是一种“家长”式的管理方式，其背后体现的是上级法院特别是最高人民法院司法政策的导向、司法理念规制、法律适用统一等的意图，亦与上级法院适应司法国情需要而伸展自身功能的需要相适应。“在我国的特殊国情条件下，法院并不只是纯粹法治意义上的法院，除了发挥传统的法治功能外，法院还拥有中国特色的政治功能。”“近年来，随着司法价值理念向强调和谐、稳定和秩序的转变，高级法院作为高层级的法院，其为经济发展和民生保障提供法治服务和保障的功能愈加凸显。”①

三、上级审具有全面与常规性的特性

《人民法院组织法》和刑事、民事、行政三大诉讼法，还分别规定了上级法院对下级法院各类案件的监督方式和程序，审判监督是通过对案件的二审、再审、复核以及复议等诉讼程序实现的，是个案的、个别的和事后的监督。上诉程序的启动不需要经过上级法院的同意，只要上诉权人不服第一审裁判即可提出，且对上诉理由未作任何限制。上级审对初审程序所作的判断包括事实问题和法律问题给予评价，是一种全面审查与常规性诉讼程序设置。近年来，下级法院对上级法院“发回重审数量多、随意性大”等情形颇多诟病。有调查表明，在司法实践中，有相当数量的法院对发回重审的处理方式缺乏规制，对于“事实不清”或者“适用法律错误”的二审案件是改判抑或发回重审，往往取决于法官自己的积案压力、案件受外界干预的程度和法官对此干预的驾驭能力，以及法官自己希望掌握终审权的主观愿望，等等。② 有鉴于此，修订后的《刑事诉讼法》和《民事诉讼法》对二审发回重审的次数进行了限制，实则是对上级法院的权力进行了制约。

上级法院对下级法院审判监督的另一个重要方式是再审，它是

---

① 项坤：《当代司法国情条件下的高级法院功能研究》，载《法律适用》2012 年第 9 期。

② 参见奚晓明主编：《中华人民共和国民事诉讼法修改条文理解与适用》，人民法院出版社 2012 年版，第 374 页。

“一项以纠正错误裁判为目标的特别救济程序”。[①] 提起再审的理由须认为第一审裁判在认定事实、适用法律上确有错误，是否应当启动再审程序需要经过人民法院审查后才能确定。但是，我国有错必究的司法理念，使得再审程序被频频启动，而且为了解决“申诉难”问题，2007 年《民事诉讼法》将 1991 年《民事诉讼法》第 178 条规定的当事人可以向原审人民法院申请再审的内容删去了，仅规定当事人可以向上级人民法院申请再审，其中一个目的是防止上下级法院之间对于申请再审案件相互推诿，以切实保障当事人申请再审权，解决“申诉难”问题，但也不可避免地带来了上级法院特别是高级人民法院和最高人民法院申请再审案件数量的大幅上升。[②] 2012 年修订的《民事诉讼法》确立了以上提一级为原则，以原审人民法院管辖为补充的申请再审管辖制度，重新划分、调整了上下级法院的审判监督权限。有学者认为，反复启动的再审程序，不仅使生效判决失去了既判力和稳定性，而且已演变为一种常规的救济渠道。2004 年，我国共受理一审民事案件 4 756 563 件，二审民事案件 37 863 件，审判监督民事案件 45 207 件。其中二审民事案件占一审民事案件的比率为 20.86%。这些数字一方面说明我国的终审裁判质量不高，存在着大量的错误，需要通过审判监督程序来纠正；另一方面也说明再审程序不再是一种作为补充和例外而存在的特殊救济程序，而完全演变为一种常规的救济渠道。[③] 2012 年全国法院民商事案件的总体情况是：一审案件大幅上升，二审涨幅趋弱，再审下降明显。其中，新收一审民商事案件 7 316 463 件，同比上升 10.62%；二审案件 588 759 件，同比上升 2.38%；再审案件 34 324 件，同比下降 9.05%。上诉与再审案件依然占据较大的比例。

---

① 张军主编、胡云腾副主编：《刑事诉讼法适用解答》，人民法院出版社 2012 年版，第 345 页。

② 参见奚晓明主编：《中华人民共和国民事诉讼法修改条文理解与适用》，人民法院出版社 2012 年版，第 434—435 页。

③ 参见李喜莲：《我国四级法院体制改革》，载《学海》2008 年第 2 期。

四、初审判决具有暂时性或阶段性的特征

我国实行两审终审制，地方各级人民法院第一审程序对案件审理后作出的判决、裁定，尚不能立即发生法律效力，在法定上诉期内，有上诉权的人提出上诉，或者同级人民检察院提出了抗诉，初审的裁判就不发生法律效力。当然，最高人民法院审理的第一审案件为一审终审，其判决、裁定一经作出，立即发生法律效力。

五、上下级法院审级间职能模糊，职能分层不清晰，未形成基于审级职能分工和权力分层的双向制约

“审级制度在配置上诉程序具体功能时，必须在服务于个案当事人的私人目的和服务于社会公共目的二者之间权衡和妥协。设计的一般原理是，越靠近塔顶的程序在制定政策和服务于公共目的方面的功能越强，越靠近塔基的程序在直接解决纠纷和服务于私人目的方面的功能越强。”①中国现行的四级两审终审制是一种柱型结构的司法等级制。自塔基至塔顶，各级法院的价值目标、职能配置及运作方式几乎没有分别，每一级法院都可以受理一审案件，同时都可以作为终审法院②；每一审判层级的法院都有权全面审理事实问题和法律问题，缺乏司法职能分层，也失去了程序结构意义上的审级价值。另外，上级法院对下级法院的审判监督更多的是一种单向控制，监督者自身的权力不受来自被监督者的反向制约，因而容易导致权力失控和结构失衡。在审级制度中，基于司法行政等级制和下级服从上级的理念，以及由此产生的案件请示汇报和批复制度，上级法院对下级法院实行单向监督，未形成基于审级职能分工和权力分层的双向制约。③

---

① 傅郁林：《审级制度的建构原理——从民事程序视角的比较分析》，载《中国社会科学》2002 年第 4 期。

② 2012 年修订的《民事诉讼法》规定的小额速裁程序，实现的是一审终审制。

③ 参见傅郁林：《审级制度的建构原理——从民事程序视角的比较分析》，载《中国社会科学》2002 年第 4 期。

六、上级法院以多元化的方式促进下级法院在法律适用上的统一

“从宏观角度来看，在当前我国的司法体制框架内，法院的基本功能是多元的，既要审理具体案件达致纠纷解决，又要通过法律适用实现规则之治，同时还要作为政治结构的一部分进行社会治理。”①司法的多元功能，带来的一个问题是，上级法院如何保障下级法院在理解适用法律方面尽可能地达到一致和统一。在方式的选择上，上级法院依然使用的是多元化的审判指导和业务规范方式，如创制公共政策、制定司法解释、作出个案答复、发布审判业务文件、召开审判业务会议、出台会议纪要、组织法官培训、发布指导性案例或参考性案例、进行错案分析通报②，等等，这些不同的方式，在统一规范、指导、监督下级法院法官的政策理念、裁判思维和裁量尺度方面发挥了各自的优势和功能，但带来的问题是，导致了下级法院在适用法律过程中的某种程度的变动与混乱。近几年来，最高人民法院按照全国人大常委会的总体部署和要求，对1949年最高人民法院建院至2011年底前制定的现行有效的司法解释和司法解释性文件进行了三个阶段的全面集中清理，对总计3 351件司法解释、司法解释性文件和其他规范性文件进行了清理，共废止715件，确定需要修改的132件，保留753件。③ 司法解释的落后与不协调，是导致其废止和修改的重要原因。现实中各种指导性审判业务文件大量存在，发布主体多元，既有最高人民法院，也有高级、中级人民法院。最高人民法院曾专门通知清理各地制定的指导性文件，规定高级以下法院不能制定指导性文件，但是“高级法院

---

① 项坤:《当代司法国情条件下的高级法院功能研究》，载《法律适用》2012年第9期。

② 最高人民法院前院长王胜俊在2011年12月22日全国高级法院院长会议的讲话中指出，要加强对下级法院的业务指导，加强对各类敏感案件的审判指导，建立错案分析通报机制，对司法实践中发现的具有普遍性的法律适用问题及时出台意见，增强指导的针对性、科学性和权威性。

③ 参见张媛:《司法解释清理工作将常态化》，载《法制日报》2013年5月3日，第3版。

发布审判业务文件指导下级法院工作的做法比比皆是，甚至由于缺乏监管呈现出一定程度的泛滥”。[①] 再如，虽然最高人民法院2010年11月底通过了《关于案例指导工作的规定》，目的是统一法律适用和裁判尺度，“理想中的模式应当是由最高法院通过指导性案例统一全国范围内的法律适用，然而这一模式在中国当前的司法国情条件下没有现实操作性。案件的审判在法律适用上固然存在着普遍性的规律，但即使是普遍性的规律，在不同地区的不同发展阶段，也有着不同的表现形式；我国法律渊源的地方性特征决定了，即使是相同的案件在不同地区很可能会有不同的审判结果，对于统一裁判尺度的问题不应当也不可能实行‘一刀切’”。[②] 因而，一些高级人民法院发布了自己的参考性案例，但无论是最高人民法院的指导性案例、典型案例[③]，还是高级人民法院的参考性案例，都不能完全发挥好对下级法院的法律适用统一的作用。[④] 况且，多元化的审判指导与业务规范方式彼此之间不能很好衔接、相互间冲突的现象客观存在，使得上级法院在统一法律规则和法律适用方面缺乏一定的稳定性和有序性。

---

① 项坤：《当代司法国情条件下的高级法院功能研究》，载《法律适用》2012年第9期。

② 同上注。

③ 最高人民法院会根据某个时期打击的重点，颁布典型案例。如2013年5月29日公布3起侵犯未成年人权益犯罪的典型案例，特别是对当时社会关注的教师性侵幼女案的审判有很强的导向性。陈卫东教授说，与发布周期较长、批量公布的指导性案例不同，典型案例有针对性、是择机发布、时间性较强，往往集中代表一类案件的特点或具有较大的社会影响。最高人民法院发布典型案例是指导各级法院审判的一种方式，代表了最高人民法院的观点和立场，其评判对各级法院审理类似案件提供了参照标准。不过，不同案件有不同特点，典型案例只对审理起指引作用，这与英、美等国家具有法律效力、能作为审判依据的“判例”不同。参见刘苗：《最高法公布3起典型案例，要求对侵犯未成年人犯罪，该重判的要重判》，载《华商报》2013年5月30日。

④ 最高人民法院从2011年12月20日起至今，共颁布了7批共31个指导性案例，与全国法院审理的上千万件的案件相比，尚未发挥充分的指引作用。各地高级人民法院所颁布的参考性案例仅具有参考作用，且数量类型也较为有限，且没有形成分类详尽、查询便捷的案例查询系统。

第三节 特征之比较

一、程序性与非程序性

无论是以英、美为代表的普通法系国家还是以德、法为代表的大陆法系国家，抑或日本，使这些国家的上下级法院之间产生关联的主要联结点是依据审级间的程序设置功能。其中，上诉审查是审级监督的重要形式，尽管不同的法系和国家对上诉审查的范围、权限规定有所不同，上级法院对下级法院的法律监督主要是通过上诉等制度实现的。“当事人对原审法院裁判不服，提出上诉后，原审法院的上级法院可以在上诉审中对案件作出终审裁判。由于上级法院的终审权，使得下级法院自然会以上级法院的终审裁判作为参照，规范自己的审判行为。”[①]因而，程序性是构成上下级法院审判业务关系的一个基础性特征。一般而言，我国上下级法院间的审判业务关系同样具有程序性，它是根据法律所设置的上诉、再审、死刑核准、减轻处罚核准等与审级结构相关的审判程序和制度实现上级法院对下级法院的监督指导功能。“按照法律规定，上下级法院之间的关系，只限于审判业务的监督与被监督关系。”[②]但是，与域外国家相比，我国的上下级法院间的审判业务关系还具有的一个显著特性是，程序性与非程序性并存，特别是程序性监督的某种异化与非程序性监督的日益扩张。

现实中，我国上下级法院的审判业务关系呈现出很浓的行政化色彩，上下级法院之间有时是按照一定的行政关系对待或处理它们彼此之间的审判业务关系，使得“实践中，上下级法院之间在部分业务领域已经逐步出现了管理、协管、指挥、领导、督查等关系”。[③] 这种多元复

---

① 张卫平：《论我国法院体制的非行政化》，载《法商研究》2000 年第 3 期。

② 孟涛：《改革开放以来法院体制的分权与集权》，载《新视野》2010 年第 4 期。

③ 刘铮：《上级法院对下级法院监督与指导功能之界定》，载《人民法院报》2003 年 1 月 3 日。

杂的关系,在审级监督方面的一个突出表现就是程序性与非程序性并存。而且,当非程序性因素介入到正常的程序中后,亦导致程序性监督的异化。"案件裁判结果的审批制度,案件请示制度,案件质量评查制度,审判和管理的绩效评估制度等,都在一定程度上体现着上下级法院之间的不正常关系。"①原本独立、平等的审级关系,变成了依附、服从关系;原本是依据程序而进行的审查、监督、重新审理关系变成了命令、指挥、强化管理关系。"与法院的日常运转、案件的流程等直接相关的事务,由于它与司法的密不可分的关系而通常交给法院自行管理。而且,这些事务的管理通常在上下级法院之间又形成了另外一种特别的指导关系,有的逐步演化成了领导关系,如案件流程管理制度。"②又如,"案件评查、审判质量与效率考评等形式,这是上级法院在程序性监督之外另设的一套工作机制"。③ 程序性与非程序性的交糅,使中国上下级法院的审判业务关系呈现出一种特殊的状态:既按诉讼程序的规律性运作,又在程序中穿插着权威等级,有赖于上级的指示控制,这些非程序性管理机制固然在一定程度上能起到好的作用,但负面影响同样不容忽视。司法权独立运行的规律因行政化的"指挥""服从",而不再显得那么纯粹。

二、剥离性与混同性

域外国家上下级法院的一个共同显著特征是职能分离,特别是审判事务与行政事务的分离。"英国、德国、法国等国家的司法行政事务和司法审判关系配置上都体现了法官的主体性和审判活动的中心性,实行司法行政事务和司法审判相分离的外部一体化管理体制,以及法院审判功能和管理功能相区分的内部管理结构。"④英国的改革者认

---

① 蒋惠岭:《上下级法院关系改革的思路》,载《法制资讯》2009 年第 5 期。

② 同上注。

③ 湖南省高级人民法院课题组:《完善上下级法院之间的审判监督关系》,载《法制资讯》2009 年第 5 期。

④ 梁三利、郭明:《法院管理模式比较——基于对英国、德国、法国的考察》,载《长江师范学院学报》2010 年第 26 卷第 1 期。

为："必须尽力划清那些出于执法要求而应由法官控制的功能与纯粹的行政功能之间的界限。"[①]美国国会成立了联邦司法委员会，作为法院司法行政事务管理的决策机构，并向国会负责。国会还成立了联邦法院行政事务管理局，统一负责联邦法院包括联邦地区法院、联邦巡回上诉法院、联邦最高法院的司法行政工作。法国、德国由司法部或司法部主导的司法委员会管理。《德国法院组织法》规定，"审判权由法院依据法律，独立行使"；《德国法官法》规定，行政管理不能侵犯司法独立。日本战后成立了最高法院事务总局，"集中处理司法行政事务，使司法审判活动与司法行政活动得以完全分开，并通过事务总局内部的精细分工，使庞杂的司法行政事务得以有条不紊地进行，为各级法院的审判活动的顺利进行提供了有力的保障"。[②] 另外，这些国家不同层级法院的司法功能、法官的知识结构呈现出一定的分层性。如美国，上诉法院特别是最高法院的主要功能是造法，而将一审法院作为用以认定事实的基本设置之一。正如波斯纳所说，初审法官在事实发现上的裁量，上诉法官在规则制定上的裁量。[③] 在日本，"从具体案件的审理来看，下级法院与最高法院有所不同，最高法院显然较保守，更重视秩序问题"。[④]

我国的上下级法院审判业务关系的一个特点是职能混同，特别是审判事务与行政事务等的混同。"上级法院既是二审、再审案件的裁判者，又具有相当的对下级法院行政事务的支配权，上级法院自觉不自觉地把自己当成下级法院的领导，越权干预下级法院除审判工作以外事务的'错位'现象司空见惯，使上级法院可能利用人事任免、奖惩

---

① 最高人民法院司法改革小组：《美英德法四国司法制度概况》，人民法院出版社 2002 年版，第 344 页。

② 汪振林：《法官的"顶头上司"——日本最高法院事务总局》，载左卫民等：《最高法院研究》，法律出版社 2004 年版，第 206 页。

③ 参见〔美〕理查德·波斯纳：《法官如何思考》，苏力译，北京大学出版社 2009 年版，第 69 页。

④ 季卫东：《法律职业的定位——日本改造权力结构的实践》，载《中国社会科学》1994 年第 2 期。

和行政事务上的权力控制、指挥、侵占下级法院的审判权。”[①]在第一章笔者通过对上下级法院审判业务关系的概念的分析，认为它在中国背景下是指上下级法院之间围绕审判业务活动而形成的各种关系，是一个综合了审级监督、业务指导、审判管理、理念指引、督查督办、内部审批、知识生产与影响等众多关系的集合性概念。以此观照中国当下的上下级法院审判业务关系，发现其已远远超出了法律所规定的监督关系，呈现出多元混同、交错贯穿的状态。另外，审判层级的职能混同、知识混同，使得我国上下级法院审判业务关系较之域外国家更为复杂，界域更为模糊。

三、独立性与依附性

英国和美国的司法独立在本质上由三个主旨内容组成：法治原则、法院系统在职能上的专门化、法律职业阶层的自治性。一般而言，英、美国家的人比之大陆法系国家的人更易于将他们的法院视为独立的。“因为他们的法官看起来是一个私人自治的职业协会的成员而不是一个具有等级性的政府官僚机构中的官员。”[②]这与普通法对一个独立的法律职业阶层的发展所作出的贡献具有重要的关联性。法官们从杰出的实务者中选出，并与实务者保持着联系，并不谋求从一个法院升迁到另一个法院。“法官职能专门化的加强是法律复杂化所造成的部分结果，法律的复杂性是如此之强，以至于只有那些终身致力于法律实务的人员才能处理法律事务。”[③]大陆法系国家如果从下级法院法官作出具体案件判决没有受到任何直接的外部干预包括上级法院干预这一范围而言，欧洲国家的法院从本质上就是独立的。[④] 但是与英国和美国不同的是，法国和德国的法系系统更像是一个等级化

---

① 湖南省高级人民法院课题组：《完善上下级法院之间的审判监督关系》，载《法制资讯》2009 年第 5 期。

② 〔美〕马丁 · 夏皮罗：《法院：比较法上和政治学上的分析》，张生、李彤译，中国政法大学出版社 2005 年版，第 94 页。

③ 同上书，第 131 页。

④ 同上书，第 219 页。

的有组织的行政机构,从下级法官的职位晋升途径来说,法国和德国的法院人员组成基本上是一个专业化的、长期从事司法事务的官僚阶层,并不从有经验的法律实务工作者中选出且寻求到更高层级的法院任职。他们的上级既能决定他们是否能够升到较高的职位,也决定着他们能否调任到更好的地点和更好的法院。[①] 现实生活中,虽然下级法官不再负有服从上级意见的法定义务,他们还是继续寻求上级法院的指导。因而,从下级法院的独立程度与自治性来说,英美法系国家显然要比大陆法系国家更为独立和自治。日本下级法院法官的独立性受到最高法院的影响和控制。最高法院对下级法院法官及职员拥有监督权,对下级法院法官有向首相推荐任命的权力,有决定下级法院法官编制的权力等。最高法院还通过事务总局完成对下级法院法官的官僚统制,这种官僚统制必然会影响司法独立中最为重要的法官独立和下级法院违宪审查权的行使。"司法机关虽对外奉行'司法独立',但在其内部有关人事及预算等方面则实行绝对的行政官僚式'中央集权型管理'。"[②]另外,日本对司法主体性及专业性的强调也远不如英美和大陆国家。尽管英国、美国、法国、德国、日本各自上下级法院之间的独立程度有所差异,但与我国的上下级法院间的独立性相比,公允地说应当更高。

由于历史传统和政治体制的原因,我国的上下级法院呈现的是一个将司法依赖性与独立性混同在一起的奇特微妙混合体,并且在这一混合物中依赖性在最终意义上是处于强化和支配地位的。这一特征可从近年来日趋强化的上级法院对下级法院的管理、控制力度加大及下级法院对上级法院的依赖、服从心理加剧得到验证,亦导致上下级法院形成一种审判监督功能弱化与行政管理职能强化、业务指导无力与管理约束过度扩张之间的紧张状态。

---

① 参见〔美〕马丁·夏皮罗:《法院:比较法上和政治学上的分析》,张生、李彤译,中国政法大学出版社2005年版,第212页。

② 王云海:《日本司法改革的深层》,载《环球法律评论》2002年第1期。

四、稳定性与变动性

除了通过上诉等程序设置进行审级监督外，域外国家的上级法院的主要功能之一就是通过判例和规则的制定权提供统一的法律规则，树立裁判权威。大多数高等上诉法院“虽然在形式上它们也许会从事对在两个具体诉讼当事人之间所发生的具体争议作出最终裁决的工作，但是它们的主要功能是提供统一的法律规则”。[①] 英美法系国家上级法院通过造法功能、大陆法系国家上级法院通过指导功能来统一法律规则。在英美法系国家，上诉法院特别是最高法院的审判具有“造法”功能，通过个案形成的判例对以后各级法院的审判产生拘束力。“在以判例法为主要法律渊源的美国，先例拘束制度使得法官‘造法’成为最高法院一种不折不扣的权力和事实，而对司法先例的严格遵循成为一种司法‘惯习’，这便使最高法院判例的形成本身就演化为一个法律规范的形成过程。”[②]在司法不断演进的过程中，美国联邦最高法院被赋予了法制统一的使命。[③] 日本司法制度也在向英美法系靠近，因此日本最高法院的判决也具有一定的判决拘束力。在大陆法系国家，德国和法国最高法院的判决对下级法院审判工作具有指导功能，虽然最高法院的判决没有明确规定具有判例法的效力，但是最高法院的权威性使得由其所作的判决具有统一法制的功能，原则上不可违抗。也即，今后各级法院在作出判决时，不得与已有的最高法院的判决相抵触，否则当事人可以以此为理由，获得最高法院对案件的审理，从而改变下级法院的判决。即使在法国最高法院，虽然它只决定是否撤销原判，但是对最高法院判决的裁定，重审法院必须遵守，即再次审

---

① 〔美〕马丁·夏皮罗：《法院：比较法上和政治学上的分析》，张生、李彤译，中国政法大学出版社 2005 年版，第 77 页。

② 〔法〕皮埃尔·布迪厄、〔美〕华康德：《实践与反思——反思社会学导论》，李猛、李康译，中央编译出版社 1998 年版，第 186—188 页。

③ 参见牛振宇：《最高法院规则制定权研究：比较与借鉴——以美日两国最高法院为解析对象》，载左卫民等：《最高法院研究》，法律出版社 2004 年版，第 149 页。

理后的判决必须与原审判决不同。[①] 因此,英美、大陆法系国家、日本的上级法院通过权威性的判例、规则制定权及具有指导功能的判决来实现对下级法院的审判监督和法制统一。上级法院的审判指导也更具稳定性,统一而有权威的判决结果,使得下级法院之间甚或上下级法院间出现相互冲突、“同案不同判”的裁判结果之情形较为少见。

我国没有实行判例法制度,上级法院的判决对下级法院的审判不会产生拘束力。目前最高人民法院推行的指导性案例制度,虽在一定程度上尝试统一下级法院的裁判尺度,但由于这类指导性案例数量较少、选择面较窄、操作程序不完善等,使得最高人民法院通过个案判决指导下级法院的功能发挥较为有限。上级法院未形成权威、统一、具有拘束力的判决指导体系,使得下级法院的判决变动性较大,下级法院之间乃至上下级法院间“同案不同判”的现象较为突出。而最高法院最常用的业务指导方式如司法解释、个案批复等,往往随着时间和情况的变化而频繁修改、变动、废止,某种程度上也影响了指导的稳定性和权威性。有的学者对最高人民法院的司法解释权的合法性进行了质疑,“最高法院以规定命名的司法文件,大多是对诉讼程序、证据、法庭规则等作出的规定,并不以解释相关法律文件为目的,甚至是没有可供解释的相关立法”。[②] “成文法律是确定人们权利义务的法律规范……对于法律没有禁止的或者法律没有强制的,司法解释加以禁止或者强制,无论在理论上还是实践中,显然都难以接受。”[③]不管学者对司法解释的质疑有多少,司法解释(尤其是对新颁布的法律所作的解释)事实上已成为司法实践中颇受下级法院欢迎的业务指导方式(某种程度上患上了“司法解释依赖症”),但司法解释的一个突出问题是,随着不同时期司法政策、司法理念的不断调整变化,其频繁颁布

---

① 参见张春霞:《最高法院上诉审判权之比较研究》,载左卫民等:《最高法院研究》,法律出版社 2004 年版,第 146—147 页。

② 袁明圣:《司法解释“立法化”现象探微》,载《法商研究》2003 年第 2 期。

③ 将集跃、杨永华:《司法解释的缺陷及其补救——兼谈中国式判例制度的建构》,载《法学》2003 年第 10 期。

又密集废止。有时司法解释还面临需要再次解释的问题,“这种二级解释中发生意见分歧和司法冲突的几率要高出事实具体、理由明晰的司法判例。实践表明,最高法院每年统一制定的300多个司法解释,并没有解决法律适用的冲突问题”。[①] 最高人民法院就个案因下级法院请示而作出的非类型化的批复也具有阶段性和变动性,加之各地高级、中级人民法院制定的大量审判业务规范性文件、意见、办法、规定等,使得上级法院的业务指导方式处于一种不稳定和易变动的状态,影响了裁判的统一和权威性。

五、单一性与多样性

上级法院指导下级法院的方式,是通过个案审判施加影响力还是既包括个案审判之内的影响又包括个案审判之外的影响,在不同法系国家表现的程度和范围有较大的差异。如前所言,英美法系国家的上诉法院主要通过判例制度及其遵循先例的司法习惯统一法制。在大陆法系国家,德国和法国最高法院的判决对下级法院审判工作具有指导功能。虽然过去的所谓通识认为大陆法系没有判例法,但事实上,判例法在德国和法国的影响力在不断扩大。“大陆法系的法官对判例法的依赖程度可通过主要的上诉法院判决理由的出版物得以印证。”[②]日本最高法院的判决也具有一定的判决拘束力。除了个案审判外,这些国家的最高法院还拥有一定的规则制定权。但总体而言,上级法院指导下级法院时主要通过程序、以个案的审判和具有拘束力的判决作为施加影响力的载体,上级法院的指导方式上相对单一和纯粹。

相比之下,我国上级法院尤其是最高人民法院除了通过个案审判进行监督指导外,还使用了堪称多元化的审判指导和业务规范方式,

---

① 傅郁林:《审级制度的建构原理——从民事程序视角的比较分析》,载《中国社会科学》2002年第4期。

② 〔美〕马丁·夏皮罗:《法院:比较法上和政治学上的分析》,张生、李彤译,中国政法大学出版社2005年版,第191页。

如创制公共政策、制定司法解释、作出个案答复、发布审判业务文件、召开审判业务会议、出台会议纪要、组织法官培训、发布指导性案例或参考性案例、进行错案分析通报，等等。

根据最高人民法院《关于规范上下级人民法院审判业务关系的若干意见》的规定，最高人民法院、高级人民法院和中级人民法院对下级法院的指导方式分别规定了包括审理案件、制定司法解释或者规范性文件、发布指导性或参考性案例、召开审判业务会议、组织法官培训等。实践中，上级法院除了上述指导形式外，还有“带案指导”“对口业务庭包案指导”“上下级法院意见交换制度”等。有学者提出我国上级法院是以两类方式实现法制统一的：一是通过个案审理、答复、指导等个案形式，以其具有终极裁判力的裁决来规范、统一下级法院的审判；二是从制定司法政策、发布司法解释、推动法官制度建设等非个案的形式等方面来约束、影响、规范下级法院的审判活动和相关工作。“最高法院主要以制定和颁布文件、召开会议、出版机关刊物、举办培训班、检查评比、表彰奖惩、对下级法院领导干部进行协管和向同级党委提出调整建议等具体手段来实现对下级法院的影响。”①

一方面，这些内容丰富、范围广泛的指导方式为下级法院的审判活动提供了多层面、更为畅通的业务指导途径，有利于上下级法院的业务沟通交流和下级法院业务水平的提高，在统一规范、指导下级法院法官的政策理念、裁判思维、裁量尺度和业务素质等方面发挥了各自的优势和特点，是一种符合中国法院实际情况和需求的指导方式。但另一方面，裁判依据过多，方式过于杂乱，甚至不同时期的司法政策、裁判理念经常变动或侧重不同，也可能导致下级法院在适用法律过程中的困惑和混乱。有学者尖锐地指出，目前，司法实践中的某些混乱现象与最高人民法院的某些指导性文件质量不高、指导方式混乱、指导效力不明确有一定的关系，“更为突出的是，出自最高人民法

---

① 杨咏梅：《最高法院对下级法院：个案审判之外的影响》，载左卫民等：《最高法院研究》，法律出版社 2004 年版，第 372—379 页。

院、并对下级法院审判具有实际影响的各种司法解释、公报案例、领导讲话、工作意见、通知、批复、纪要、答记者问乃至集体或法官个人编著的专业书籍，林林总总，不仅效力层次不明，而且内容不统一、甚至彼此矛盾的情况也屡见不鲜，下级法院常常感到无所适从”。①

六、开放性与封闭性

不同的国家，其上级法院对下级法院进行监督、评价时是开放的还是封闭的，是仅在系统内部的还是面向社会公众的，并不是完全一致的。但是，几乎这些国家都在审判监督中融入了当事人的监督知情权、参与权和程序选择权。“赋予当事人在发回重审问题上的程序选择权和决定权，是各国民事诉讼法普遍奉行的基本立场。上诉法院在审理案件过程中，当发现存在着需要发回重审的法定事由时，通常会听取双方当事人的意见，以便决定是否将案件发回重审。”②英美法系国家在评估体系中侧重外部评价，并且委托第三方展开评估调查。2006 年英国皇家法院事务管理局制定的《司法工作发展战略》始终将公众需求放在首位，所有的计划和决策都将参考亲历司法系统的人员的意见。③ 美国加利福尼亚州开展的司法公信力评估侧重从外部评价，先后于 1992 年和 2005 年进行了二次司法公信力的评估，评估工作由法官、律师和法学专家共同设计评估问卷，然后委托第三方开展评估调查。法院将评估结果用于帮助自己认清形势，以制定本州司法发展战略。根据评估结果，基层法院在全州法院系统中具有更高的公信力。④ 美国犹他州司法绩效评估制度的显著特点在于其拥有独立的评

① 顾培东：《当前我国司法公正问题的认识与思考》（下），载《人民法院报》2013 年 4 月 24 日。

② 胡夏冰、陈春梅：《我国民事发回重审制度：反思与重构》，载《法律适用》2012 年第 8 期。

③ 参见蒋惠岭、林娜编译：《英国司法工作发展战略》，载《人民法院报》2012 年 9 月 28 日。

④ 参见蒋惠岭、黄斌编译：《美国加州法院的司法公信力评估机制》，载《人民法院报》2013 年 5 月 17 日。

估机构，高度依赖第三方机构或个人提供的调查材料，评估结果对法官是否能够继续被选任具有重大影响。[①] 大陆法系国家的评估侧重内部评价，通常是在系统内进行的评估。德国法官的工作表现由其他法官进行定期评审。首席法官一般负责对年轻法官的工作进行评审，资历较深的法官负责对年轻法官主持案件的法律程序的有效性及其书面法庭意见的质量进行评审。“所有法官（即使是地方法院的法官）知道他们会按效率受到评级，评级衡量标准包括案件处理速度和撤销原判率等客观因素，也包括法官同事评审一类的主观因素。为避免行政部门对法官通过提升、调任影响司法独立，联邦和大多数州当今都设立了法官选拔委员会，其职能是负责试用期法官的任命以及参与法官的终身任命和晋升工作。”[②]“日本司法改革方式上的缺欠还表现为缺乏第三者的评价和监督，没有形成准确反映司法制度利用者意见的监督架构，对制度改革实现后的衡常性的重新审视未有充分考虑……因此，难以赢得社会的信赖和支持。”[③]一般而言，“对于上级法院或最高法院自主管理司法行政事务的情况，各国法院通常采取一些措施尽可能淡化上下级法院间的指挥与服从的关系，如建立法官代表机构行使司法行政决策权，吸引其他部门如政府、议会、律师界、公众代表参加，而不是完全由上级法院独享管理权等”。[④]

我国的上下级法院审判业务关系具有内闭性，特别是一些内部程序的设置缺乏当事人的知情与选择。案件请示和发回重审内部函之所以饱受诟病，很大原因在于它们是内部操作，当事人无法知情，也无法选择。在审判管理方面也是片面重视法院内部案件管理，忽视当事人因素，忽视社会公众的外部评价。“现行案件效率管理从法院内部管理的角度出发，只强调了法院工作人员的职责，而忽视了诉讼程序

---

① 参见夏南编译：《美国犹他州司法绩效评估制度》，载《人民法院报》2013 年 5 月 10 日。

② 梁三利：《德国行政型法院管理模式解析及其启示》，载《江苏科技大学学报》（社会科学版）2009 年第 9 卷第 1 期。

③ 范纯：《当代日本司法制度改革评析》，载《日本学刊》2007 年第 3 期。

④ 蒋惠岭：《上下级法院关系改革的思路》，载《法制资讯》2009 年第 5 期。

中的另一个重要参与者——当事人的因素。”①“司法考评机制通常都侧重于对司法工作结果的考评,如人均结案数、均衡结案率、上诉率等。在这种考评机制下,即使比率很高,法院工作也未必能得到社会的好评。”②由于官僚式权力监督越位与当事人程序监督缺位,使得我国上下级法院的审判业务关系具有一定的封闭性,对当事人意愿的尊重不够充分。同时,侧重内部评价的考评机制,因缺乏司法工作公众认可度的标尺,法院难免会陷入自说自话的状态。

第四节 成因分析

对比域外司法制度中主要国家上下级法院审判业务关系与我国上下级法院审判业务关系所呈现出来的特征方面之差异,绝非简单描绘各国诉讼程序和司法习惯的不同,目的是试图揭开其背后蕴藏的更深层次的制度面纱,以期通过原因的探析,管窥不同制度框架下上下级法院审判业务关系的权力属性与价值实质,并为立足国情背景下我国上下级法院审判业务关系的理性思考,为制度完善提供更为合理的改革设想。“虽然司法制度与经济组织方式之间的关联在某些事例中体现得非常明显,但是,在更多情况下,司法制度与意识形态和政治之间的关联显得更为直接,看起来也更为合理。”③探寻作为司法制度重要组成部分的上下级法院审判业务关系,需要从更深层面研究司法权力在国家权力结构中的地位、司法与政治的关联、上下级法院权力支配的方式,以及上下级法院的职能分层和权力行使目的等原因。

---

① 杨立杰:《我国案件审理流程管理制度评析》,载《管理世界》2008 年第 2 期。转引自明晓婧:《危机与重塑:论法院审判效率管理的现状与完善》,载《当代法官》2012 年第 3 期。

② 蒋惠岭、黄斌编译:《美国加州法院的司法公信力评估机制》,载《人民法院报》2013 年 5 月 17 日。

③ 〔美〕米尔伊安·R. 达玛斯卡:《司法和国家权力的多种面孔》,郑戈译,中国政法大学出版社 2004 年版,第 11 页。

一、权力架构模式

司法与国家权力结构之间的关系在很大程度上影响了不同国家司法权的运行模式,并决定了它们各自上下级法院审判业务关系呈现出的不同特征和形态。自从孟德斯鸠创立了完整的三权分立学说,司法权便以一种独立的国家权力形态出现,在国家权力的架构中占据独立且与其他两权相互制衡的位置。美国是典型的三权分立的权力架构模式,立法权、行政权、司法权独立行使,相互制约。英国长期奉行议会至上原则,司法大臣集立法、行政、司法权力于一身,曾饱受质疑。英国《2005 年宪政改革法》的成果之一就是将最高司法权从上议院中分离出来。2009 年 10 月 1 日最高法院正式成立,11 名卸任上议院的议员同时成为英国最高司法权的执掌者(法官),最高法院的设立表明英国迈出了三权分立的一大步,它必将对奉行议会至上原则的英国及其效仿者的政治制度产生深远影响。① 欧洲及日本的政治结构也基本上以三权分立为特征。由于各国特殊的历史背景不尽相同,司法权在国家权力结构中所具有的独立地位和司法权行使过程中的独立程度也不尽一致。维尔认为,纯粹分权说应具备三个要素,即政府划分为立法、行政、司法三个部门;三个部门中的每一个部门都有相应的、可确定的职能即立法职能、行政职能和司法职能;组成这三个政府机构的人员保持分离和不同。② 但这种纯粹的分离和不同并不是绝对的。"权力内在地存在着一种异化的机制,它的不平等性和可交换性,及能够增值的特点,使它有被扩张而滥加使用的可能。"③行政权在三权中最强大,也最容易扩张而被滥用。汉密尔顿在论证美国宪法的分权原则时强调,司法部门较为弱小,不利于制约立法和行政部门,他认为,司法权是三权中最弱的一个,它"既无军权,又无财权,不能采取任何

---

① 参见梁三利、郭明:《法院管理模式比较——基于对英国、德国、法国的考察》,载《长江师范学院学报》2010 年第 26 卷第 1 期。

② 参见〔英〕M. J. C 维尔:《法与宪法》,苏力译,三联书店 1997 年版,第 12 页。

③ 林喆:《权力腐败与权力制约》,法律出版社 1997 年版,第 70 页。

主动的行动”,“既无强制,又无意志,而只有判断;而且为实施其判断亦需借助于行政部门的力量”。① 因而,“审判至少是统治权的一部分或者至少是政治权利的伴随物”。② 在与政治之间的关联方面,“在现实中几乎没有一个社会中的法院能够清楚地在他们和政治体制的其他方面之间划出绝对的边界”。③ 因为,一方面,虽然行政权与司法权是两种性质不同的权力属性④,但行政与审判的一致性也需要被特别地提出来。“确实,那些并不坚定地相信审判活动独立性的观察者也许会将审判作为是行政管理活动的一个特殊方面。法官和行政官员都在个案的基础上将一般规则适用于具体情况。两者都倾向于在很大程度上依赖于先例、既定的裁决程序、书面案卷和裁决中的合法的辩护意见。”⑤另一方面,在大多数法院中存在争议解决、社会控制和立法职能的混合,经常会在审判中将行政或一般政治权力的行使结合在一起,从而法院和法官从事的部分工作在本质上是具有政治性的。⑥因此,不论是哪种类型的国家的上下级法院,司法与行政或政治间的关联性或多或少都存在,没有哪个国家的司法权会绝对独立于行政,即使在司法独立程度较高的美国亦是如此。波斯纳就强调美国联邦最高法院是政治性法院,“政治对最高法院的宪法性审判有强大影响,有关证据随处可见”。⑦ 但是,整体而言,英美国家的司法权在国家权力架构中与其他权力分离程度更高,在处理上下级法院间的关系上也

---

① 〔美〕汉密尔顿等:《联邦党人文集》,程逢如等译,商务印书馆1980年版,第391页。

② 〔美〕马丁·夏皮罗:《法院:比较法上和政治学上的分析》,张生、李彤译,中国政法大学出版社2005年版,第38—39页。

③ 同上书,第2页。

④ 司法权与行政权、立法权之间的差异已经得到了法学界更多的认识和高度的重视。体现这种差异的一个重要方面便是司法权的行使方式与其他两权之间存在着重大差异,例如,司法权的行使需要以中立的方式行使。参见贺卫方:《中国的法院改革与司法独立——一个参与者的观察与反思》,载《浙江社会科学》2003年第2期。

⑤ 〔美〕马丁·夏皮罗:《法院:比较法上和政治学上的分析》,张生、李彤译,中国政法大学出版社2005年版,第30页。

⑥ 同上书,第87页。

⑦ 〔美〕理查德·波斯纳:《法官如何思考》,苏力译,北京大学出版社2009年版,第253页。

是相互平等和独立的。法院系统对外的独立及彼此间的独立，使得这些国家的法院系统并不是一个等级化的行政机构。“在个案审判中通常不受政府控制的这一意义上，英国法院确实拥有相当程度的司法独立。”[①]英国人比之大陆法系国家的人们更易于将他们的法院视为是独立的，因为他们的法官看起来是一个私人自治的职业协会的成员，而不是一个具有等级性的政府官僚机构中的官员。[②]

相比之下，在所有西欧国家，法院系统更像一个等级化的有组织的行政机构，或多或少与私人实务工作者相脱离，而且与剩下的高级政府部门相对协调一致并且保持着密切的联系。[③] 在整个欧洲，人们和法官自身都把法官看成是政府官员，他们组成了国家高级行政机构中的一个部门，这一部门的组织形式、激励机制以及运作方式，都与其他部门十分相似。[④] 但是，这种等级化的有组织的行政机构，并不意味着上下级法院之间是行政式上下级的管理关系。《德国法院组织法》明文规定：“审判权由法院依据法律，独立行使。”《德国法官法》规定，行政管理不能侵犯司法独立。承担司法行政管理职能的德国司法行政部门主要是保障和服务审判权，很少出现利用职权干涉审判独立的事件。联邦法院与州法院、联邦司法部与州司法部之间没有直接的上下级管理关系，但通过联邦法院和州法院审级监督的渠道以及法官选举委员会向联邦法院推荐联邦法官的途径，使得联邦法院、州法院与联邦司法部、州司法部紧密联系起来，以保证联邦法律解释和发展的统一性，确保德国国家法制的统一。[⑤] 有学者认为，产生德国法院体系特征主要归因于德国的专业化原则和权力分立原则。[⑥] 法国普通法院

---

① 〔美〕马丁·夏皮罗：《法院：比较法上和政治学上的分析》，张生、李彤译，中国政法大学出版社2005年版，第175页。

② 同上书，第94页。

③ 同上书，第220页。

④ 同上书，第214页。

⑤ 参见梁三利：《德国行政型法院管理模式解析及其启示》，载《江苏科技大学学报》（社会科学版）2009年第1期。

⑥ 参见刘诚：《德国法院体系探析》，载《西南政法大学学报》2004年第6期。

系统的最高法院对地区各级法院没有领导关系,但上诉法院对基层法院有行政上的领导关系。这种领导关系,主要是"上诉法院及其司法区内各基层法院的司法行政事务由司法部长授权上诉法院院长和总检察长共同管理。上诉法院院长受司法部长授权主要从事司法行政工作,较少亲自审案"。① 尽管模式上不尽相同,德国、法国法院获取制度外部资源制度都遵循审判事务和司法行政事务相分离的原则,审判事务由各级法院审判组织独立完成,法院行政事务由司法行政部门(司法部)承担,最终目标是保障司法审判权力独立、公正行使。日本下级法院法官的独立性受到最高法院的影响和控制。"司法机关虽对外奉行'司法独立',但在其内部有关人事及预算等方面则实行绝对的行政官僚式'中央集权型管理'。"②

在中国,"传统的政府模式基本上是反分权的。从来没有独立于行政机构的专门化的司法机构"。③ 20 世纪,尽管我们设置了独立于行政机关的法院,也在宪法上明确地规定了法院审判的独立性,但与西方国家不同。对我国政治体制特征的描述,有学者认为,我国的政治体制始终具有一种权威化管理模式的特征。权威型国家管理模式的根本特点就在于政治权力的一元化以及对社会权力行使的垄断性控制。导致司法管理体制的集权化,下级法院的权力向上级法院集中,地方法院的权力向最高人民法院集中,从而形成一种上命下从的金字塔形权力结构体系,使得现实中上下级法院的审判监督关系被异化为一种行政式的上下级关系,上级法院的法官可以在下级法院法官审判案件时,作出批示、指示,甚至提前介入下级法院的审判活动,而下级法院法官基于现实的上下级关系,只能接受、服从。④ 贺卫方教授

---

① 梁三利、郭明:《法院管理模式比较——基于对英国、德国、法国的考察》,载《长江师范学院学报》2010 年第 26 卷第 1 期。

② 王云海:《日本司法改革的深层》,载《环球法律评论》2002 年第 1 期。

③ 贺卫方:《中国的法院改革与司法独立——一个参与者的观察与反思》,载《浙江社会科学》2003 年第 2 期。

④ 参见万毅:《历史、现状与走向:案件请示制度研究——以最高法院为中心的考察》,载左卫民等:《最高法院研究》,法律出版社 2004 年版,第 366 页。

认为,中国的审判机关脱胎于全能型衙门式政府,“全能型政府的传统对于我们建立独立司法制度的妨碍不仅体现在法院不能取得独立的地位,行使不受干预的职权,而且也表现在司法权行使过程中的行政化”。[①] 事实上,无论是权威型的国家管理模式还是全能型政府,都难掩法院体制行政化的事实倾向。张卫平指出,“法院体制行政化”是指法院在整个构成和运作方面与行政机关在体制构成和运作方面有着基本相同的属性,是按照行政体制的结构和运作模式建构和运行的。由于法院的行政化,使得法院的上下级关系也被行政化了。尽管法律给予各级法院独立的审判裁量权,法院行政化这只“看不见的手”仍然会在法院的相互关系中实际发生作用。下级法院在审理案件中仍然会像下级行政机关对待上级行政机关那样去对待上级法院,上级法院还常常通过一些非正式的方式干预下级法院的司法活动。[②] “从我国法院的现实状况来看,上级法院却是下级法院的领导机构。评比、考核、听取汇报、部署工作,所有上级行政机关所具有的权力上级法院几乎都具备。”[③]最高人民法院前院长肖扬曾把现行法院制度存在的问题归纳为三个方面:司法权力地方化、审判活动行政化、法官职业大众化。“长期以来,法院在一些重要环节上没有按照司法工作方式从事审判活动,反而借用了行政工作方式处理案件、管理审判工作,从而抹杀了审判活动的特点,使审判职能的作用受到了影响。”[④]显然,司法权固有的自主功能,亦即社会分工属性被抹杀了,“地方各级人民法院往往被视为同级党委、政府领导下的一个专门负责司法活动的职能部门,它与同级党委、政府的其他下属部门之间没有质的不同,只是具体

---

① 贺卫方:《中国司法管理制度的两个问题》,载《中国社会科学》1997 年第 6 期。

② 参见张卫平:《论我国法院体制的非行政化》,载《法商研究》2000 年第 3 期。

③ 欧阳建涛:《对法院上、下级之间工作协调制约的思考》,载《法制与社会》2010 年第 29 期。

④ 肖扬:《法院、法官与司法改革》,载万鄂湘主编:《中国司法评论》,人民法院出版社 2003 年版,第 10 页。

分工不同”。[①] 观察我国法院的内部管理,同样可以发现相关的制度以及这种制度运作所造成的后果,使得法院与行政机构之间不存在实质性的区别。而司法权社会分工属性的淡化,又造成了上下级法院在行使司法权及处理相互间关系中被烙上了鲜明的行政化特征,“请示”“提前介入”“考核”“检查”“评比”“奖惩”“通报”等行政领导、管理、控制方式如影随形、相互交织、全面渗透在上下级法院的各种审判及非审判关系活动中,从而给我们展示了一幅庞杂多元、错综复杂、“剪不断理还乱”的具有中国特色的上下级法院关系图景。

二、权力支配方式

根据达玛斯卡对权力组织类型的分类,司法组织大致划分为两种类型:科层式理想型和协作式理想型。划分的标准:一是按公职人员的性质,即职业化、常任官员还是未经培训、临时的官员;二是按照官员们所处的权力状态,即是处在一个严格的上下级关系网络中还是所有的权力主体均匀地分布在一个平面上,在一个单一的权力等级里;三是依照“专门的”“技术化”标准还是根据未经辨析或一般性的社会规范作决策。科层式理想型权力组织的主要特征是:官员的职业化、严格的等级秩序和决策的技术性。相应的,协作式理想型权力组织的主要特征是:外行官员、权力的平行分配和以实质正义为决策标准。[②]尽管达玛斯卡对权力组织类型的二元对立式的分类法具有绝对和纯粹性,正如他自己所言:“每一个概念当中包含的这种百宝箱式的特征组合越多,越是表明这种二元对立式的分类法是不确定的或含混的。”[③]但他对两种不同类型的权力组织特征的抽象概括,却可以用来分析英美和大陆法系国家、日本甚至中国不同类型的上下级法院审判

---

① 万毅:《历史、现状与走向:案件请示制度研究——以最高法院为中心的考察》,载左卫民等:《最高法院研究》,法律出版社 2004 年版,第 365—366 页。

② 参见〔美〕米尔伊安·R. 达玛斯卡:《司法和国家权力的多种面孔》,郑戈译,中国政法大学出版社 2004 年版,第 24—25 页。

③ 同上书,第 5 页。

业务关系，并且在某种程度上还能形成照应和偶合。根据他的描绘，在科层制的权力机制中，权力被置于不同的等级层次之中，有严格的等级秩序，官员们被组织到不同的梯队中：权力来自于最上方，沿着权力的等级序列缓缓向下流动。不同组织的官员之间的不平等是非常明显的。每一上层的官员都比下层的官员享有更大的权势，决定着下级官员的升迁或降级，但也因承担更大的责任而普遍存在对下级不信任和不放心的心态。严格的等级逻辑要求下级官员的决策必须接受上级的常规和全面的审查，下级为了推脱责任则要不断地向上级请示、汇报。把权力的要素黏合在一起的是一种强烈的秩序感和一种对一致性的欲求：理想的状态是，所有人都踩着同样的鼓点齐步向前。在这种权力体系之下，循规蹈矩的下级官员更愿意适用清楚明了、强求一致的规范，避免因规范的歧义给自己带来麻烦，工作时间长的下级官员甚至开始相信知识也存在等级，在一方面认为上级不能理解具体工作的同时，也在潜意识里认为级别越高的官员越富有远见卓识。[①] 总之，科层制权力结构表现为金字塔形状，形成自下而上的服从链条和自上而下的层层控制。用这种权力组织类型和权力支配方式分析大陆法系国家和日本的上下级法院审判业务关系，仍然可以解释它们呈现出来的某些特征。比如法国、德国，随着司法独立含义的具体和深化，上下级法院之间的关系开始逐步消除科层的特征，下级法院不再负有服从上级意见的法定义务，最高法院可以推翻判决，但不能处分或开除法官，或者把法官调到其他地方。但仍未完全消除科层司法权力的影响，比如下级法院仍在继续寻求上级法院的指导，主要的内在推动力是录用、培训和晋升政策，特别是晋升，至少在一定程度上依赖于那些常规性地审查下级法院判决的人士的赞同，在这种情况下，下级法院当然不敢贸然主张独立。有学者已经看到这种弊端，主张法

---

①　参见〔美〕米尔伊安·R.达玛斯卡：《司法和国家权力的多种面孔》，郑戈译，中国政法大学出版社2004年版，第29、55、56页。

官的提升应该由司法机构以外更中立的组织进行。① 这种权力支配方式,也决定了初审法院的地位存在不同,继而初审判决效力的地位和稳定性亦有不同。一个由公务员组成的多层级司法机构可以通过许多方式来影响两造对峙型的司法程序,而且诉讼程序被分割成不连续的若干步骤,并且在不同层级的权威面前展开,在一个回合中的失败者可能会在下一个回合中取胜,而且“每一记出拳都可能缩回”,在这种情况下,初审判决就会看成是短暂的,只有当最高权威发话之后,对稳定性的需求才可能获得满足。② 因此,在法国、德国、日本具有科层制权力的司法组织机构中,上级对下级作出的裁决进行的审查属于常态现象,审查也是全面深入的,且初审判决只具有阶段性和暂时性的特性。

而在协作制权力机制中,司法权力组织的结构被安排为一个单一的、未被分化的层面,权力被平行分配,没有任何只在地位上明显优先于其他人,因为只存在一个单一的权力层次,虽然有最终的决定者,但没有最终的权威。官员之间虽然有时也存在层次之分,但垂直性的等级秩序不太严格且只是偶尔得到运用,尊卑之位并未得到严格的界定,上下级官员基本上享有同样的尊荣和权力。由于在机制之内不存在有上有下的梯子,明确的衔级制度的缺失,消除了官员由于对升迁或降级的预期而导致的卑躬屈膝的压力,因而,初始决策者的自由裁量权得以充分发挥,整个系统都渗透着初始决策者所特有的那些行为取向。③ 总之,协作制权力结构表现为一个平面,所有的权力主体均匀地分布在一个平面上,彼此之间基本不存在依附和控制关系。因而在英国、美国,经由选举产生的初审法官,更多考虑的是选民意见而非上级法院的意见。上级法院意见虽具有技术上的约束力,但下级法院的

---

① 参见宋冰:《程序、正义与现代化》,中国政法大学出版社 1998 年版,第 272、367、455 页。

② 参见〔美〕米尔伊安·R. 达玛斯卡:《司法和国家权力的多种面孔》,郑戈译,中国政法大学出版社 2004 年版,第 217、306 页。

③ 同上书,第 38、40、86 页。

法官仍保留了较大空间的自由裁量权或几乎不受审查的权力。至于初审法官与上诉法院的法官之差别，不能从个人素质上加以区别，唯一的差别是上诉法院有终审权，这并不是说法官本人更优秀，仅仅是他们有一锤定音的权力，如此而已。[①] 在英国和美国这种协作制司法体制下，一种基本上均匀分布的单层权力，推动着以被推定为最终裁判者的初审法官为中心的审判程序。由于初审法院与上诉审法院处于同一个权力平面之上，双方之间均是自主地根据法律和具体案情在自己权限范围之内作出裁决，并不存在必然的审查、被审查关系，因而上诉审法院对初审法院并不具有约束力或不具有明显的约束力，上诉并非常态，只是程序的异化和偶然现象，上诉审查远不像欧陆国家的上诉审查那样广泛深入。在单一层次决策成为理想型的地方，初审判决一旦作出，稳定性就会发生效力，被推定为最终判决。[②]

按一些学者的观点，我国不同层级法院之间是典型的科层式结构，而且有愈来愈强化的迹象。不同审级法院之间存在明显的行政层级关系。在这种体制下，下级法官为了自己的生计、升迁，不得不放下“法官”甚至是“人”的尊严，与上级法院进行所谓的交流、沟通，希望上级法院能够提供指导意见，上级法院基于各种考虑也乐于为下级法院提供指导，这样上下沟通、未决先请，使得初审法院的判决实际上成为上下级或上下几级法院“合谋”的结果。[③] 尽管学者的言词颇为激烈，实际的原因可能并非为了“生计”“升迁”，列举的也仅是现实中上下级法院中的非常态现象，但上下级法院之间存在行政层级化的管理方式却是不争的事实。而且现实中的上级法院对下级法院院长的决定权至少是任免建议权，更是加剧了这种倾向。“法官具有依附性的关键问题就在于控制法官本人的任命和升迁，控制一个院长就等于控

---

① 参见宋冰：《程序、正义与现代化》，中国政法大学出版社 1998 年版，第 272、367、455 页。

② 参见〔美〕米尔伊安·R. 达玛斯卡：《司法和国家权力的多种面孔》，郑戈译，中国政法大学出版社 2004 年版，第 86、88、217 页。

③ 参见陈卫东、李训虎：《公正、效率与审级制度》，载《政法论坛》2003 年第 5 期。

制了一个法院，上级法院对下级法院法官的层层任命，必然导致各种科层体制现象的出现。”①除了在程序上，上级法院对下级法院作出的裁决进行全面深入的审查、初审判决只具有阶段性和暂时性的特性外，在其他方面的关系上也实行自上而下的层层控制。比如，对审判事务的管理就是层层进行的，从审判绩效评估指标体系的设置到考核、评比、通报、奖惩等都是由上而下逐级进行。开展的一些与审判业务工作有关的活动，如案件评查、裁判文书评查、庭审观摩、司法巡查等，也是由上级法院在辖区内下级法院中组织的。这些“活动”的组织方式、管理模式、过程控制、结果运用、目标实现等采用行政化的上下级领导关系，与行政机关的管理手段具有一定的同质性。法院在结构上呈现出的审判权与行政权高度重合的一元性；法院审判决策与管理决策主体混同的同质性；法官行政职级和法官等级对应的法官等级化。审判系统获得资源依赖法院行政系统，在法院内部容易出现审判权对法院行政权的单向依赖性。②

三、权力职能分层

从宏观而言，权力职能分层表现了以下几个方面的维度：

首先，司法权在国家政治权力架构中要能够分开，司法权要有其固有的分工属性。

其次，审判权与管理权（审判管理权或司法行政事务管理权）要剥离。司法行政事务与司法审判相分离的一体化外部管理体制是法院整体独立的必要条件。

最后，不同层级的司法机关之间要有审判职能上的分层和权限边界，各级法官要保持一定的差异，尽管这种差异不能过于悬殊。

对前两个层面的职能分层，已在前文有所论及。在此，侧重对不

---

① 许尚豪：《上诉审纠错功能的法律思考——以法院层级关系为分析视角》，载《河北法学》2008 年第 26 卷第 4 期。

② 参见梁三利、郭明：《法院管理模式比较——基于对英国、德国、法国的考察》，载《长江师范学院学报》2010 年第 26 卷第 1 期。

同法系国家上下级法院间的审判职能分层进行对比分析。

一般而言，英美法系国家不同层级的法院间职能分层和权限边界最为明晰。美国传统上没有专门的上诉法院，直到1789年建立联邦和州两套司法系统时，绝大多数州才开始实行两级结构，联邦司法系统虽为三级结构，实际也是两审终审制。上诉程序与初审程序之间自此有了泾渭分明的职能划分：初审法院决定事实问题并保障正确适用法律，上诉法院（即州最高法院）决定法律问题并承担在各州统一创制判例的职能。20世纪70年代，随着诉讼和上诉案件的急剧增长，各州先后在初审法院与最高法院之间插入一级新的司法阶层，亦即中级上诉法院，分担终审法院处理法律事项的职能，形成两套司法系统均为三级结构的司法金字塔模式。在两级上诉法院之间，中级法院侧重于纠正初审判决的法律错误，保障对既存法律适用与解释的正确性和个案当事人获得公正判决的权利；最高法院更关注法律的统一解释、渐进发展及在制度性审查方面发挥特殊功能，保障整个司法体系作出统一、权威、先例性的司法判决。虽然中级法院也不可避免要创制法律或先例，但它必须遵循由终审法院所解释或创制的法律，而不能直接推翻最高法院的先例。[①] 在联邦双层上诉法院体系中，上诉法院受理权利性上诉，意在纠正初审判决的错误；最高法院行使裁量性复查，旨在维护合众国司法的统一。由于上诉法院在渊源上是最高法院上诉功能的延伸，因此，上诉法院也贯彻"法律审"，即只关注本辖区具有普遍意义的规则适用问题，而对初审法院发现的因案而异的事实问题则很少加以干预。上诉法院的功能逐渐向维护区域司法统一演进。[②] "最高法院长期强调自己的工作不是纠正下层级法院的差错……它已经远远背离了常规的上诉审模式，我们应准备接受最高法院的基本的立法性质……它作出的决定会太少，乃至无法为下层级法院提供重要

---

① 参见傅郁林：《审级制度的建构原理——从民事程序视角的比较分析》，载《中国社会科学》2002年第4期。

② 参见陈杭平：《历史、程序、组织——美国联邦上诉法院制度之分析》，载《环球法律评论》2009年第5期。

指南。因此最高法院努力利用其同意听审的少数案件的机缘,确定一些规则或标准,以此来控制大量的未来案件。”①

大陆法系国家不同审级法院之间既有职能分层,又有某些职能上的交叉。

德国实行四级三审制,三级法院之间从职能配置、职能行使方式来看,呈现出明显的阶梯形态。一审程序侧重于解决个案纠纷,负责调查事实并实行全面审理;实行续审制的二审程序是第一次审判的继续,以全面审查的方式保障事实认定正确,并在此基础上正确适用法律;实行法律审的三审法院承担统一法律解释和发展的职能。因此,德国二审程序在监督和纠正一审错误的同时,继续完成一审程序未竟的职能,在事实问题上比美国上诉程序拥有更多权限和职责,其职能和运作方式也更接近于一审程序。不过德国的二审绝不是一审的重复。德国经过多次司法改革,二审程序正在进一步将职能重点由事实问题转向法律问题,以此强化一审程序的功能和相应减轻两级上诉法院的压力,确保最高法院得以行使立法明确赋予的创制先例的职能。

被称为撤销法院的法国最高法院最初不享有司法裁判权,在撤销错误判决之后,只能将案件交下级法院重新审理或等待立法机构修改法律,而不能直接改判。这种运作方式在日益膨胀的司法实践中无法应付积案、拖延、重复上诉和司法冲突,在20世纪中叶,立法授权最高法院在特定情形下直接根据下级法院认定的事实作出更审判决,即直接以自己的判决取代下级判决。这种传统职能和运作方式的转变,赋予撤销法院以真正的最高司法机构的特征。但这种渐进的结构演变并没有像美国那样形成两级上诉法院之间的职能分层。作为正常救济的上诉途径不够畅通,上诉法院不能充分发挥监督一审审判的作用。为改变这一状况,法国司法改革方案与其他西方国家逆向而行,允许在中级上诉程序中提交新证据或提出新理由的可能性,以增强上

---

① 〔美〕理查德·波斯纳:《法官如何思考》,苏力译,北京大学出版社2009年版,246页。

诉法院的监督和纠错职能，减少向最高法院的继续上诉和非常上诉；同时强化初审程序诉讼请求的职业化和律师对庭审过程的参与，以减少法律错误，缓解两级法院上诉案件的压力。①

基本上，这些国家的最高法院都排除了对事实问题的考虑，只限于审查法律事项，但控制事实问题进入最高法院的程度，取决于各国划分事实问题和法律问题的方法和标准。美国在司法实践中发展出许多识别所谓法律、事实问题或混合问题的成熟规则，德国立法以列举和排除的方法将最高法院的权限范围限定于法律问题。与美国相比，德国关于事实问题和法律问题的划分是一种粗线条的限定，只要不是明显属于法律问题以外的争议，最高法院都可以过问。在法国，最高法院的管辖权范围以法律错误或违反法律为标准，但立法对于事实问题与法律问题、事实错误与法律错误之间的界线并不作明确划分，法学家们往往对这些模糊概念作扩大解释，使这种限制变得几乎没有意义。②

我国在权威型国家管理模式影响下，不仅司法权固有的分工属性不明，审判权与审判管理权、司法行政事务管理权混同，而且不同层级法院的职能分层技术阙如、权限边界混浊。不仅高级人民法院，就是最高人民法院的受案范围也不存在事实问题与法律问题的区分，最高人民法院往往为大量的常规上诉案件所困扰，没有足够的精力专司具有重大法律意义的案件的裁判。"最高法院既有旨在进行个案纠纷解决的行为，又有制定新规则的行为，两者并没有严格加以区别；最高法院与下级法院也没有严格的功能上的界分。"③有学者对我国四级法院这种几乎一致的相同职能状况给予了深刻评价，中国现行的四级法院"自塔基至塔顶，各级法院的价值目标、职能配置及运作方式几乎没

① 参见傅郁林：《审级制度的建构原理——从民事程序视角的比较分析》，载《中国社会科学》2002 年第 4 期。

② 同上注。

③ 侯猛：《中国最高人民法院研究——以司法的影响力切入》，法律出版社 2007 年版，第 76 页。

有区别……这种司法等级制没有职能分层,已经失却程序结构意义上的审级的价值,多一级法院只是增加了一层行政级别而已”。①

四、权力行使目的

无论是英美法系还是大陆法系国家,在上下级法院体系的设置及特征上虽各有不同,但在审判的基本结构、初审、上诉等程序方面却有相近似之处。“类似的形式安排之中渗透着完全不同的意义或目的。”②达玛斯卡根据国家与政府目的功能上的分类对法律程序的目的进行分类,即将国家分为回应型政府与能动型政府,进而推演出纠纷解决型与政策实施型两种程序模型。他指出,当一个国家开始接近于实现其最充分的能动主义潜质的时候,司法与行政便开始融合。如果说一个彻底“无为而治”型国家中,所有的活动,包括行政活动,都带有一定的审判色彩的话,一个完全的能动型国家的所有活动,包括审判活动,便都带有一定的行政色彩。③ 虽然达玛斯卡的分类在现实生活中只是一个理想化的形态,所谓的彻底“无为而治”型国家或完全的“能动型”的国家并不存在,但仍然展示了某些程序安排方式与某些国家权力类型、政府目的功能之间的亲和性,有助于我们把握政治与司法的密切关联。左卫民教授在《认真对待达玛斯卡》一文中精辟地指出:“正是透过由权力组织结构和司法目的组成的双焦镜,我们才第一次全方位探测到影响法律程序模式型构与变迁的深层因素,第一次系统感触到程序类型与国家目的、国家权力组织之间的复杂互动关系,从而使我们对诸多国家尤其欧美诉讼制度的复杂性、混合型、趋同性

---

① 傅郁林:《审级制度的建构原理——从民事程序视角的比较分析》,载《中国社会科学》2002 年第 4 期。

② 〔美〕马丁·夏皮罗:《法院:比较法上和政治学上的分析》,张生、李彤译,中国政法大学出版社 2005 年版,第 11 页。

③ 参见〔美〕米尔伊安·R. 达玛斯卡:《司法和国家权力的多种面孔》,郑戈译,中国政法大学出版社 2004 年版,第 132 页。

乃至悖论性看得更为清晰。”[①]因而，司法组织结构的选择不是孤立的问题，而是与国家的意识形态密切相关，同时与法律程序密切相关。按照达玛斯卡的观点，一般而言，科层制的司法组织与能动主义意识形态和政策实施型的法律程序联系在一起；协作型的司法组织与回应型的意识形态和纠纷解决型的法律程序相联系。三者应当在一定程度上保持动态的协调。作为基础的国家意识形态发生变化，司法组织结构和诉讼程序就应当进行相应的调适。[②] 由于权力行使目的背后所透视出来的国家意识形态不同，使得受权力组织结构制约的上下级法院间的法律程序及其关系也呈现出不同的特性。从英美法系国家和大陆法系国家上下级法院审判程序上的不同特征中，大致可以看出它们各自的意识形态在某种程度上影响着司法程序及其彼此间的关系。在英美法系国家，最小政府观念或“最低限度的国家干预原则”对司法观念产生的影响，是法律程序应服务于解决纠纷的目的，“司法的唯一目的在于解决纠纷的观念仍然得到坚持”[③]，在程序的选择上支持竞赛的形式，司法的自由放任式图景较为明显：不同层级间的法院更多是一种平等或平面化的司法组织关系，下级法院法官得以保留大量的“自由裁量权”或几乎不受审查的权力；初审判决被推定为最终判决，以及上级审查的非常规性；法律救济上体现出来的一种对单一层次决策模式的持续恪守和即使最基层法院法官在英美法系国家也是一种非常受人尊敬的职业等事实特征。一方面使上级法院不会能动地或积极地追求在司法活动中贯彻国家的意识形态和政策；另一方面也使下级法院没有义务服从上级法院的政策传输功能，尽管可能通过遵循上级法院特别是最高法院的判例的方式接受其中包含的某些意识形态或政策，但整体而论，上下级法院之间“对决策统一性的要求相对而

① 〔美〕米尔伊安·R.达玛斯卡：《司法和国家权力的多种面孔》，郑戈译，中国政法大学出版社2004年版，第132页。

② 参见翁子明：《官僚制视角下的中国司法管理》，载《暨南学报》（哲学社会科学版）2008年第1期。

③ 〔美〕米尔伊安·R.达玛斯卡：《司法和国家权力的多种面孔》，郑戈译，中国政法大学出版社2004年版，第116页。

言是非常之弱的”。[①] 即使在美国联邦系统中,不同司法区域之间的判例法上的既有差异也是非常见的并由来已久的。更为重要的是,即使是在同一个巡回区当中,判例中的不一致也没有成为引发忧虑的重大事由,因此,各联邦上诉法院借以协调内部差异的机制也是相当薄弱的。[②]

在大陆法系国家,能动型或管理型的政府理念,使“社会生活的全部领域,即使是那些发生在幽暗私隐之处的事务,都有可能接受以国家政策为标准的评价,并按照国家政策的要求被加以塑造”。[③] 社会被“国家化”了或者说是被国家吞并了。这种能动主义的意识形态对法律程序的影响是将其作为实现国家政策的一项工具。在欧洲的许多国家,“尤其是在法国,政府能够能动地控制法官们的任职机会,希望在职业上取得成功的法官们很可能作出掌权者所需要的那种判决,即便政客们没有施加直接压力……即便当一位欧洲的司法官员免受经过选举的政府官员的直接控制,很可能出现的情况是,他与处理日常行政管理事务的政府官员有密切的联系。从公民个人的角度来看,这种联系比出于政治上的特殊考虑偶尔对案件的处理结果予以政治上的干预要重要得多。因为它也许会在很宽泛的案件范围内造成法院的偏见,这些案件涉及社会和经济方面的争议,而政府对这些争议已经设定了确定的国内政策”。[④] “由于能动主义的法律体现着国家政策,我们可以说:能动主义司法的最终目的在于将国家政策贯彻到法官所审理的案件之中。”[⑤]因而,在法律程序的选择上偏爱审查的形式,司法的干预主义图景尤显突出:不同层级间的法院更多是一种科层式

---

① 〔美〕米尔伊安·R.达玛斯卡:《司法和国家权力的多种面孔》,郑戈译,中国政法大学出版社 2004 年版,第 70 页。

② 同上注。

③ 同上书,第 120 页。

④ 〔美〕马丁·夏皮罗:《法院:比较法上和政治学上的分析》,张生、李彤译,中国政法大学出版社 2005 年版,第 220 页。

⑤ 〔美〕米尔伊安·R.达玛斯卡:《司法和国家权力的多种面孔》,郑戈译,中国政法大学出版社 2004 年版,第 130 页。

的官僚制司法组织关系，下级法院法官的“自由裁量权”受到上级法院全面、广泛、深入的上诉审查，初审判决仅具有阶段性和暂时性的特征，上级官员被赋予“质量控制”的重要意义不可避免地降低了初审判决的重要性，上下级法院之间呈现出一种高耸的权力金字塔的司法组织结构，下级法院法官寻求向更高层级的法院任职等事实特征，一方面使上级法院能动或积极地追求在司法活动中贯彻国家的意识形态和政策任务；另一方面也使下级法院在诉讼程序中通过接受上级法院的审查与指导，而使得政策实施的功能得到某种程度的贯彻。

我国在权威型国家管理模式影响下，国家的意识形态深刻地影响着法律程序及官僚制的司法组织结构。在法律程序上的体现就是贯彻国家政策的实施，“在司法过程中，必须确定是否存在需要引起官方重视的事态，如果存在这种事态的话，便必须选择能够最好地促进国家利益的措施”。[①] 除新中国成立初期有限的立法外，此后 20 余年的时间里，我国基本没有进行任何有效的立法，“法院审判工作主要依据的是国家政策，故以国家政策影响司法成为一种传统延续下来。最高法院又将国家政策具体运用到司法领域，形成司法政策[②]，影响下级法院”。[③] 在具体程序的设计上，受能动型意识形态的影响，同样将诉讼程序设计成调查的形式，“受其司法目的观的鼓动，一个能动主义的国家必定会认真考虑将其法律程序设计成一项由国家官员控制的调

① 翁子明：《官僚制视角下的中国司法管理》，载《暨南学报》（哲学社会科学版）2008 年第 1 期。

② 司法政策是最高人民法院根据国家政策，结合法院工作实际制定的工作方针、工作重点及一个时期审判工作的方向，是国家政策在司法领域的具体体现。其表现为三种形式：一是根据党的最新工作重点，及时制定法院的工作方针；二是最高人民法院根据法院工作方针，提出的当年工作重点；三是召开种类专业审判工作会议，就专业审判工作指明审理重点，应当贯彻的精神、原则以及具体的审判尺度。参见肖仕卫：《最高法院司法解释的逻辑及影响——兼论司法解释的功能与合法性问题》，载左卫民等：《最高法院研究》，法律出版社 2004 年版，第 376 页。

③ 肖仕卫：《最高法院司法解释的逻辑及影响——兼论司法解释的功能与合法性问题》，载左卫民等：《最高法院研究》，法律出版社 2004 年版，第 373 页。

查”。[①] 同时,这种能动主义意识形态进而影响了司法组织间的关系,使彼此之间为了围绕政策的实施而具有了上下一体性。尽管如有的学者所言,经过20多年的改革,特别是《民事诉讼法》和《刑事诉讼法》的修改,我国的司法已经在很大程度上摆脱了作为政策实施工具的意象……我国的诉讼程序改革已经朝着纠纷解决型迈出了一大步。但是,与能动主义意识形态和政策实施型法律程序相适应的官僚制司法组织结构却没有实质性的改变。[②] 审判被视为是国家最高统治权的一部分或者至少是政治权利的伴随物,不可避免或主动地要将国家的政策贯穿在法律程序中。[③] 同时,能动主义的意识形态和司法目的也形塑了上下级法院之间的功能及业务关系。近年来,能动司法的理念在各级法院成为积极倡导并大胆实践的一个主导性意识形态,虽然各地法院措施繁多、花样翻新,其目的不外乎是拓展、延伸甚或超越审判职能,服务大局[④],将司法审判与国家政策结合,追求审判的法律效果、政治效果和社会效果的有机统一。为了达致目标,最高人民法院频频出台司法政策[⑤],参与公共政策的形成并通过多元化管理、控制、监督等

---

① 翁子明:《官僚制视角下的中国司法管理》,载《暨南学报》(哲学社会科学版)2008年第1期。

② 同上注。

③ 党中央提出的社会主义法治理念的核心内容是“依法治国、执法为民、公平正义、服务大局、党的领导”。大局就是党和国家政策在某个时期的重点工作和目标任务的集中体现。

④ 服务大局,是各级人民法院在司法审判中重点强调的司法理念、工作思路和改革举措。最高人民法院前院长王胜俊在第二十次全国法院工作会议上的报告中,对过去5年的工作进行了总结,其中提到:“五年来的实践充分证明,只有以审判工作为中心,坚持能动司法,把为大局服务、为人民司法的要求体现在每一个具体案件的处理上,体现在每一个矛盾纠纷的化解上,才能真正履行好中国特色社会主义事业建设者和捍卫者的神圣职责。”参见王胜俊:《深入学习贯彻党的十八大精神 为全面建成小康社会提供更加有力的司法保障》,载《人民法院报》2013年1月7日。

⑤ 《人民法院报》评出2012年度最高人民法院十大司法政策,涉及维护社会和谐稳定、保障改善民生、维护市场秩序、促进社会管理创新等相关内容。邀请学者展开精彩点评和深度解读。参见《2012年度最高人民法院十大司法政策》,载《人民法院报》2013年1月7日。

方式[①]向下层层传递、逐级落实。“由于最高法院作为一国之最高审判机构,引领着整个司法系统,实施司法权力,实践司法使命,并在整个系统的组成部分之间以及在系统与环境之间发生着相互作用,因此,其司法意义也就不再仅仅局限于最高法院自身,而必然涉及包括最高法院在内的整个司法系统。”[②]因而,我国最高人民法院围绕国家政策制定并实施司法政策的过程必然辐射到整个法院系统,而其中高级、中级人民法院则充当了最高人民法院“政策助手”的角色,在政策上传下达的渠道中发挥着承上启下的作用。

---

① 比如最高人民法院会通过制定和颁发文件、布置各类专项活动、召开会议、司法巡查、听取汇报、检查评比、表彰奖惩等具体手段实现对下级法院贯彻落实其司法政策情况的控制和监督。

② 肖仕卫:《最高法院司法解释的逻辑及影响——兼论司法解释的功能与合法性问题》,载左卫民等:《最高法院研究》,法律出版社2004年版,第349页。

第四章 审判业务关系的制度完善与改革设想

从第二章对我国上下级法院审判业务关系在现实环境下运行效果所作的实证调查，以及第三章对我国与域外主要国家上下级法院审判业务关系之比较后所呈现出来的六个方面特征的归纳和成因分析，可以大体得出的一个基本判断是：中国的上下级法院审判业务关系由于历史传统、政治制度、文化背景等的不同，使司法权力与其他国家的司法权相比，在国家权力结构中的关系、权力的支配方式、权力的职能分层和权力行使目的亦有所差异。这种差异，并不意味着由此种权力架构所支配或形塑的中国上下级法院审判业务关系也都是落后的，都是需要以域外发达国家的法院上下级法院审判业务关系作为蓝本进行制度改良甚或全盘否定的。但是，我们也绝不能固守自己的传统而无视社会的发展，迷恋已有的做法而拒绝改革，尤其是当这些传统和习惯，实际上已经成为一种弊端，扭曲了司法权在现代法治社会中的应有含义及作用，沦为一种行政权的附庸，并阻滞司法的进步与发展时，更应思考它可能的制度完善与改革设想。

客观而论，中国当下的上下级法院审判业务关系虽然立足国情和历史传统，符合一元制国家权力结构的特性和国家政策上下一体性的要求，具有一定的本土性，也更为高效和统一，但暴露出来的问题也不能漠视，其中最突出的莫过于以下几个方面：一是上下级法院之间的关系行政化色彩日益浓厚，制约了下级法院审判权的独立运行。二是上下级法院之间的审判职能严重混同，影响了上下级法院审判权的分层与定位。三是上下级法院之间的审判程序缺乏透明性，影响了上下级法院审判权的有效监督制约。四是上下级法院之间决策的单向性，影响了上下级法院审判业务管理的民主化程度。尤其是笔者通过对中国上下级法院审判业务关系概念、内涵、分类以及效果评鉴、特征、成因等抽丝剥茧般的分析思考，一个具有浓厚中国特色的上下级法院审判业务关系图景跃然展示在了我们面前：那就是在本来相对单纯的上下级法院之间的业务监督关系中揉入了大量的行政式的管理、指导、审批甚至控制、命令等关系，司法权与行政权界限混浊；四级法院审级职能不清晰，功能交叉；上下级法院审判监督、指导、管理等程序呈内闭性，缺乏当事人及外部的知悉与参与；下级法院对上级法院的单向服从，缺乏双向的制约；等等。所有这些，无不导致当下中国上下级法院的法官们在处理彼此之间的关系上既相互依赖又彼此排斥，特别是下级法院对上级法院愈发收紧的控制权表现出的依恋与反感并存的矛盾心态正变得越来越鲜明，在某种程度上影响并干扰了下级法院法官的独立司法人格与职业判断精神的形成与坚守，法官珍视的独立的专业人士形象已受到威胁，亦令上级法院在行政权侵越司法权界域的幻觉中享受着这种控制所带来的权力快感，行使司法权所需的审慎与自制变得越来越漠然甚至可以忽略不计。

“制度层面的改革成就要想转化为司法运作的实际效果，还有一个‘时滞’，而缩短‘时滞’需要全社会司法观念的深刻转变。”①上下级法院审判业务关系同样是一个涉及司法乃至整个国家政治制度、权力架构等更深层面的改革问题，需要长远规划、分期改革、整体推进。而要消除在这一过程中产生的“时滞”，有赖于包括来自法官这个职业群

---

① 季卫东：《法律职业的定位——日本改造权力结构的实践》，载《中国社会科学》1994 年第 2 期。

体、司法产品的用户和全社会司法观念的深刻转变,否则设计再精良的制度改革,也将因为没有契合社会公众的观念而消弭无声。如何确定某个观念是符合全社会的司法观念,尽管这是一个见仁见智的事情,不同的个体对司法的感受和需求毕竟不会完全相同,但笔者认为,所有对话的基础必须回归于司法的本质,即司法的固有功能与价值究竟为何？否则,一个社会将会因缺乏相对统一的价值观念和判断标准而少了对话的平台,也就无从选择改革的路径。“如果根本不知道道路会导向何方,我们就不可能智慧地选择路径。”①司法的本质属性是一种独立的判断权,这种对矛盾纠纷和是非善恶的判断,离不开独立的司法权行使的内部和外部环境。思考上下级法院审判业务关系的改革,也需基于此。一个能令上下级法院之间以及上下级法院法官之间依法定设定之程序、依彼此分别确定之职责而彼此独立行使判断权、裁判权的法院、法官方是法治时代意义下的法院和法官。公众最欣赏的法官品质就是公正,而公正品性则仰赖独立的判断权。这本是最浅显的社会常理,依此思路确定改革方向,会有一种清晰感和目标感。但考虑中国固有的国情,这种改革思路不能以西式模式为蓝本而产生“路径依赖”,而必须面对本土的社会现实和法律实践,“法学发展的真正源泉,法律真知的真正来源,必定是法律的实践和社会现实”。②而且对它的改革预见还要由近至远、分期推进。正如卡多佐所言:“我们不可能超越本我(ego)的限制而看清任何事物的本来面目。尽管如此,这却是一个在我们的能力限度之内应当努力争取的理想。”③笔者希望以自己的陋见勾勒一幅使中国上下级法院审判业务关系更趋合理的近期和远期改革目标。

---

① 〔美〕本杰明·卡多佐:《司法过程的性质》,苏力译,商务印书馆 1998 年版,第 63 页。

② 同上书,第 5 页。

③ 同上书,第 65 页。

第一节　近 期 目 标

一、明晰四级法院的职能分层

我们需要从四级法院的整体功能平衡上，思考对四级法院的审判层级功能进行合理的定位和区分，从而使上下级法院在各自职责上发挥各自的功能，亦使上级法院对下级法院的审判监督更为有效。对于四级法院的职能如何定位的问题，目前已成为人民法院关注的一个话题，但尚缺乏具体深入的研究成果，主要表述还只是体现在最高人民法院或某些省高级人民法院院长的工作报告中，寥寥数语带过，具体内容不甚明了，且表述不尽一致。比如，最高人民法院原院长王胜俊曾指出，要优化上下级法院之间的职权配置办法。①　笔者所在省高级人民法院院长在全省法院工作会议上的报告中提到，要"深化对不同审级法院职能定位的认识，基层法院要把工作重点放在化解矛盾、案结事了上，中级法院要放在二审终审、定分止争上，省法院要放在申诉审查、依法纠错与促进法律统一适用上"。②　最高人民法院2013年初在《关于切实践行司法为民大力加强公正司法不断提高司法公信力的若干意见（讨论稿）》中，专门提出要逐步完善四级法院的职能定位："基层人民法院着重查明案件事实，正确适用法律，化解矛盾纠纷。中级人民法院着重发挥两审终审作用，把好案件质量关。高级人民法院着重审理好辖区内具有重大影响的案件和再审案件，处理好涉诉信访案件，加强总结审判经验，确保不同区域法律适用统一。最高人民法院审理具有全国性影响的案件和死刑复核案件，着重通过制定司法政

---

①　参见王胜俊：《深入学习贯彻党的十八大精神　为全面建成小康社会提供更加有力司法保障——在第二十次全国法院工作会议上的报告》，2012年12月26日。

②　阎庆文：《深入学习贯彻党的十八大精神　努力开创全省法院工作新局面——在第二十次全省法院工作会议上的报告》，2013年2月22日。

策和司法解释监督指导全国法院工作,维护国家法制和司法标准的统一。”[①]如果按照上述观点去区分不同审级法院职能定位,会带来标准的交叉和不统一,不仅不利于清晰界定彼此的职能边界,而且还可能带来某种程度的混乱和困惑。比如,如何区分“案结事了”“定分止争”“处理好涉诉信访案件”等具有法律、政治、政策等色彩的概念界限?“案结事了”和“定分止争”,不仅字面含义不完全清晰,内容上的区别也比较含糊。依笔者二十多年当法官的经验和观察,“案结事了”“处理好涉诉信访案件”,不仅是法律意义上结束了案件的审理,还要彻底解决当事人法律纷争之外的因打官司而衍生出来的其他矛盾和需求,这就要求法官要做更多的息诉罢访工作,甚至在“法度之外、情理之中”寻求与政府及相关方面的协调,积极解决当事人的其他诉求。“定分止争”似乎更多的是在法律层面通过裁判功能起到一个规则的确定导向作用。如果上述概念的含义确实存在这些差异,依此标准去界定四级法院的功能,无疑会导致职能上的进一步交叉和含混。因为,要求基层人民法院“案结事了”,似乎“鼓励”低层级法院特别是基层人民法院裁判的法律功能可以弱一些,而社会功能甚至政治、政策功能要更强化。要求中级人民法院“定分止争”、把好案件质量关,似乎意味着上一层级的法院可更多循法律规则办案。要求高级人民法院“处理好涉诉信访案件”,似乎又回到高级人民法院也要承担案结事了的责任之中了。法律标准与其他标准在不同层级法院间侧重点不同,而且彼此交叉,将导致上下级法院裁判标准不统一,上级法院如何通过审级程序的设置以统一的标准监督指导下级法院,又如何决定某个上诉案件是要支持、发回还是改判呢?事实上,目前的维稳压力已使案件事了、处理好涉诉信访案件等已成为四级法院的共性任务和职能,不可能在四级法院中区分不同的层级偏重强调案结事了、定分止争抑或处理好涉诉信访。因而,笔者认为,这种用含糊的多元标准区

① 最高人民法院《关于切实践行司法为民大力加强公正司法不断提高司法公信力的若干意见(讨论稿)》,内部征求意见。

分不同层级法院职能定位的方式在现实中是不可行，也无法实现职能的区分。

另外，法律适用统一的功能除了在最高人民法院和高级人民法院的层面外，在中级人民法院辖区范围内是否也有一个统一法律适用的功能呢？最高人民法院原副院长、二级大法官李国光曾在《我的大法官之路》自传中提到："中级法院在我国法院体系中是一个非常重要而又责任重大的一级法院，它不仅是大要案，尤其是死刑案和涉外、涉港澳台案件的一审法院，而且是占收案数百分之八十以上各类案件的终审法院，各种进入诉讼领域的已经激化了的社会矛盾集中在中级法院，可想而知在这一级法院任院长是何等艰辛。"①这是他对曾担任上海市中级人民法院院长职务时的一个感慨。他的感受无疑也契合了笔者的想法，同样在中级人民法院工作的经历，印证了李国光大法官的说法：中级人民法院管辖的案件数量和范围却要比高级人民法院更多，而且同一省内不同地区差异较大，省会城市所在地的中级人民法院无论是案件数量还是案件的难度，都要比其他地区的中级人民法院更多和更为复杂些，高级人民法院在统一法律适用方面固然很重要，但有时也可能因为本省辖区经济、文化、民族等差异较大而不具有普遍指导性。相比之下，受理大量重大、疑难复杂案件的中级人民法院更需要统一辖区内的裁判尺度，实践中，以中级人民法院名义制定的规范性文件也更多，也曾发挥过积极的作用，尽管后来最高人民法院禁止地方各级人民法院制定规范性文件，但由于最高人民法院的司法解释、个案批复、指导性案例等弥补抽象法律空白的作用不能全部发挥到位，实践中一些中级人民法院仍在用某些变通的方式如会议纪要等规范或再细化法律的规定，以解决一定时期内最高人民法院司法解释等相对滞后的问题。所以，不承认中级人民法院层面事实上对本辖区内法律适用统一方面的功能是对中级人民法院职能的故意"轻视""漠视"。实际上，同样作为具有上诉审功能的中级人民法院、高级人

---

① 李国光：《我的大法官之路》，第230页（未出版）。

民法院乃至最高人民法院在法律效力层级上是一样的，即当案件经过上诉审查作出裁决都是具有终局意义和效力的法律文书，除了某些依照审判监督程序纠正的除外。仅仅因为层级的不同就排除中级人民法院对基层人民法院的纠错、总结审判经验和法律适用的统一功能，依据又有多充分呢？

由于对四级法院职能定位是一个非常复杂且理论研究相对滞后、司法实践又颇有争议的问题，最高人民法院在之后正式出台的《关于切实践行司法为民大力加强公正司法不断提高司法公信力的若干意见》（法发〔2013〕9号，2013年9月6日发布）中将原来讨论稿中有关四级法院职能定位的提法进行了模糊化处理，即在第30条中笼统规定："逐步完善四级法院职能定位。根据宪法和人民法院组织法等法律的规定，按照解决案件纠纷的实际需要，遵循司法规律，进一步明确各级人民法院的职能分工和工作重点。在注重案件审判的专门化、类型化分工的同时，逐步完善各级人民法院的司法职能定位。"可以推测到的是，最高人民法院尝试用司法政策文件[①]对四级法院职能定位作较为具体明确划分的努力，或因理论支撑不足、或因意见无法统一或因条件尚不成熟而最终在正式的文件中放弃，代之以一般性、号召性的表述。中央政法委书记孟建柱就贯彻党的十八届三中全会通过的中共中央《关于全面深化改革若干重大问题的决定》，在一篇署名文章中对四级法院的职能定位进行了指导性定位，即"明确四级法院职能定位，探索充分发挥一审法院明断是非定分止争、二审法院案结事了、再审法院有错必究、最高人民法院保证法律统一正确实施的职能。进一步规范和落实上下级法院的审级监督，确保审级独立"。[②] 似乎是对

① 参见张先明：《最高法院出台意见要求不断提升司法公信力》，载《人民法院报》2013年10月29日。文章称，《关于切实践行司法为民大力加强公正司法不断提高司法公信力的若干意见》全文共计9个部分45个条文1万余字，思想深刻，几乎涵盖人民法院执法办案、队伍建设等所有工作领域，系最高人民法院新一届党组认真总结提炼以往历届党组工作经验，结合当前新形势、新任务、新要求，充分调查研究后形成的一份纲领性文件……可谓最高人民法院新一届党组的"一号文件"。

② 孟建柱：《深化司法体制改革》，载《人民法院报》2013年11月26日。

最高人民法院之前的《关于切实践行司法为民大力加强公正司法不断提高司法公信力的若干意见(讨论稿)》某些表述的认同,但又有所差异。如未提到高级人民法院对区域内司法统一的功能,另外,明确一审法院定分止争、二审法院案结事了、再审法院有错必究的职能。同样的问题依然存在,如“定分止争”“案结事了”如何界断?以及四级法院的功能究竟如何界定才更为科学、更符合审级制度的设置目的?

从上述的分析论证中,笔者对最高人民法院、某高级人民法院关于四级法院职能定位的某些表述及变化,提出了自己可能有失偏颇的质疑,但却促使笔者对我国四级法院的职能到底用一个什么样的标准和方式进行相对合理界定的思考。笔者认为,应当尽量避免使用上述一些含义不太清晰、内容可能交叉的某些表述和标准,如“案结事了”“处理好涉诉信访案件”“定分止争”等,审慎对待每级上诉审法院事实上具有和行使的统一本辖区内法律适用统一的功能,从审级制度本身、从审级功能的现有弊端,及从如何让不同层级法院的职能界定更为科学、更能发挥效能等作为一种可能改革的思路。

审级制度是决定上下级法院审判业务关系的直接的理论基础。按照学者的观点:“所谓审级制度,指法律规定的审判机关在组织体系上的层级划分以及诉讼案件经过法院审理之后终结的制度。”①“从国家治理技术来看,审级制度是通过法院组织体系,将实现国家法律的功能,按一定的审级结构和技术规范进行配置的手段,其核心是初审、上诉审程序及他们与一定司法组织的结合方式,反映的是不同层级法院之间对于同一案件进行审理的态度及方式。”②我国实行四级二审制,每一级法院都有一审法院的功能,中级以上法院都有上诉法院的功能,各级法院的功能定位不明,不利于发挥四级法院的整体功能和四级法院各自不同的价值目标。傅郁林对我国这种审级制度的特征

① 章武生主编:《民事诉讼法新编》,法律出版社1993年版,第139页。

② 许尚豪:《上诉审纠错功能的法律思考——以法院层级关系为分析视角》,载《河北法学》2008年第4期。

有较为详细的描述:“中国现行的四级两审终审制是一种柱形结构的司法等级制。自塔基至塔顶,各级法院的价值目标、职能配置及运作方式几乎没有分别,每一级法院都可以受理一审案件,同时又都可以作为终审法院(自中级法院开始);每一级法院、每一级程序都追求同一个目标,即个案的实质公正;当事人在不同审级享有几乎完全相同的程序权利;每一级法院、每一级程序都有权全面审理事实问题和法律问题,有权直接传唤当事人和证据并重新调查事实,有权根据自己查明的事实作出判决。这种司法等级制没有职能分层,已经失却程序结构意义上的审级的价值,多一级法院只是增加了一层行政级别而已。”①相比之下,在法院审级制度的建构上,当今世界绝大多数国家采用的都是四级三审或三级三审制,在三审制的架构下,第三审法院一般为最高法院,其核心原理为:维护塔形结构的平衡、构成权利与权力和权力与权力的相互制约、形成良性循环的救济机制。三级法院的基本功能设置为:位于塔基的一审法院直接处理案件,负责将法律正确适用于由其认定的案件事实,以确保个案当事人获得公正裁判;位于塔腰的中级上诉法院,满足在一审中败诉的一方当事人寻求更高级别的法院重新考虑案件的请求,尽可能确保法律正确适用于个案,纠正司法判决的错误;位于金字塔顶的最高法院关注具有普遍意义和法律价值的问题,对法律的统一适用承担特殊职能。②

理顺上下级法院审判业务关系,首先要明晰四级法院的职能定位,改革现行一体化的职能设置方式,而其中难免会触碰到审级制度的改革。学界和实务界对现行的四级两审终审制的评价,有肯定与否定之说。肯定论认为,设立四级两审终审制的立法背景是我国地域辽阔,多审级会给当事人双方造成大量人力、物力、时间上的浪费,而且容易使案件缠诉不清,当事人之间的权利义务长期处于不稳定的状

---

① 傅郁林:《审级制度的建构原理——从民事程序视角的比较分析》,载《中国社会科学》2002 年第 4 期。

② 参见最高人民法院民事诉讼法调研小组:《民事诉讼程序改革报告》,法律出版社 2003 年版,第 181 页。

态，不利于民事流转和社会安定；实行两审终审制，大部分案件可以在当事人所在辖区内解决，可以方便当事人诉讼、减少诉累；也便于高级人民法院、最高人民法院摆脱具体案件的负担，集中精力搞好审判业务的指导与监督。而且我国的上诉审既是事实审又是法律审，这种全面审查的制度能充分发挥上诉审的纠错作用，即使发生了错误，我国的审判监督程序也可以弥补审级相对较少的不足。① 否定论批评两审终审制弊端的论点较多。② 一些学者尖锐地提出：自民事诉讼法颁布施行至今，中国二审判决被立案再审的比率逐年上升，至 1999 年已达 25%。这一令人震惊的数字揭示了一个无法否认的现实：两审终审制已名存实亡，司法的终局性已荡然无存，审级制度的主体结构正在被例外和补救程序冲击、剥蚀和瓦解。③ 二审法院的“全面审查原则”不符合诉讼救济活动的基本规律，繁重的审查任务使二审法院难以审查和纠正一审法院的错误，二审程序活动流于形式。④ 多数案件在中级

---

① 参见徐雷：《我国民事审级制度的构建》，载 www.ddfy.com，访问时间：2012 年 5 月 8 日。上述观点亦可参见江伟主编：《民事诉讼法学原理》，中国人民大学出版社 1999 年版。

② 最高人民法院民事诉讼法调研小组曾在一份报告中指出，从法院的系统设置、审判管理、职能分工等多方面看，两审终审制不利于充分发挥四级法院的整体功能，进而实现四级法院各自不同的价值目标。其主要缺陷如下：上诉条件过于宽泛，导致诉讼资源的不必要浪费；终审法院级别过低，难以保证司法的统一性；两审终审使上诉审的纠错功能明显降低；民事诉讼管辖原则导致地方保护主义干扰严重；缺少专门的法律审程序；以审判监督制度弥补二审的不足，导致“终审不终”。参见最高人民法院民事诉讼法调研小组：《民事诉讼程序改革报告》，法律出版社 2003 年版，第 175—179 页。齐树洁认为，现行的两审终审制还有制约上诉功能、诱导上诉投机、违反“不告不理”原则以及“终审不终”等弊端。参见齐树洁：《我国民事上诉制度若干缺陷之法理分析》，载《河南省政法管理干部学院学报》2004 年第 1 期。

③ 参见傅郁林：《审级制度的建构原理——从民事程序视角的比较分析》，载《中国社会科学》2002 年第 4 期。其实，修订后的《民事诉讼法》对审判监督程序作了重大修改，为当事人申请再审扫清了制度障碍，申请再审及申诉数量呈逐年递增趋势。以山东省菏泽市中级人民法院为例，2011 年全市当事人申请再审和申诉案件总数已由 2007 年的 439 件一路飙升至 904 件，同比增长 83.1%。申请再审案件实行“上提一级”审理后，再审案件大量上浮，呈现出高级法院吃不了，基层法院吃不饱的“倒金字塔”结构。参见田源、李继亮等：《完善再审审查程序 发挥权利救济功能——山东省菏泽市中级法院关于完善民事再审审查程序的调研报告》，载《人民法院报》2013 年 9 月 19 日。

④ 参见梁娟萍：《浅谈我国刑事诉讼审级制度》，载 www.ddfy.com，访问时间：2012 年 5 月 8 日。

人民法院终审告结，高级人民法院、最高人民法院审理上诉案件量不多，这样最高人民法院和高级人民法院的法官就会缺乏审判实践的机会，进而削弱了其指导监督的能力①，等等。对于审级制度的改革建议，也有不少争论，观点不尽一致。归纳起来大体为：一是实行三审终审、两审终审和一审终审并存的多层次审级体系，即恒定第一审案件于中级、基层人民法院或基层人民法院，高级人民法院和最高人民法院两级上诉法院分别专门作为事实审、法律审法院。某些案件一审终审。② 二是改革我国的审级制度，建立有限三审终审制，将最高人民法院定位为最高上诉法院（第三审法院），最高人民法院并不是无条件地接受上诉案件，而是有权裁量接受具有超越于案件本身法律价值的案件，一般包括出现与最高人民法院先例相冲突或上诉法院判决之间出现冲突的案件、提出新的法律问题的案件、能够澄清社会上争议已久的法律观点的案件等。③ 三是改中级人民法院为高级人民法院分院，实行三级二审终审制度。高级人民法院为专职的二审机关，最高人民法院为统一法律适用之机关。最高人民法院作为初审法院，必将使大量的未经第二级复审法院过滤的案件直接被确定而成为终审，剥夺了当事人寻求上诉救济的机会。④ 四是区分案件的性质、轻重等不同情况，分别实行两审终审与三审终审的二元审级制。⑤ 五是基本上实行两审终审，有条件地实行三审终审。即一般民事案件仍实行两审终审，对符合特定条件的案件主要指基层人民法院受理的比较重要的、疑难的民事案件实行三审终审。⑥

笔者在此无意评述上述各种审级制度改革建议观点的是与非，因

---

① 参见徐雷：《我国民事审级制度的构建》，载 www. ddfy. com，访问时间：2012 年 5 月 8 日。

② 参见张品泽、汪大宝：《试论民事审判中审级制度改革》，载《社会科学家》1999 年第 4 期。

③ 参见傅玉林：《审级制度与法制统一》，载《人民法院报》2002 年 7 月 5 日。

④ 参见李喜莲：《我国四级法院体制改革》，载《学海》2008 年第 2 期。

⑤ 参见程荣斌、邓云：《审级制度研究》，载《湖南省政法管理干部学院学报》2001 年第 5 期。

⑥ 参见章武生：《民事诉讼审级制度改革初探》，载《法学评论》1993 年第 6 期。

为“任何一种制度设计都可能在不同的视角、不同的依据中得到肯定或否定的迥异评价，任何一项制度改革都可能受到另一种价值或功利的挑战”。[①] 但鉴于“最高人民法院在具体案件的审理中将过多的精力用于纠纷解决而忽略其统一法制的功能，使得最高人民法院无法通过对具有重要法律意义和法律价值案件的审理来获取下级法院法官所不具备的一种在更开阔的视野下对社会利益的平衡和把握，一种对公共政策的敏感和精细以及对超越纠纷解决的规则之治的深刻领会。在这种背景下制定的抽象性司法解释也不可能真正满足指导下级法院司法的功能，许多司法解释不但不能厘清法官在法律适用中的困惑，反面造成法官在法律适用中更进一步的混乱”[②]等弊端，主张将最高人民法院从初审法院的职能中剥离出来，定位为最高上诉法院（第三审法院）并主要限于法律审的改革思路似乎不失为一种有益的视角和建议。此外，需要明确区分第二审法院与第三审法院的审判职责，即中级人民法院与高级人民法院作为第二审法院可以就事实问题进行审查，也可以审查第一审判决、裁定适用法律是否有错误或程序是否违法。排除最高人民法院对事实问题的考虑，是想更充分地发挥最高人民法院对司法政策的制定和对法律适用统一的功能，使法律问题得以由一个最高审判机构加以统一，因法律冲突引起的司法不公和重复审判，同时“通过缩小最高法院的审查范围而最终逐步控制最高法院的规模，并避免刺激当事人寻求最高层次救济从而架空下级法院调查事实的功能”。[③] “更为重要的是，三审程序的存在对于目前过于宽泛和自由的二审权力能形成‘潜在威胁’，从而迫使二审法院对案件进行更加审慎的处理。”[④]另外，考虑到中国国情下的当事人和社会公众，

---

① 熊洋：《论上下级法院关系之异化及重塑——以审级独立为视角的分析》，载《太原理工大学学报》2010 年第 4 期。

② 张榕：《司法能动性何以实现——以最高人民法院司法解释为分析基础》，载《法律科学》2007 年第 5 期。

③ 沙永梅：《案件请示制度之废除及其功能替代》，载《河北法学》2008 年第 7 期。

④ 傅郁林：《审级制度的建构原理——从民事程序视角的比较分析》，载《中国社会科学》2002 年第 4 期。

除了程序公正需求外,更有满足实质正义的愿望,因而仍旧保留第二审法院对事实审和法律审同时兼备的职能。[①]

理顺上下级法院职能定位,还需要根据法院层级的不同把握好上诉的功能和价值目标。上诉是联系上下级法院的通道,当事人可以借助这个通道,一直将案件送交最高人民法院。通常认为,将法院分为上下级,并允许公民上诉的功能有二:一是为不满意一审判决的当事人提供一个独立的重新审查的机会,以增进司法决策的审慎和公正;二是通过上级法院法官对下级法院法官判决中法律解释的审查,最大限度地保障所辖范围内法律适用的统一性。[②] 国外对上诉审制度的功能研究得更为细腻一些,包括吸收不满、纠正事实错误、促进法律适用的统一以及巩固司法体系的合法性等。[③] 要实现这些功能,需要对各级法院实行职能分层,在不同层级的法院中实现司法制度的公共目的与私人目的的分工,从而形成职能分层的司法等级制以维护法律秩序。有的学者提出,一审法院以服务于解决纠纷的私人目的为主,注重事实认定并将现行法律正确地适用于认定的事实。二审法院兼顾公共目的和私人目的。三审法院或终审法院则偏重于判决超越于案件本身的法律价值和公共目的,解决司法冲突和保障整个司法体系的统一。审级制度在配置上诉程序具体功能时,必须在服务于个案当事人的私人目的和服务于社会公共目的二者之间权衡和妥协。"设计的一般原理是,越靠近塔顶的程序在制定政策和服务于公共目的方面的功能越强,越靠近塔基的程序在直接解决纠纷和服务于私人目的方面的功能越强。"[④]"上诉程序的结构或模式对于实现其公、私两方面功

---

① 有的法官持不同意见,如天津市高级人民法院院长高憬宏认为:"合理界定不同层级法院的功能定位,明确各审级的审判侧重点,一审重点要把好事实证据关;二审是重点把好法律适用关;再审是重点对一、二审未能解决的问题,提供补充救济。"

② 参见贺卫方:《统一之道》,载《人民法院报》2003 年 1 月 3 日。

③ 参见〔美〕罗杰·科特威尔:《法律社会学导论》,张文显等译,华夏出版社 1989 年版,第 269—271 页。

④ 傅郁林:《审级制度的建构原理——从民事程序视角的比较分析》,载《中国社会科学》2002 年第 4 期。

能的影响之大致规律是：当上级法院以'重新审理'的方式全面进行上诉审时，制度唯一考虑的是对个案当事人实现公正，而几乎不进行澄清法律或指导法律发展的努力；而当上诉的审查范围仅限于审查法律问题时，侧重考虑的则是有秩序地和连续一致地发展法律。"①依此规律，我国四级法院在区分职能时，应当考虑将基层人民法院的功能定位在直接解决纠纷，并且通过小额诉讼实行一审终审制，侧重服务于私人目的。中级人民法院和高级人民法院分别行使重大一审案件审理和二审上诉审查功能，既有事实审，又有法律审，既有解决纠纷的私人目的，又有纠错和统一区域内法律适用统一的社会公共目的。最高人民法院和地方法院要进行功能上的分权，不再管辖全国范围内有重大影响的一审案件（虽然法律规定最高人民法院可作为一审法院管辖全国范围内的有重大影响的案件，但至今尚未受理过一审民事案件），也不再承担二审职能，只受理针对重要法律问题提起的三审上诉，协调各地法院适用法律的冲突，维护全国法律适用的统一，侧重于制定司法政策和服务于公共方面的目的。在制定司法政策方面，最高人民法院可以适当赋予地方法院制定本辖区内的规范性文件，当然不得违背最高人民法院的司法解释性文件和司法政策精神。事实上，解决司法冲突已经成为制约最高人民法院成为发挥最终效力审判机关监督者作用的一个重要瓶颈。"最高法院逐年膨胀的案件数量和日趋庞大的机构规模，使得在最高法院内部，审判庭之间、合议庭之间、同一合议庭前后案件之间，以及最高法院与下级法院的终审判决之间、下级法院之间、下级法院内部，司法冲突丛生"……这一机构每年统一制定的 300 多个司法解释，并没有解决法律适用的冲突问题。② 因而，解决司法冲突，统一全国法律适用统一已成为地方法院对最高人民法院职能的最大期盼，也是最高人民法院自身功能实现的最大突破口。

---

① 傅郁林：《论民事上诉程序的功能与结构》，载《法学评论》2005 年第 4 期。

② 参见傅郁林：《审级制度的建构原理——从民事程序视角的比较分析》，载《中国社会科学》2002 年第 4 期。

二、异质化权力之剥离与去行政化

1. 司法权与行政管理权的分离

应该说,我国的司法制度设计在框架上接受了上下级法院之间关系不同于上下级行政机构或检察机关之间关系的观念。《宪法》第127条第2款涉及法院的规定是:“最高人民法院监督地方各级人民法院和专门人民法院的审判工作,上级人民法院监督下级人民法院的审判工作。”不过,框架结构是一回事,实际运作又是另一回事。这里的“监督”究竟含义如何,却是一个不容易确定的问题,在某些地方和某些事务方面,监督与领导之间的边界十分模糊。① 目前,“上下级法院关系立法缺位,虽然宪法和法律规定了法院之间在审判工作方面的监督关系,但对于具体的监督形式以及操作规则,法律未作明确规定”。② 由于监督的含义、具体监督形式及操作规则等在立法中的规定并不明晰,监督与领导间的边界十分模糊,在上下级法院的日常审判业务关系中,行政化的方式自然而然地运用在审判活动的监督指导之中。比如,依照现行法律的规定,上级法院对下级法院的监督方式只有两种:一是在当事人提起有效之上诉时,依法对案件进行二审;二是依照审判监督程序,对下级法院的生效裁判进行再审。然而在实践中,对于所谓“监督”问题,上级法院在无形中总是作了扩大性的解释,即其监督方式不仅包括上述第二审和再审途径,还包括大量的、法律并没有作出规定的所谓“监督手段”,例如,上级法院对下级法院的审判工作进行指导、监督、检查、评比,以及要求下级法院向其汇报、请示,等等。下级法院也丝毫不认为这种扩大了的“监督”措施有何不妥之处。③ 有的学者严厉批评道:“从最高法院到基层法院,司法裁判权和行政管

---

① 参见贺卫方:《中国司法管理制度中的两个问题》,载《中国社会科学》1997年第6期。

② 蒋惠岭:《上下级法院关系改革的思路》,载《法制资讯》2009年第5期。

③ 参见熊洋:《论上下级法院关系之异化及重塑——以审级独立为视角的分析》,载《太原理工大学学报》2010年第4期。

理权是合二为一的,裁判权受到行政权的干预。"[①]笔者虽认为这种观点过于偏颇,但还是在第一章从11个方面多视角地对现实环境下的上下级法院审判业务关系中的监督及其他关系作了一个较为细致的梳理和归类,展示出一个交织了司法与行政特征的复杂、多元、混同的上下级法院"关系网"。

必须承认的是,司法权与行政管理权毕竟是两种性质、方式不同的权力,如果不明晰界定二者的边界,很容易造成行政权扩张并妨碍司法权的行使。一般而言,行政权是行动性的、效率性的和积极性的;司法权是辅助性的、消极性的和关键性的。[②]"行政权与司法审判权在本质上是两种性质完全不同的国家权力。行政权的主动性、倾向性、应变性、传授性、先定性、主导性使得行政机关形成了层级化、高效化、核心化、强力化的体制结构和管理方式,而这种体制显然与司法权的被动性、中立性、终极性不相适应。再加上我国司法审判机关内部司法审判和司法行政的合一化设置,司法机关在承担着司法职能的同时还履行着部分行政职能,致使司法机关的独立性受到严重影响。"[③]这两种不同性质的权力如果在上下级法院的审判业务关系中相互交织,会带来下级法院行使审判权时对上级法院行政权的单向依赖性,使下级法院法官丧失独立性,违背司法运行规律。因而,强调法院履行审判职能的非行政化,有必要在立法中将上下级法院的审判业务关系"监督"的含义和具体内容进一步明晰化,使之具有较强的实际操作性,特别是要明确限定上级法院介入下级法院对具体案件的审判活动并作出事先的处理意见或倾向性意见,使上下级法院的审判业务关系真正回归到本来意义上的监督与被监督的关系,也才能在立法层面上减少并遏制实践层面越来越繁多、越来越明显的行政化关系。"监督"

---

① 陈瑞华:《为中国"案件请示"把脉》,载《法制资讯》2009年第5期。

② 有学者认为,司法权在本质上是一种判断权,司法权的特征包括有限性、保守性、风险性、疏远性等。参见孙万胜:《司法权的法理之维》,法律出版社2002年版,第134—144页。

③ 郝红鹰:《我国法院审判管理的去行政化研究》,载《理论与现代化》2011年第6期。

只能依照法定的程序进行，监督的范围也是法律确定的事由，监督的方式只能通过审级制度的设计来实现。在法定程序、法定事由和审级制度之外发生的带有行政化色彩的审判业务关系应当逐步剥离，直至完全消失。笔者在第一章对当前中国上下级法院存在的审判业务关系的分类中，有相当一部分是讨论审判监督之外的关系，包括业务指导关系、审判管理关系、政策主导关系、督查督办关系、内审控制关系、协调联动关系、司法巡查关系、知识生产传输和支配影响关系等。一般而言，督查督办关系、内审控制关系、司法巡查关系等带有较强的行政化色彩，对下级法院独立审判权的行使会带来不同程度的干扰和影响，违背独立审判的司法规律，需要弱化直至取消行政权的控制和影响。但执行协调联动关系是一个例外，因为执行权本身具有较强的行政权性质，在中国当下执行难的现状下，更多考虑的是如何强化上级法院对下级法院执行活动的统一指挥、协调、联动，加大执行的力度，而不是相反。① 相比之下，业务指导关系、政策主导关系、知识生产传输和支配影响关系则对独立审判权的干扰不那么直接，主要是从理念、知识层面对审判业务进行指导影响，符合审判现实需求，也有助于上级法院对下级法院的政策指导和司法理念的统一，有利于上级法院发挥对下级法院的审判监督和业务指导功能，因而会继续存在。但上级法院在业务指导的方式、政策（理念）引导的内容、知识形成传输的渠道和知识分化等方面需要改进完善。另外，在分类上，笔者还试图将审判业务关系分为司法型、行政型和混合型三大类型。笔者认为，对单纯行政型的审判业务关系要坚决废除，去行政化，回归司法审判本来的面目。比如，对某些特殊案件实行内部审批，下级法院对案件从是否立案到最终处理结果都要层层上报上级法院批准，实乃行政化的处理事务手法，与审判层级独立性严重背离，应当随着法治完善而

① 最高人民法院《关于切实践行司法为民大力加强公正司法不断提高司法公信力的若干意见》（法发〔2013〕9号），再次强调深化执行制度机制改革，要建立统一管理、统一协调、分权制约的执行模式，完善执行联动机制。

退出历史舞台。对于兼有行政型和司法型的混合型审判业务关系，要视情况逐步剥离其中违背审判活动规律的行政化方式。“上级法院对下级法院在司法裁判上拥有直接的控制权，这种控制权甚至会关系到下级法院的生存状态。在中国，上级法院对下级法院的判决拥有审查权，这种审查权通过绩效考核来实现。”[①]因而，应当将对法官们困惑不已但实践中日趋强化的审判管理活动，及将运用行政化管理手段对下级法院和法官进行的量化考核、检查评比、排名通报、表彰奖惩等从审判管理中分离出来。否则，行政化的管理手段不仅会造成法官的审判活动如同一个生产车间[②]，法官只是生产线上的工人，独立性荡然无存，而且“以数字论英雄”式的审判管理会导致审判活动异化，下级法院和法官为减压、避责会使审判活动极力“附和”上级法院设定的审判绩效评估指标数据的要求，以人为的方式推动某项审判指标异常趋高或降低，如“调撤率”“陪审率”等的虚高，“立案变更率”“发改率”“立案均衡度”“上诉率”等的虚低，不仅违反审判活动自身的运行规律，也会导致下级法院独立审判的丧失、二审功能形同虚设，并伤及司法审判公正性。[③] 最高人民法院于 2014 年 12 月 23 日决定，取消对全国各高级人民法院考核排名，除依照法律规定保留审限内结案率等若干必要的约束性指标外，其他设定的评估指标一律作为统计分析的参考性

---

① 陈瑞华：《为中国“案件请示”把脉》，载《法制资讯》2009 年第 5 期。

② 山东省东营市法院在审判管理中推行 ISO 质量管理体系认证，制作了 18 万字的《质量手册》《程序文件》《作业指导书》，包括质量方针、质量目标、部门作业指导书以及每个职位的岗位描述，形成一个闭合的体系。在考核上，形成内审员为主体的内部考核，最高管理者评审会议复核，ISO 总部外部审核监督的网络体系。参见王少南：《法院管理的反思与展望》，载徐昕主编：《司法》(2008 年第 3 辑)，厦门大学出版社 2008 年版。

③ 最高人民法院在 2012 年全国法院案件质量评估分析的报告中指出，个别法院对案件质量评估的评价、引导、激励、规范和监督等功能作用缺乏深刻的认识，一味追求某个或几个指标的表现，甚至下达硬性指标，如结案率、调撤率等，由于片面强调结案率，现已出现年底关门不收案、突击结案的做法；在调撤率不断攀升的同时，强调、骗调、久调不决、调后再审、调后强执的现象出现。甚至个别法院设定改判和发回重审指标，造成下级法院频繁请示，上级法院该改的不改、一律发回重审了事，二审形同虚设。

指标,作为分析审判运行态势的数据参考。① 这是最高人民法院针对近几年人民法院在审判绩效考评工作中因行政化管理方式而出现的诸种弊端所进行的必要反思和矫正,体现了对司法工作自身规律的尊重,也避免了因不合理的考核排名带来的上下级法院审判业务关系的异化和对下级法院独立审判权的干扰。

同样清楚的是,我国的司法管理一直采取与行政机关基本相同的体制②,即集权的、等级的、规制的行政体制。审判活动行政化是一个非常普遍的现象,之前就长期存在,今后在较长一段时期内基本不可能有大的改观。正如最高人民法院原院长肖扬所言:"长期以来,法院在一些重要环节上没有按照司法工作方式从事审判活动,反而是借用了行政工作方式处理案件、管理审判工作,从而抹杀了审判活动的特点,使审判职能的作用受到影响。"③上下级法院之间的审判业务关系同样难以回避这个现实:上级法院的审判监督权与行政权重合,审判监督、审判决策与管理决策主体混同,上下级法院之间科层取向的行政权与专业取向的审判权之间的冲突,成为影响上下级法院审判业务关系的最核心问题。加之不同层级法院内部自身也是审判权与行政

---

① 参见胡伟新:《最高人民法院决定取消全国各高级人民法院考核排名》,载《人民法院报》2004 年 12 月 27 日。2014 年 12 月 23 日下午,最高人民法院党组书记、院长周强主持召开党组会议,听取最高人民法院研究室、审管办关于案件质量评估工作和审判绩效考评工作运行情况的汇报。会议决定,最高人民法院取消对全国各高级人民法院考核排名。要求各高级人民法院要按照最高人民法院的要求,取消本地区不合理的考核指标。

② 张卫平教授认为:"所谓法院体制行政化,是指法院在整个构成和运作方面与行政机关在体制构成和运作方面有着基本相同的属性,是按照行政体制的结构和运作模式建构和运行的。"参见张卫平:《论我国法院体制的非行政化》,载《法商研究》2000 年第 3 期。贺卫方同样认为:"观察我们法院的内部管理,同样可以发现相关的制度以及这种制度运作所造成的后果使得法院与行政机构之间不存在实质性的区别。"参见贺卫方:《中国司法管理制度中的两个问题》,载《中国社会科学》1997 年第 7 期。

③ 肖扬:《法院、法官与司法改革》,载万鄂湘主编:《中国司法评论》(2003 年春之卷),人民法院出版社 2003 年版。

权二元权力结构，彼此的异质性特征明显①，反过来又进一步加剧了上下级法院之间审判权与行政权的冲突。上下级法院之间司法权与行政权的分离是一个渐进的过程，只能随着国家、政府、公众对司法权特性的认识有所变化，并有待司法管理体制和运作模式不再按行政机关构建和运行，才能有一个大的进步。从近期来看，解决审判权与行政权的冲突并将审判权与行政权剥离的改革思路，是将上级法院具有司法功能的审判监督权与管理功能的行政权相区分并合理配置职权。"必须尽力划清那些出于执法要求而应由法官控制的功能与纯粹的行政功能之间的界限。"②但现实状况是，所谓纯粹的行政功能与应由法官控制的功能的界限，并不十分难以划清，往往难以界分的是行政功能与审判功能交织的地带。在分离模式的选择上，可反思域外法院管理模式的经验，并最大化地接近中国的本土实际。

要将司法权与行政权分离，就要考虑行政权的归属问题。"对于审判案件这一权力性质的理解，各国都认为它属于纯粹司法权，应当由司法机关按照司法权的规律行使。但是，对于保障和服务于审判权的司法行政管理权，各国则有不同的认识，对于这项权力的归属也有不同的实践，并相应地对行使这种权力的制度和体系采取了不同的结构。有的国家规定由政府的司法部或专设的部门行使，有的国家建立了独立的司法委员会，有的国家由法院和政府分别行使，有的国家则

① 审判权与行政权二元权力结构的异质性特征表现为：审判权的目标是实现纠纷裁决，行政权的目标是为审判权提供支持；行政的权威依赖于法规法令支持的科层体制，审判的权威却根源于公认的技术能力；审判主体的决定要受其心中的法律标准支配，行政人员的决定必须严格遵守上级的指令；审判人员是受自我施加的标准和同业集体的监督的控制，行政人员的控制结构是权威等级，有赖于上级的指示控制。参见梁三利、郭明：《法院管理模式比较——基于对英国、德国、法国的考察》，载《长江师范学院学报》2010 年第 1 期。

② 最高人民法院司法改革小组：《美英德法四国司法制度概况》，人民法院出版社 2002 年版，第 25 页。

由法院系统自行管理。"[①]采取不同的模式,会形成不同的上下级法院关系。考虑中国的国情,如果将行政性的管理权全部剥离出来,交由政府行使,上级审判机关则无权插手司法行政,上下级法院之间也就只有审判工作方面的审级关系,而没有司法行政方面的上下级关系,虽然省事但又会引发司法独立方面的顾虑。[②] 事实上,中国法院司法行政工作管理权也经历了一个变迁,经历了从外部分离到内部分离的反复发展过程,从统一由同级司法行政机关管理,到最高人民法院管理,再到司法部管理,最终到各级人民法院自己管理。[③] 如果将这一职权按现行规定交由法院自主行使,上下级法院之间则存在两种完全并列的关系,即审判工作方面的审级关系与管理方面的指挥关系,这为司法审判职能的独立实现增加了某些困惑。我国目前上下级法院审

---

① 蒋惠岭:《上下级法院关系改革的思路》,载《法制资讯》2009 年第 5 期;肖宏:《中国司法转型时期的法院管理转型》,载《法律适用》2006 年第 8 期。法国和德国采取由司法部或司法部主导的司法委员会管理,英国由独立的机构管理,美国从 1939 年起法院的司法性质工作改由法院自行管理。参见梁三利、郭明:《法院管理模式比较——基于对英国、德国、法国的考察》,载《长江师范学院学报》2010 年第 1 期。2007 年 5 月 9 日,英国内政部中处理内部事务的内务部与宪法事务部合并组建了司法部,2009 年 10 月 1 日英国最高法院正式成立,英国法院外部管理结构从大法官(大法官事务部)、内政部等到司法部作为法院系统集权化管理机关,英国法院系统形成了从多行政部门到司法部相对集权的法院管理模式。德国为联邦和州司法部分权法院管理模式,法国为上诉法院参与的司法部集权法院管理模式。为保障法院整体独立,英国、德国、法国等国家建立了司法行政事务和司法审判相分离的一体化法院外部管理体制,为保障法官个体独立,英国、德国、法国等国家构建了司法功能和管理功能相区分的法院内部管理结构。

② 参见蒋惠岭:《上下级法院关系改革的思路》,载《法制资讯》2009 年第 5 期。

③ 1954 年《人民法院组织法》第 14 条第 3 款规定:"各级人民法院的司法行政工作由司法行政机关管理。"也即法院的设置与编制、干部教育与管理、组织制度、审判政策、法律宣传、司法统计和财务工作,统一由同级司法行政机关管理。但是,到 1959 年 4 月 28 日,由于第二届全国人民代表大会第一次会议决定撤销司法部,原司法部主管的工作改由最高人民法院管理。1979 年 12 月 28 日,最高人民法院发出通知:"因司法部已正式办公,最高人民法院司法行政厅即行撤销。自即日起,地方各级人民法院的司法行政工作,由司法部管理。"1980 年 8 月 20 日,经中共中央、国务院批准,人民法院的司法行政工作事项,由人民法院自己管理。1983 年 5 月 3 日,最高人民法院司法行政厅开始办公。1983 年 9 月 2 日举行的第六届全国人民代表大会常务委员会第二次会议,通过了修改《人民法院组织法》的决定,规定各级人民法院的司法行政工作由法院自行管理,删去了原本由司法行政部门管理的内容。参见《法院司法行政工作管理权的变迁》,载《法制资讯》2009 年第 5 期。

判业务关系中引发的行政管理权与审判监督权相互交织的种种弊端，与这种管理模式有着不可分割的关系。正如有学者指出的：中国法院行政化的问题，出在法院系统内部这两套分别用来处理两类不同性质问题的制度上，即审判制度和司法行政制度。[①] 由此带来的问题是，在实践中，上级法院负责对下级法院领导干部（主要是通过司法巡查和干部协管等方式对法院的班子成员）的任用考核，下级法院的各项工作都按照上级法院的要求进行。检查、评比、请示、汇报，行政工作如此，审判工作也是。“上下级法院之间，中国的上级法院和地方党委、政府一起分享下级法院的经费、人事权力。而且下级法院法官的培训、评先进甚至出国考察的审批权力都来自于上级法院。上级法院控制了下级法院诸多的行政管理权。”[②]

虽然本书主要探讨的是上下级法院的审判业务关系，并不涉及上下级法院间的司法行政管理关系，但由于上级法院对下级法院的行政管理事务也有某些指挥、领导和服从关系，特别是各省的高级人民法院对辖区内的各级法院在办案经费、车辆配备、教育培训、信息化建设、法庭建设、案件流程、法官等级评定、各类先进评定等统一管理、指导甚至调配、决定，上级法院事实上对下级法院的司法行政事务有一定的行政管理和领导权，这种权力容易导致上级法院对下级法院潜移默化地形成一种指导管理甚至领导意识，继而渗透到上下级法院的审判业务之中，习惯用行政化的思维和管理手段去处理审判业务和审判业务管理等关系。常见的情形是，上级法院分管审判业务的院长往往担任各类行政事务的领导，一身兼数职的情况非常普遍，审判业务监督指导与行政事务管理相互交叉，思维和工作方式难免也交织混同，审判监督权与行政管理权的剥离不仅是职责上的分离，也需要人员上的有效分离。如何分离？有观点认为，

---

① 参见苏力：《法院的审判职能与行政管理》，载信春鹰、李林主编：《依法治国与司法改革》，中国法制出版社 1999 年版，第 461 页。

② 陈瑞华：《为中国“案件请示”把脉》，载《法制资讯》2009 年第 5 期。

可以建立吸纳一个各方面人员参与的管理机构，而不是完全由上级法院独享管理权。“对于上级法院或最高法院自由管理司法行政事务的情况，各国法院通常采取一些措施以尽可能淡化上下级法院之间指挥与服从的关系，如建立法官代表机构行使司法行政决策权，吸收其他部门如政府、议会、律师界、公众代表参加，而不是完全由上级法院独享管理权等。”①即使是作为司法行政最高官府的日本最高法院事务总局，其“事务总局事务总长、事务次长以及下设各局的局长等负责人员都不是普通行政职员，而都来自下级法院的法官。目前，最高法院事务总局大约有45名这种资格的人员专门从事司法行政工作”。② 有人建议：“可以将司法行政工作从法院系统中剥离出来，或者成立相对独立的机构来管理，例如类似于美国的联邦司法管理局或司法联席会议，或者在人大下面设立司法委员会，或者增强人大常委会下的内务司法委员会对法院的监督。在中国现行体制中，后一种办法更为可行。”③笔者认为，虽然现行《人民法院组织法》规定，司法行政工作由各级人民法院自行管理，但面对上级法院“既是二审、再审案件的裁判者，又具有相当的对下级法院行政事务支配权，上级法院自觉不自觉地把自己当成下级法院的领导，越权干预下级法院除审判工作以外事务的‘错位现象’便司空见惯，使上级法院可能利用人事任免、奖惩和行政事务上的权力控制、指挥、侵占下级法院的审判权”④这一现实，不仅目前在上下级法院之间实现司法权与行政权的彻底分离是不可能的，而且随着党的十八届三中全会关于司法管理体制改革思路的推进会有继续强化的趋势。因为，省级以下法院的人、财、物由省统一管理，不排除由省法院统管地方各级法院人、财、物的可能，果若此，脱离了地方人、财、物控制格局下的地方法院，转而会寻

① 蒋惠岭：《上下级法院关系改革的思路》，载《法制资讯》2009年第5期。

② 龚刃韧：《现代日本司法透视》，世界知识出版社1993年版，第63页。

③ 侯猛：《上下级法院之间的司法行政关系》，载《法制资讯》2009年第5期。

④ 湖南省高级人民法院课题组：《完善上下级法院之间的审判监督关系》，载《法制资讯》2009年第5期。

求省级法院的行政支持,上下级法院的行政化领导管理色彩将愈发浓烈。一些省高级人民法院在兴奋权力增大的同时也认为是个挑战,而中级、基层人民法院则表现出某些程度的不适应和担忧。① "在现有政治体制下,这些重大的改革都需要经过党中央批准。"②这种统一管理的司法体制究竟如何运行,还有待具体的改革安排,仍然需要自上而下地进行改革和稳步推进。但是,笔者认为,所有具体改革的措施,其目的必须最终落实在实现党的十八大报告所提出的确保审判权依法独立行使这一终极目标上来。否则,无论是司法管理体制还是审判权运行机制等方面的改革都不是真正成功意义上的改革。那种欢呼终于超越了地方主义,可以张开双臂欢迎③的司法管理体制改革,可能又会落入上下级法院行政化的窠臼。"我们不能在打碎旧的枷锁时又代之以另一套枷锁,我们应该给法官松绑。"④日本的司法管理模式就为我们提供了一个鲜明的事例,"由最高法院直接掌握司法行政事务,从司法权独立于行政权的角度来看,有其有利的一面,因为这样可以完全排除政府的干预。但另一方面,根据日本的司法实践,由最高法院事务总局掌握着的司法行政大权,又对下级法院法官的独立构成一种新的威胁……此外,最高法院掌握司法行政事务,还会引起法院机构

---

① 参见赵凌、赵蕾、郭丝露:《"人财物独立于地方"等了十年 突然要脱离,法院不习惯》,载《南方周末》2013 年 11 月 28 日。文章中引用西部某高级人民法院一位副院长的话:"管理全省法院的人财物,对省高院来说是个挑战。"广东省某中级人民法院副院长认为,"会不会出现底下的人往省里跑(要多一点钱);省里的钱到了地方,会不会被地方扣下来,也是个未知数"。重庆市某区法院一位副院长打比方说:法院以前有两个"婆婆",一个是地方党政,一个是上级法院。改革之前,地方这个"婆婆"一方面可以干预你,面对难题时它也会调动力量帮助你。改革以后这个婆婆没有了,它干预不了你,同样也帮不了你。剩下的上级法院这个婆婆,它能不能很好地支持你?

② 侯猛:《上下级法院之间的司法行政关系》,载《法制资讯》2009 年第 5 期。

③ 参见张建伟:《超越地方主义张开双臂欢迎》,载《人民法院报》2013 年 11 月 25 日。张建伟提到:"对于超越地方主义的改革措施,司法机关应当张开双臂加以欢迎,给予热情拥抱,这是司法工作发展的难得机遇,所有的司法机关都应积极投入这一改革。每个司法人员都应当成为司法改革的助力而非阻力。"

④ 〔美〕本杰明·卡多佐:《法律的生长》,刘培峰、刘骁军译,贵州人民出版社 2003 年版,第 7 页。

臃肿庞大和官僚化等一系列问题”。[①] 司法机关依法独立行使职权，既是一项宪法原则，也是一项重要的诉讼原则。“不仅是司法机关的使命，也是政治乃至司法改革需要达成的目标。司法机关人财物由省级统管，使司法机关摆脱地方控制，为实现依法独立行使职权迈出了重要一步。但是，这项改革需要具体措施加以保障，没有周密的配套措施和必要的制度安排，司法权就难以脱离茧缚，从而成为实现公正的可信赖的力量。”[②]因而，在下一步具体的改革安排上，要着重在防止省级法院通过对下级法院的人、财、物的控制来干预下级法院的独立审判权的行使方面，考虑如何建立一个科学有效的管理机制。可考虑设立专门管理人、财、物的部门，将上级法院的行政管理权与审判监督权严格剥离，并辅之以相应的监督制约机制，防止上级法院对下级法院人、财、物的权力控制，变成对审判业务乃至整个法院的领导管理关系。超越地方主义、打破司法权受制于地方的格局之后，应进一步推进司法权独立行使的系统化制度保障，遏制住上下级法院之间实际已存在且不断滋长的行政化领导管理关系再度无所顾忌甚至堂而皇之地大举扩张。否则，学者所呼吁的“要张开双臂加以欢迎，给予热情拥抱”的改革措施，将会因为配套措施和必要制度安排的不尽科学合理，而成为另一种阻碍上下级法院独立审判权行使的羁绊，到那时，每个司法人员真的就可能成为司法改革的阻力而非助力了。

2. 对异化程序进行矫正与规制，将游离于法定程序外的某些审判惯习导入程序内，实行诉讼化改革，或寻找规范有效的替代性制度

我国上下级法院在具体案件适用法律的请示与批复由来已久，成为现实中非常实用的审判工作惯例。上级法院通过对下级法院请示进行口头答复或书面批复的方式，对于帮助指导解决下级法院审判中的难题、弥补抽象法律和司法解释的缺陷、统一裁判尺度、提高审判效

---

① 龚刃韧：《现代日本司法透视》，世界知识出版社 1993 年版，第 71 页。
② 张建伟：《超越地方主义张开双臂欢迎》，载《人民法院报》2013 年 11 月 25 日。

率，乃至排除地方司法干扰等方面发挥了积极的作用[①]，也使下级法院在实用主义的心态下对上级法院产生了心理依赖，“容易造成法院上下级之间的行政依附关系，使我国宪法中规定的上下级法院之间监督与被监督关系的内容发生质的变化”。[②] 笔者在第二章曾对案件请示进行了翔实的问卷调查，从法官、当事人、律师和法学专家的视角对其利弊进行了评价。特别是法官们尽管也对目前的案件请示中的诸多问题表达了困惑与不满，但当涉及对这一司法惯习的存废命运时，多数法官并不如学者们所希望的那样要废除它，而是主张在现有的环境下可以有限度地保留，进行诉讼化改造，使之规范运作或寻找符合诉讼规律的替代方式。其实，对案件请示实行诉讼化改造，一直是近年来最高人民法院的改革思路[③]，在 2010 年最高人民法院出台的《关于规范上下级人民法院审判业务关系的若干意见》第 3 条就明确提出，对于法律适用上有普遍意义的案件由下级法院报请上级法院审理，实则是通过上提上级、移送管辖制度将符合案件请示的案件纳入到诉讼

---

① 新中国成立之初，人民法院系统内部即产生了案件报告请示的做法。按照最高人民法院当时的解读，实行这种做法，对于“密切上下级关系，交流经验、正确处理重大或疑难问题、避免错误缺点，以及提高干部和改进工作，都有很大的好处”。参见《案件请示做法的由来》，载《法制资讯》2009 年第 5 期。

② 邵书平：《我国法院在具体案件上适用法律的请示与批复的理性思考》，载《湖南公安高等专科学校学报》2004 年第 2 期。

③ 新中国成立以来，最高人民法院已陆续出台有关案件请示的 10 个规范性文件。根据最高人民法院的规定，并总结各级人民法院的实践，报送请示案件一般包括以下几个要素：(1) 只能就法律适用问题请示，不能就事实问题请示。(2) 请示时必须做到事实清楚。报送请示案件的事实、证据问题由请示的法院负责，答复的法院对事实问题不负责任。事实不清、证据不足的案件不得报送请示。(3) 必须经过审判委员会讨论，并形成倾向性意见。(4) 请求报告中要反映出各方面的意见。(5) 必须逐级请示，不得越级请示，更不能个人请求。(6) 请示的案件必须是适用法律存在疑难问题的重大案件，或者依照有关规定应当报送请示的案件。(7) 答复请示问题必须采用书面形式。近年来，各地法院也为此作了一些努力，有些地方法院已经宣布取消或实际上不再实行案件请示做法。《人民法院第二个五年改革纲要(2004—2008)》则为取消案件请示的做法提供了诉讼化改造的途径。参见《案件请示做法的由来》，载《法制资讯》2009 年第 5 期。

法范畴中，不再走请示这条路了。[①]“对案件请示的诉讼化改造，并不是凭空再造一套程序，而是将法律适用上有普遍意义的案件的移送管辖，纳入到诉讼法范畴中。当然，在具体程序设计上，可以结合诉讼法的规定，进一步细化。”[②]但是，据笔者的调查，实践中通过移送管辖这种制度取代请示的案件没有或几乎很少，究其原因，除了最高人民法院的《关于规范上下级人民法院审判业务关系的若干意见》缺乏配套的可操作性程序规定外，更为重要的原因可能是上下级法院的利益倾向所致，在当前矛盾尖锐、案件压力增大的司法环境下，主动揽案件尤其是疑难案件[③]，不大符合上级法院对自身利益的考虑，尽管下级法院不乏移送管辖的单方面热情。因而，在现有的司法环境未有明显改变的情况下，特别是上级法院对下级法院的审判业务考核指标的设定[④]和方式未有大的调整的情况下，案件请示不会主动在上下级法院的日常审判活动与相互关系中消失，哪怕最高人民法院明文规定要走移送管辖制度的诉讼化改造之路，也难降案件请示的热度，即便是换个面孔，将“请示”变成“请教”，亦要做个变通和折中。

改造案件请示制度的目的是为了确保审级制度的功能设置得以

---

① 最高人民法院《关于切实践行司法为民大力加强公正司法不断提高司法公信力的若干意见》(法发〔2013〕9号)再次强调要逐步改变主要以诉讼标的额确定案件级别管辖以及主要以行政区划确定案件地域管辖的做法。进一步完善指定管辖、提级管辖和集中管辖制度，使依法独立审判可能受到非法干扰的案件和法律适用有疑难的案件、新类型案件，能够由其他法院或上级法院审理，为下级法院裁判类似案件提供示范、统一裁判尺度。

② 何帆:《改革案件请示做法的路径》，载《法制资讯》2009年第5期。

③ 现实中下级法院请示的案件有相当一部分并不是法律适用上的疑难问题或者法律适用上有普遍意义的案件，不少案件请示与批复所涉及的法律适用是明确的，往往属于所谓“难缠”的案件，涉及行政权干扰、人情官司、社会舆论非正常介入、当事人上访等案件。下级法院为转移矛盾和压力，利用现有的法律资源向上请示，希望借助上级法院的答复获得解决问题的思路与办法。

④ 在最高人民法院和各省高级人民法院、中级人民法院所设置的审判执行绩效考核评估指标中，发回改判率是一项重要的指标，会影响到对下级法院审判绩效的成绩与排名，是下级法院极为看重并极力改善的指标项。为了降低发回改判案件数，下级法院热衷于对“拿不准”的案件向上级法院及时请示，以保持上下级法院裁判思路和裁判观点的一致，避免案件被上诉改判或发回的风险。

实现，让一审法院真正行使独立的司法审判权，确保司法的公正和对当事人权利的保障。笔者认为，面对移送管辖制度暂时难以推行而案件请示又确有存在之现实需要，与其强行废除，不如思考可能改造的路径。

一个可能有助于缓解案件请示弊端而又满足下级法院需求的方案是，将案件请示纳入到法定程序中，作为诉讼法明确规定的一项例外或特殊程序进行规制。“彻底的诉讼化改造，就要完全避开内部请示这种暗箱操作。”[①]通过对需要请示的案件类型、启动的条件、请示的主体、答复的主体、答复的程序、答复的效力等进行详细规定，以公开的程序消除案件请示制度原有的一些内在缺陷，如程序的内隐性、侵蚀审级独立、剥夺当事人上诉权等。比如，对下级法院需要请示的案件，可以考虑由当事人或律师提出或启动，满足当事人的知情权与程序参与权。对上级法院在答复时，可考虑设置听证程序，听取双方当事人及一审法院的意见，另外答复的效力只是具有参考性而非指导性。将请示的程序作为一审程序中的特殊程序，并严格限定其范围和启动条件等。将请示制度这种非程序性甚至反程序性的审判工作监督形式纳入到程序规范的框架之内，使其具有透明度并接受监督。

另一个替代案件请示的方案是充分发挥指导性案例对规则引导和法律适用统一的功能。有的学者提出，可考虑通过判例制度的引入来代替案件请示制度的功能，认为判例制度与判例法是两回事，我们虽曾经一直以中国系大陆法国家而反对引入英美法系的判例制度，但实际上，大陆法系国家的判例仍然发挥着重要的作用。[②] 这里，笔者不对判例制度与判例法的异同作分析和区分，但鉴于中国最高人民法院正在推行案例指导制度，改革的思路还应当立足于对现有改革制度的完善和强化，而不是迷恋与自己本土有较大差异的域外制度。

根据笔者在第二章对指导性案例效果的实证调查和评析，虽然目

---

① 陈瑞华：《为中国“案件请示”把脉》，载《法制资讯》2009 年第 5 期。

② 参见万毅：《历史与现实交困中的案件请示制度》，载《法学》2005 年第 2 期。

前最高人民法院在全国法院推行的指导性案例制度在促进新类型、疑难、复杂案件审理中形成统一裁判思维和法律适用标准的作用不够明显:如指导性案例发布的数量在茫茫案件中为数寥寥,不能对下级法院审判复杂多变的案件起到充分的指导作用;指导性案例的规则创制和司法解释功能还比较有限,目前还很难满足下级法院对规则和法律适用难点寻求指导的需求;以及指导性案例尚未形成统一、规范、权威的编纂发布查询引用系统,给裁判文书的引用带来操作不便等问题,但毕竟是最高人民法院在统一法律适用方面所作的一个重大尝试,随之而来的只是如何在操作程序和技术层面不断完善的问题。依笔者陋见,随着时间的磨砺和经验的积淀,这一制度将会成为最高人民法院立足自身职能定位、协调各地法院法律适用冲突、维护全国法制统一的重要制度①,也会最终有效替代案件请示制度,成为最高人民法院监督指导下级人民法院灵活快捷、颇具活力的重要途径和方式。因为,事实上,下级法院基于各种复杂的动因,"非常关注上级法院尤其是最高法院的裁判,并在相似或近似的裁判中加以引用,下级法院直接将上级法院或最高法院的裁判作为本院裁判依据的情况也并不鲜见。当事人在诉讼程序中也是如此,他们乐于寻找对自己有利的生效裁判作为辩诉攻防的武器"。② 指导性案例的推行,应该说具备了深厚的实践土壤和心理基础。而且,最高人民法院还可以借由指导性案例,实现明晰法律模糊地带甚至创制法律规则、填补立法空白更高层次的法律解释功能,补充司法解释相对抽象或滞后的缺陷,从而与最高人民法院的其他审判业务监督指导方式形成相互补益、彼此支持的完整体系。需要指出的是,实现最高人民法院案例指导方面的功能,还必须配之以审级制度的改革。正如前文所言,最高人民法院只有作为第三审法院,才能通过其作为最高上诉法院来统一法律的适用。否

---

① 最高人民法院《关于切实践行司法为民大力加强公正司法不断提高司法公信力的若干意见》(法发〔2013〕9 号)强调要充分发挥指导性案例和参考案例的重要作用。

② 曹士兵:《最高人民法院裁判、司法解释的法律地位》,载《中国法学》2006 年第 3 期。

则,在原有的二审终审体制下,绝大多数案件在中级法院便得以终审,一些争议标的金额不大但有法律意义或法律价值的案件无法上诉到最高人民法院。最高人民法院终审的案件都是各省高级人民法院一审的案件,大多是标的金额大的案件,绝大多数不具有普遍的法律意义或法律价值,这一点从《最高人民法院公报》及《人民法院案例选》中选登的案例很少有出自最高人民法院之手的现象便可略见一斑。[①]笔者曾参加对最高人民法院指导性案例方面的研讨会,据称《最高人民法院公报》刊登的案例中约70%选自中级人民法院。加之,最高人民法院既审查事实问题,也审查法律问题,在每年实质审结的二审案件3 000多件,同时会对约300件案件作出司法解释,另外处理10 000多件申诉性质的来信来访,以及大量与审判无关的事务中疲惫不堪,无法集中考虑重大法律问题,更无力兼顾与其他法庭、合议庭之间保持司法判决的一致性。而整个司法系统冲突的大量产生,又反过来刺激通过更换法庭而获得胜诉的人性欲望,进一步影响法制统一的可能性。[②] 因而,控制最高人民法院审理上诉案件的数量,排除最高人民法院审理事实问题的可能性,有助于位于司法层级塔顶的最高人民法院将有限的资源投入到发现、制作和公布具有维护司法统一功能的指导性案例中。

三、打破闭合性,导入外部力量参与上下级法院的审判业务关系

"审级制度作为程序设计的宏观框架,它的构思设计及运作应当符合程序关系人的主体意愿,应当赋予程序主体一定的程序参与权及程序选择权,同时还应有助于提升程序主体对审级制度内容及其运作的依赖度和接纳度。"[③]我国三大诉讼法均规定,二审法院可以对一审

---

① 参见张榕:《司法能动性何以实现——以最高人民法院司法解释为分析基础》,载《法律科学》2007年第5期。

② 参见傅郁林:《审级制度的建构原理——从民事程序视角的比较分析》,载《中国社会科学》2002年第4期。因为该篇文章刊发在10年之前,现在最高人民法院实际审理的二审案件数量、个案答复、申诉案件和上访数量已大大超过了以上数据。

③ 江伟:《市场经济与民事诉讼法学的使命》,载《现代法学》1996年第3期。

法院的判决发回重审，旨在查清事实或弥补程序上的瑕疵，是上级法院对下级法院进行审判监督和指导的一个重要程序性设置，有利于救济当事人权利、纠正初审判决的错误并帮助下级法院提高业务水平。[①]但在实践中，这一措施并没有达到其制度设计的初衷，存在很多问题。这些问题在本书的第二章已从当事人、法官、律师和法学专家的视角进行了较为充分的实证调查分析。其中的一些问题，如对发回重审的标准不明和发回次数无限定致审判效率低下的问题，2012 年修订的《民事诉讼法》和《刑事诉讼法》作了完善[②]，特别是取消了以"事实不清、证据不足"为由的反复发回，但是仍然缺乏程序的透明度和当事人的参与性。"我国《民事诉讼法》实行的是职权主义诉讼体制，法院和法官对诉讼程序的主导权和决定权，同样体现在发回重审制度方面。在民事案件是否发回重审、何时发回重审、发回重审的内容等问题上基本由法官决定，当事人不享有任何话语权，甚至当事人对案件发回重审的知悉权也得不到保证。缺少当事人参与的发回重审是封闭的、单边的程序倒流，这种程序倒流，赋予后面诉讼程序的法官不受限制的自由裁量权。在发回重审制度设计中过分强调法院的职权本位，忽视当事人的诉讼主体地位，其造成的直接后果就是为法官滥用职权、恣意司法提供了便利条件。"[③]彻底改革完善发回重审制度，还应当充

---

① 最高人民法院《关于切实践行司法为民大力加强公正司法不断提高司法公信力的若干意见》(法发〔2013〕9 号)提出："规范案件改判、发回重审及提起再审的标准。上级法院既要尊重下级法院的自由裁量权，又要依法纠正下级法院的错误裁判。"

② 根据 2012 年修订后的《民事诉讼法》第 170 条的规定，第二审人民法院对原判决认定基本事实不清的，裁定撤销原判决，发回原审人民法院重审，或者查清事实后改判；对原判决遗漏当事人或者违法缺席判决等严重违反法定程序的，裁定撤销原判决，发回原审人民法院重审。且对发回重审的次数进行了限定，即原审人民法院对发回重审的案件作出判决后，当事人提起上诉的，第二审人民法院不得再次发回重审。根据 2012 年修订后的《刑事诉讼法》第 225 条的规定，第二审人民法院对原判决认定事实不清或证据不足的，裁定撤销原判决，发回原审人民法院重审，或者查清事实后改判。且对发回重审的次数进行了限定，即原审人民法院对发回重审的案件作出判决后，被告人提出上诉或者人民检察院提出抗诉的，第二审人民法院不得再次发回重审。

③ 胡夏冰、陈春梅：《我国民事发回重审制度：反思与重构》，载《法律适用》2012 年第 8 期。

分尊重当事人的程序选择权①,反映当事人的意志和愿望,保障当事人自由地发表意见和建议,将发回重审的决定权交给当事人,由当事人决定是否对案件发回重审,让当事人在发回重审问题上自由地行使参与权、表达权和监督权。可借鉴我国台湾地区“民事诉讼法”第451条第2项的规定,尊重当事人的意愿,亦可提高诉讼效率,即使一审诉讼程序有重大瑕疵,二审法院废弃了原判决,亦可将该事件发回原法院,但“如两造合意由第二审法院就该事件为裁判者,应即自为判决”。②其实,尊重当事人的意愿,还应当打破上下级法院审判业务关系的内闭性,增强信息交换的对称性。比如取消发回重审内部指导函,将需要监督指导的内容直接写入裁定书中,使其明确具体化,既可以使上级法院审判监督指导内容具有针对性和有效性,也有利于满足当事人和律师的知情权和参与愿望。

除了在审判程序方面保障当事人的程序选择权,在上下级法院的其他审判业务关系中也需要外部因素的合理介入。“司法权有很高的社会参与性与公开性。司法权的社会参与性与公开性是其他权力所不及的。”③司法权的启动依赖一定的社会力量,没有社会力量的介入,司法权便很少开始运作,从这一层面而言,司法权又是一种社会权力。可考虑司法权的这一特殊性质,在完善上下级法院审判业务关系时,打破上下级法院审判业务活动中的闭合性,引入社会的力量和外部因素,促进上下级法院之间的审判监督、指导、管理等活动更加公开、透明,更好地弥合因自我评估与社会评判不一致而产生的评价差异、认同差异,增加社会公众对司法的信赖与接纳度。比如,上级法院对下

① 最高人民法院《关于切实践行司法为民大力加强公正司法不断提高司法公信力的若干意见》(法发〔2013〕9号)提到要尊重当事人的程序选择权,对依法可以由当事人自由或协商决定的程序事项,应当尽量让当事人自主协商决定。但未明确哪些程序可以由当事人自主协商,这仍是今后法院诉讼程序中的一项重要改革内容,需要最高人民法院作出具体司法解释甚至法律的修订。

② 江西省高级人民法院课题组:《保持审级监督有序性的思考》,载《法制资讯》2009年第5期。

③ 周永坤:《司法权的性质与司法改革战略》,载《金陵法律评论》2003年第2期。

级法院法官的评鉴和对审判业务绩效的考核可以实现社会化的参与。在对法官的考评方式上,尝试“改变法官监控的方式与途径:由国家的、权力为主的监控变成社会为主的监控。国家监控权力的消减必须代之以社会的力量”。[①]

我国台湾地区的一些民间组织针对法官进行的评鉴活动就值得参考。台湾地区的财团法人民间司法改革基金会从 1988 年起开始公布法官评鉴结果,目的是“希望以在野的力量监督司法品质,同时催生淘汰不适任法官的机制,以不使司法独立沦为司法独裁”。后来,此项针对法官的评鉴活动一起延续至今。[②] 我国大陆目前上级法院自上而下对下级法院审判执行绩效进行的考评,通常都侧重于在法院系统内部对审判质量、效率、效果等自我评估的一套司法工作结果的考评,如人均结案数、均衡结案率、上诉率等,在这种考评机制下,即便比率很高,法院工作也未必能得到社会的好评。因为,上级法院精心设置的数十项考核指标,仍是一种内部考评体系,缺乏外部社会公众的参与。

境外也有对司法绩效的评估制度,与中国的内部考评机制相比,除了没有那种中国法院式的考核、排名、通报、奖惩等行政管理手段外,还在于这种评估侧重外部评价,以司法工作的公众认可度为标尺,依赖第三方开展评估调查,目的是督促法院和法官改进工作,以此衡量公众对司法的信任和信心,最终为法院自身和相关司法委员会制定司法发展战略规划提供参考。如美国加利福尼亚州法院的司法公信力评估机制侧重外部评价,1992 年开展了第一次司法公信力评估,2005 年开展了第二次评估。评估工作由法官、律师和法学专家共同设计评估问卷,然后委托第三方开展评估调查。法院将评估结论用于帮助自己认清形势,以制定本州的司法发展战略。在具体调查方法上采取抽样调查,如 2005 年美国加利福尼亚州司法委员会和旧金山大学

---

① 周永坤:《司法权的性质与司法改革战略》,载《金陵法律评论》2003 年第 2 期。

② 参见台湾财团法人民间司法改革基金会网站(http: www. jrf. org. tw/feform/judgement. htm),访问时间:2004 年 2 月 5 日。

共同开展的公众和律师对加利福尼亚州法院的信任和信心的抽样调查，在综合考虑加利福尼亚州人口数量和族群构成的基础上，发放了2 400份问卷。电话调查采取随机的方式进行，一半的电话调查与加利福尼亚州各县的人口相匹配。另外的电话调查选择在亚裔或非洲裔美国人高于30%的地区进行。对律师的调查问卷取自在加利福尼亚州执业的3 500名律师，通过电子邮件和电话调查的方式完成了约500份问卷。旧金山大学公共研究所负责开展本次问卷调查，该研究所已经成立20年，为政府机构、非营利组织以及全加利福尼亚州的学术研究者提供服务。该研究所可以提供各个社会科学领域里的专家，包括社会调查、心理学、社会学、公共健康、公共管理、社区发展、城市规划以及统计学等领域。① 美国犹他州司法绩效评估制度的显著特点在于，其拥有独立的评估机构，高度依赖第三方机构或个人提供的调查材料，评估结果对法官能否继续被选任具有重大影响。犹他州于2008年制定了《司法绩效评估委员会法》，规定了评估方式、评估标准等基本规则，并成立了专门的司法绩效评估委员会（属于司法部门的一个下设机构，其成员组成相对多元化，以确保司法绩效评估免受政治立场、意识分歧与专业知识差异的影响），负责对法官绩效进行评估。司法绩效调查以问卷调查方式进行，除委托第三方机构进行司法绩效调查外，第三方机构还组织个人进行法庭观察。随着评估制度的发展和公众意见的加入，司法绩效评估成为州法官在选举中连任或留任、提升法官素质的最成功的方法之一。② 2010年9月14日，美国公布了《联邦司法发展战略》，作为今后一个时期美国司法改革的纲领性文件，该战略第7.2条规定，以合理的方式改善法院信息的便民性，以维护司法过程中参与人的权利。③

---

① 参见蒋惠岭、黄斌编译：《美国加州法院的司法公信力评估机制》，载《人民法院报》2013年5月17日。

② 参见夏南编译：《美国犹他州司法绩效评估制度》，载《人民法院报》2013年5月10日。

③ 参见蒋惠岭、黄斌编译：《美国联邦司法发展战略》，载《人民法院报》2012年9月14日。

近20年来,英国司法制度发生了巨大变化。2006年英国皇家法院事务管理局制定的《司法工作发展战略》在战略原则1.1中规定,所有的计划和决策都将参考亲历司法系统的人员的意见,并使用有关决策表现、效率以及风险承担者的需求等方面大量的更可靠的数据作支撑。①

除了英国、美国外,近年来司法绩效考评也是国际司法界普遍关注的问题,2008年,由欧洲、亚洲、澳大利亚及美国的一些法院和研究机构共同组成的卓越法院框架标准联合会制定了《卓越法院国际框架标准》,从十项价值、七个领域为"卓越法院"制作了一个"模具",并制定了简便易行的考评方法,将定性评估与定量评估结合,防止把正义的质量简单量化,从而失去评估的真正意义。这套评估机制还具有广泛的参与性,法官、法院其他工作人员都可以参与评估,律师、检察官、政府机构、非政府机构也可以参与相关领域的评估。另外当事人、公众将参与全程评估,提供反馈意见,这样能对法院的公正性和司法水平提供最准确、最真实的评价。根据《卓越法院国际框架标准》,公众对司法的高度信任和信心是法院工作成功的最终标志。因而,一个卓越法院必须注意系统收集包括法院业绩表现、社会发展、法庭使用者和外部合作者的需求与愿望在内的各种重要信息,目标是科学系统地制定和实施各种具体的司法政策,从而改善司法服务质量。②

上述国家或地区法院司法绩效评估,侧重外部评价和引入外部力量的做法,值得我们在改革上级法院对下级法院的审判绩效考评方式中借鉴。当前中国法院审判绩效考评中的行政化手段以及过于注重内部评价的模式,已经导致上下级法院在审判业务的指导管理关系中呈现出越来越强烈的行政化色彩,引发了下级法院法官的普遍抵触、无奈和反感,而且这种"内部发力"式的评估方法,并未引起外部的关

---

① 参见蒋惠岭、林娜编译:《英国司法工作发展战略》,载《人民法院报》2012年9月28日。

② 参见林娜编译:《"卓越法院"的国际评价标准》(上)、(下),分别载《人民法院报》2013年3月1日、2013年3月22日。

注和参与,无论如何在内部层层加压、责任加重,社会对法院司法工作结果的评价并不认同,存在"自我评价"与"外部评价"并非"同向发展"的悖论。因而,上级法院要增强公众对各个层级法院的接纳度与信任、信心,不能与社会和外部合作者剥离,不能在"隔离区"里自言自语,否则再"自我感觉"良好的对下级法院的评价机制,也会因缺少社会的参与而少了"公众的喝彩"。实际上,上级法院对下级法院强有力的监督指导管理,意味着法院工作"外部导向性"的增强,体现着法院的开放性,对"司法产品"使用者和外部公众需求和愿望的关注和满足,以及积极回应社会变化和发展。[①] 从最终目标来说,也是提高公众对司法的高度信任和信心,提高社会对法治的尊重的一个必由路径选择。目前一些地方法院开始探索委托中立第三方对法院审判工作的效果进行外部测评。如浙江省高级人民法院从 2013 年 4 月与社科院法学所签署为期 3 年的测评协议,委托其作为中立第三方对全省法院测评。测评组充分利用浙江法院信息化建设成果,直接从管理系统的数据库和网站上获取相关数据信息。同时,通过查看案卷、现场查看等方法,随机抽查各法院的民商事、刑事、行政一审案件卷宗等 5 000 多件。社科院法学所历时 5 个月已完成浙江全省 103 家法院的首次测评,陆续出具审务公开、立案庭审公开、裁判文书公开、执行公开、保障机制五个方面的测评分析报告稿和阳光司法指数总测评报告稿。[②] 浙江省高级人民法院探索的"阳光司法指数"及测评社会化的司法公开经验于 2013 年 11 月 27 日在广东深圳召开的全国法院司法公开工作推进会上,向全国法院推介,并得到最高人民法院院长周强的称赞和认可。法院目前自上而下进行的审判绩效考评,也应当逐渐从内部走向外部,打破闭合,增强社会的参与性。

---

① 最高人民法院《关于切实践行司法为民大力加强公正司法不断提高司法公信力的若干意见》(法发〔2013〕9 号)开始注重司法审判工作与社会生活的融合,提出要准确把握人民群众对法院工作的需求与期待,高度重视人民群众对法院工作的关切和评价,切实尊重人民群众对司法公正的普遍认知和共同感受。

② 参见余建华、孟焕良、张福军:《浙江:"阳光司法指数"形成倒逼机制》,载《人民法院报》2013 年 11 月 28 日。

四、变单向制约为双向制约关系

在评价中国上下级法院的审判监督关系上，可能几乎一致的观点是，监督是一种单向控制①：监督者基于程序设置对被监督者进行审查、控制和矫正，而被监督者基于司法行政等级制和下级服从上级的习惯和理念主动接受这种制约，主动请示汇报，监督者自身的权力不受或很少受到来自被监督者的反向制约，上级法院对下级法院实行单向监督。我国上级法院对下级法院审判业务活动还行使着一项重要的职能，即指导。“指导是一种单向的、形式灵活的、自由裁量的、行政性质的权力。”②下级法院相对于上级法院而言，并不享有完全独立的审判权，所以一审法院在诉讼进行中经由请示汇报以寻求提前“指导”便成为一种具有合法性的制度或惯例。而上级法院对下级法院进行的审判管理及其他与审判业务相关联的活动，更是一种由上对下的单向管理、检查、考核、约束，下级法院几乎不太可能对上级法院的管理决策、管理手段、评比结果和奖励处罚等有参与、建议甚至异议的机会。“权力内在地存在着一种异化的机制，它的不平等性和可交换性，及能够增值的特点，使它有被扩张而滥加使用的可能。”③由于缺乏审判监督、指导、管理等的双向制约，容易导致上级法院审判监督权力的失控和上下级法院结构上的失衡。

改革上下级法院审判监督、指导、管理等单向控制的非民主化机制，应当扩大下级法院对上级法院的审判监督、指导、管理等活动的参与机会。“法院工作是以法官为中心，以审判为主体的活动。法官不仅应当成为唯一享有审判权和决定权的人，同时也应当是司法管理的

---

① 作为监督者的权力没有边界，而被监督者在权力结构中没有获得独立，因而监督机制为单向结构而非制衡结构。参见傅郁林：《司法监督·司法独立·司法公正——以民事审判权监督模式为窗口的透视》，载傅郁林：《民事司法制度的功能与结构》，北京大学出版社2006年版，第85页。

② 傅郁林：《论民事上诉程序的功能与结构》，载《法学评论》2005年第4期。

③ 林喆：《权力腐败与权力制约》，法律出版社1997年版，第70页。

决策者。”①一个法院内部当如此，不同层级的法院更应当如此，因为所有的法院都不能因为层级不同而失去其应有的独立性。

在国外，不少国家通过建立司法会议或法官会议制度来扩大决策的民主化程度。大致有三种模式：一是由国家元首领导的最高司法会议，负责处理全国性的重大司法事务。如法国的最高司法会议由总统担任主席，大部分委员从法官中产生，另从其他人士中选举委员。二是由全国各审级法院的法官代表组成司法会议行使司法管理权。如美国联邦司法会议的成员由联邦各审级法院的部分法官组成，主要决定联邦法院的政策及有关事务的管理，由最高法院首席大法官担任主席。三是最高司法会议由最高法院的法官组成并行使司法管理权，如日本。② 我国可借鉴国外的成功经验建立自己的司法会议制度，用以加强对下级法院审判监督指导和管理工作的民主程度。全国及省级司法会议成员应吸收地方各审级法院一定数量的法官（或院长）参加，对包括制定司法政策、发布司法解释、加强指导性案例、完善审判绩效评估体系、健全错案评价标准和问责机制、强化审判质量控制体系、改革审判权制度机制以及司法改革的总体方案、进程等进行民主决策。通过自下而上的参与，对上级法院单向监督制约形成反向约束，避免上级法院的审判监督、指导和管理等活动过于专断、缺少民主性，亦使上级法院的审判监督、指导和管理因充分听取了下级法院的意见和建议，而更趋准确、更为合理、更有效能。

考虑上下级法院之间的这种双向制约，主要是为了解决上下级法院监督中出现的单向性问题，理顺上下级法院的审判业务关系，更符合司法的运行规律，并非要颠倒上下级法院的关系，也绝不是要把下级法院变成“独立王国”。“现有体制下，对法院系统的监督体系极为庞大，也相对健全，内外部监督不少于十种，唯独没有对法院系统内下

① 蒋惠岭：《初谈法官中心论》，载《人民司法》1998 年第 6 期。

② 参见王利明：《司法改革研究》，法律出版社 2002 年第 2 版，第 209—210 页。

级法院对上级法院的制约，而这却是最为有力的制约方式。"[①]另外，"作为监督者的权力没有边界，而被监督者在权力结构中没有获得独立，因而监督机制为单向结构而非制衡结构"。[②] 事实上，从审级制度的设置看，下级法院应当拥有天然的反向作用力。审判权是整个国家权力架构的重要组成部分，统一而不可分割。虽然在称谓上我们有四级法院，但"每一个法院都应当被认为是国家的而不是地方的司法机构，都代表国家而不是代表地方行使司法权"。[③] "无论基层人民法院还是最高人民法院，它们都是国家的司法机关，在权威上是相等的，所不同的只是司法权力的具体配置，突出表现为上级法院有资格监督下级法院而下级法院无资格监督上级法院。"[④]"固然，上级法院可以改变下级法院的判决，但这只是为司法判决增加一道审核程序，使得相关决策更加审慎、减少错误。"[⑤]这种审级的设置，意味着在整个法院系统内下级法院拥有相对的独立权，下级法院可以发出与上级法院有所不同的声音，并对其进行反向制约。"这种制约更多地是体现在事后，其最主要的目的在于使二审法官在裁判中有所顾虑，并非也不可能对正在进行的二审裁判指手画脚。"[⑥]就上下级法院关系而言，对上级法院的不当监督行为、方式及监督过程中存在的问题，下级法院可以提出意见和建议甚至是异议，在产生重大分歧时，可以依据自己对法律的理解而予以裁判，而并非是被动地无所作为。对上级法院业务指导的方式、效果可以建议，对上级法院审判管理中所设置的评估指标体系标准、考核办法、奖惩问责等提出意见并参与修订完善。其实，一些地方法院在建立上下级法院审判业务之间的双向制约方面，也进行了

---

① 王洪坚：《规范二审裁判权运行的思考》，载《山东审判》2011年第1期。

② 傅郁林：《司法监督·司法独立·司法公正——以民事审判权监督模式为窗口的透视》，载傅郁林：《民事司法制度的功能与结构》，北京大学出版社2006年版，第85页。

③ 王利明：《司法改革研究》，法律出版社2000年版，第163页。

④ 廖奕：《司法行政化与上下级法院关系重塑——兼论中国司法改革的"第三条道路"》，载《华东政法学院学报》2000年第6期。

⑤ 贺卫方：《司法的理念与制度》，中国政法大学出版社1998年版，第97页。

⑥ 王洪坚：《规范二审裁判权运行的思考》，载《山东审判》2011年第1期。

一些尝试和探索,如对拟发改案件实行意见交换制度[①],"通过上下级法院之间权力分层或'分权'的技术设置,使上级法院在制约下级法院的同时,自身的权力也处于制约之下,形成双向制约机制"。[②] 在审级制度中,上级法院与下级法院之间应当是通过职能分层而形成上级对下级和下级对上级两个方向(双向)的制约机制,而不是上级对下级的单向监督关系。健康的制约机制不是对审判权的单向控制或"监督",而是通过审判权与诉讼程序系统内部其他元素之间的双向制约以及诉讼系统与环境之间的互塑共生,构成系统的动态平衡并实现良性循环。[③]

具体可从以下方面考虑建立上下级法院之间的双向制约机制:

1. 对下级法院法官自由裁量权的必要尊重与适度规制

在急剧变化的时代,令法官在立法与司法解释相对滞后的空间必须寻查恰当的自由裁量空间,法官拥有自由裁量权是法官审判职权的

---

① 笔者所在的中级人民法院在多年前建立了发改案件意见交换制度,规定中级人民法院的法官在拟发回重审之前,必须要同基层人民法院的办案法官进行沟通和意见交换,听取基层人民法院法官当时办理案件的具体情况和处理依据,根据基层人民法院反馈的意见再研究决定是否发回。而且,为了落实这项制度,还要求基层人民法院法官在交换意见的笔录上签字确认。但通过对该项制度实际效果的专项问卷调查和座谈访问,结果表明,60%以上的基层人民法院法官、30%的中级人民法院法官赞同该制度。肯定者认为,这是一项很好的制度,给两级法院法官相互学习探讨和各自阐述意见观点的机会,有利于个案的处理;有助于二审法官充分了解案卷中反映不出来的一审办案细节和一审法官当时考虑到的各种因素,慎重发回案件;可规范并限制上级法院过于频繁地发回重审,避免发回重审制度被滥用;基层人民法院法官尤其有被尊重的感觉,并能通过有效的沟通和意见交换知道发回重审的原因,提高自己的业务水平。反对者认为,这不是法定程序且违背了独立审判;下级法院不配合,因为知道要发回往往情绪较为抵触;上级法院发回前征求自己的意见,但事后还是发回了,有不被尊重的感觉;一审被发回的案件有的是经过审判委员会讨论的,而二审只是合议庭决定就可发回,没有经过审判委员会或至少是审判长联席会议讨论,显得比较随意且不够慎重;两级法院的法官都很忙,要抽出时间征求或说明意见,花费时间、精力,而且有时也不容易见面,交换意见在实践中流于形式;等等。

② 傅郁林:《审级制度的建构原理——从民事程序视角的比较分析》,载《中国社会科学》2002年第4期。

③ 参见傅郁林:《司法监督·司法独立·司法公正——以民事审判权监督模式为窗口的透视》,载傅郁林:《民事司法制度的功能与结构》,北京大学出版社2006年版,第93页。

应有之义。如果上级法院对下级法院的自由裁量空间限缩过紧,就会导致下级法官因担忧案件被上级法院发回或改判,使裁判思维因趋向揣摩上级法院思路而逐渐丧失自己的职业自信和独立判断力。“司法也有一个探索认知的过程,裁判案件与医生诊病相似,需要逐步深入地认识,而法律又是需要解释却又无法找到如同自然科学中的绝对答案,因此,只要在法律许可的自由裁量范围内,就应当允许法官用不同的声音讲话。”①法官在自由裁量范围内作出的这种行为结论,“无论是否得到同事多数意见的认可,是否得到上级法院的认可,是否为公众所接受,都应当说法官是正常的履行职责的行为”。② 针对上级法院发改案件过于频繁的问题,最高人民法院开始意识到需要尊重下级法院的自由裁量权,这一变化从近期的审判绩效评估考核中有所体现,即要求上级法院考核下级法院的发改率指标时,要将属于法律幅度内因自由裁量而被发改的案件从发改案件总数量中扣除。③ 另外,最高人民法院还专门出台了《关于在审判执行工作中切实规范自由裁量权行使保障法律统一适用的指导意见》(法发〔2012〕7 号),对正确认识自由裁量权、自由裁量权的行使条件、原则、方法及规范监督等进行了专门的规范。其中,该意见第 12 项规定,要“合理规范审级监督。正确处理依法改判与维护司法裁判稳定性的关系,不断总结和规范二审、再审纠错原则,努力实现裁判标准的统一。下级人民法院依法正当行使自由裁量权作出的裁判结果,上级人民法院应当依法予以维持;下级人民法院行使自由裁量权明显不当的,上级人民法院可以予以撤销或变更;原审人民法院行使自由裁量权显著不当的,要按照审判监督程序予以撤销或变更”。但何是“明显不当”,如何界定“显著

---

① 王洪坚:《规范二审裁判权运行的思考》,载《山东审判》2011 年第 1 期。

② 蒋惠岭:《司法职业保障的十项最低标准》,载《法制资讯》2009 年第 11 期。

③ 另外两项可以从发改案件数量中扣除的是因信访维稳而发改的案件和因新证据被发改的案件。

不当”，以及下级法院认为上级法院监督不当①的如何依程序提出，如何又能够对上级法院的自由裁量权起到反向制约，等等，却语焉不详，需要在今后的制度规范中继续细化和完善。

2. 在上级法院发改下级法院案件的操作程序中增加协调沟通机制

可借鉴包括笔者所在的中级人民法院发改案件意见交换制度中的合理因素，形成对上级法院发改案件程序与权限必要的反向制约。对拟改判或发回重审的案件，上级法院案件承办法官要及时与一审法院沟通，了解一审审理过程及其他相关事项，听取处理意见，并记录在案，归入案卷。但这种沟通与意见交换并不能影响上级法院依法独立行使监督权，也不影响上级法院在听取意见后作出自己的判断结论。否则，会因为照顾下级法院的交流需求而损害审级制度所设置的上诉功能目的的实现。

3. 建立下级法院对上级法院审判监督的异议反馈机制

目前上下级法院之间有关审判监督的异议和反馈机制欠缺，使得上级法院在充分考量一审意见方面缺乏必要的约束和程序保障。如“对提出异议的主体、研究异议的机构和程序、向一审反馈异议处理结果的机构和程序均缺乏制度性的规范和保障。同时，在审判绩效评估和法官业绩考核制度下，还缺乏异议成立和非一审错误或瑕疵造成的发改案件数据如何在司法统计数据、业绩考核数据、绩效评估数据中

---

① 事实上，上级法院改判下级法院的案件并不都是正确的，那些被上级法院改判后又依程序改变上级法院的处理结果、最终恢复到原审法院最初的裁判结果的情形，在实践中并不少见，被称之为“翻烧饼。”参见傅郁林：《司法监督 · 司法独立 · 司法公正——以民事审判权监督模式为窗口的透视》，载傅郁林：《民事司法制度的功能与结构》，北京大学出版社 2006 年版，第 89 页。作者尖锐提出：“在我国特殊语境下，以改判率计算监督的正确率是一种极度错误的计算方式，因为有许多案件经过多次再审，原因在于第一次或第二次再审改判是将原一审或二审的正确判决改错了，所以才引起多次再审。”

予以修正的机制”。[①] 建立上下级法院互动监督的异议反馈机制，是指以上级法院行使法定审判监督权力为“主体”，以下级法院行使异议权和上级法院对异议充分考量并有效反馈为“两翼”而形成的双向互动制约机制。下级法院对二审案件裁判的异议，按审判流程的进展划分主要涉及两个层面：一是事中异议。一审法院提出异议的最有效的时间应当在二审法院作出终审裁判之前，此时可通过发改案件意见交换机制提出异议。针对一审法院提出的书面异议，二审法院在拟发改之前，可邀请一审法院法官或庭长等列席二审法院的有关会议。对拟改判或发回重审的案件是经一审法院审判委员会讨论决定的，二审法院的审判委员会应当讨论并邀请一审法院院长或分管院长列席会议，听取其意见和理由。二是事后异议。在上级法院认定异议不成立的情况下，应当允许下级法院有“再次争辩的权利”，即提出事后异议。下级法院可通过案件评查评析机制，对二审发改案件进行评查中如发现上级法院有发改不当的问题，经本院审判委员会研究讨论后，向上级法院负责案件评查的机构（一般为审判管理办公室）提出异议。上级法院对异议应有专门的审核程序，并对异议是否成立进行反馈，如果认为异议成立，则交由审判委员会讨论决定，确有错误的启动法定程序予以纠正。同时建立司法统计数据和审判绩效考核的修正机制，对经一审法院提出异议并成立的发改案件，应从司法统计数据和对下级法院的审判绩效考核数据中予以扣减，并有相应的矫正和恢复程序。

第二节　远期目标

“今天我们研究前天，为的是昨天也许不会使今天无所作为以及

---

① 胡刚、党盟盟、杨宁：《反思和重构：上下级法院监督关系实证研究》，载《司法的社会责任与公信力提升》（“西安市法院第十一届审判实务与理论研讨会”论文汇编），第117页。

今天又不会使明天无所作为。”[①]“司法部门的主要价值在于使那些否则会被湮灭的理想发出声响并能为人们所听见，在于使这些理想获得持续的生命和表现，在于在展开的选择限度内指引和引导选择。这一职能将使法院保持现在属于它们的那种权力，但这只有在司法权的行使伴随着对社会价值的洞见、并顺应变化着的社会需求时才会可能。”[②]

上下级法院审判业务关系的改革和完善中同样涉及一些让可能被湮灭的理想发出声响并为人们听见，在于使这些理想获得持续的生命和表现，在于在展开的选择限度内指引和引导选择。为了实现这些价值目标，我们应当伴随着对社会价值的洞见并顺应变化着的社会需求。中国正处在全面建设法治国家的进程中，法治理念正成为一种社会的价值和需求。在法治国家和法治社会的背景下，改革上下级法院的审判业务关系，将会触及某些司法理想及其如何实现之宏阔和长远之思考。

当下，在法治国家建设中最让人热切关注的司法理想之一，莫过于关于司法权独立[③]的思考。“司法独立审判是基本的法治原则，下级法院对上级法院，法官对法院领导，都应保持独立性。”[④]否则，“三审终审”也会变成“一审终审”，变相剥夺当事人的上诉权。[⑤] 但是，司法权的独立不仅是上下级法院彼此之间的独立，更重要的是司法权作为一个整体在国家政治权力结构中要有其独立的位置和专门化的功能。司法权在其系统内部之间的独立，只是司法权独立属性的一个层面，缺乏司法权作为权力整体在外部权力间的独立，不能满足人们对司法权独立属性和专门功能的完整期望。“全球化司法改革的目标是强化

---

① 〔美〕本杰明·卡多佐：《司法过程的性质》，苏力译，商务印书馆 1998 年版，第 32 页。

② 同上注，第 57—58 页。

③ 这里的司法权独立与西方国家所倡导的司法独立不同，它不是西方三权分立意义上的司法独立，仅指审判权依法独立公正行使。

④ 徐昕：《司法改革的顶层设计》，载《南方周末》2011 年 12 月 8 日。

⑤ 参见孙业群：《法院司法行政事务管理权研究》，载《中国司法》2004 年第 7 期。

司法独立和改善法院管理。"①"独立的司法很重要,没有它,所有人都不安全,这已经成为一种无须论证的社会常识。"②没有司法机关依法独立行使职权,就不会有现代意义上的民主和法治。正如安吉尔所言:"如果人们并不将法院看做是代表着一种公正的制约的话,那么法治这一概念就失去了其大部分作用。"③要厉行法治,就应当提高司法机关的地位,并保障其行使职权方面的独立性。需要谨记的是,司法权的外部独立同样不是绝对的,"如果独立性仅仅意味着法官按照他们的意愿来决定案件而不受其他官员的压力,这样一个独立的司法机构并不当然会以公众利益为重;人民也许仅仅是换了一套暴政而已"。④ 尤其在我国,司法权与立法权、行政权一样没有什么特别的支柱,其被滥用、误用所造成的损害一点不亚于行政权被滥用、误用所造成的损害。⑤

改革上下级法院关系,从长远目标上需要围绕司法权在国家权力结构中的独立属性和专门功能,思考法院体系的未来设置与改革方案。为了全面实现依法治国,确保司法审判机关在社会主义市场经济体制条件下独立行使审判权,在 20 世纪 90 年代,有关改革现行法院体系设置的呼声就已很高,但沉寂了一段时间,随着党的十八大对法治国家和确保审判权依法独立行使等的强调,这个问题再次浮现出来。在当时,有的学者认为,可以考虑两种方案:一种方案是继续沿袭以地方管理为主的体制,但由中央政府对司法审判机关的人、财、物予以单独调整,并制定相关法规,保证司法机关的人、财、物运作上的相

---

① Linn Hammergren, "Do Judicial council further judicial reform? Lesson from Latin America", Carnegie Endowment for International Peace, Rule of Law Series, no. 26, 2002, available at http://www.carnegieendowment.org/, last accessed on 23 February 2006.

② 贺卫方:《司法独立审判需要广泛的公众认知》,载《南方周末》2011 年 12 月 8 日。

③ 张建伟:《超越地方主义 张开双臂欢迎》,载《人民法院报》2013 年 11 月 25 日。

④ 〔美〕理查德 · A. 波斯纳:《法理学问题》,苏力译,中国政法大学出版社 2002 年版。

⑤ 参见王申:《"千年之交司法改革"国际学术研讨会综述》,载《法学》2002 年第 2 期。

对独立性。另一种方案是改变目前对司法审判机关实行的以地方领导为主的体制，实行由最高司法机关对全国各级司法机关垂直领导的管理体制。[①]“我国地方各级法院必须摆脱物质依赖和人事地方化依赖结构，避免地方党政通过法院经费、人事任免等影响司法权独立。建立法官管理、经费财政管理及行政事务决策归属中央（司法部或最高法院）的一体化外部管理体制。”[②]有法官提出，借鉴美国法院以法官为中心、以审判为中心的人、财、物的垂直领导、高度集中统一的模式，结合我国国情，由最高人民法院和省级法院统一管理辖区内法院的人、财、物，特别是争取各级法院经费由中央或省级财政全额保障，并由最高人民法院或省级法院把中央、省级拨付经费层级直接支付给各级法院。[③] 还有学者认为，考虑到法院的重新设置是一项繁重而艰巨的任务，不能在短期内完成，有关方面应当设计一个较长的规划予以通盘考虑。作为过渡性安排，可先在几个大区设置若干个最高人民法院的派出机构（这种机构类似于美国的巡回法院）。这种机构的设置可将许多民事、经济案件的审级提高，比如在中级人民法院审理的，可提高到高级人民法院审理；而二审审理的又可提高到最高人民法院的派出机构（法庭）审理，当然，从长远看，最好的办法还是设立法院系统自上而下的垂直领导。[④] 关于设置最高人民法院巡回法庭的思路已在十八届四中全会的决定中得到肯定。[⑤] 但对学者提出的“垂直领导”却颇有疑虑。

在当今中国，司法权地方化作为现代司法体制的三大弊端之一，

---

① 参见席小俐：《对我国审判制度改革的几点思考》，载《法学家》1998 年第 2 期。

② 梁三利、郭明：《法院管理模式比较——基于对英国、德国、法国的考察》，载《长江师范学院学报》2010 年第 1 期。

③ 参见黄伟东：《美国法院的管理》，载《山东审判》2011 年第 6 期。

④ 参见王利明、姚辉：《人民法院机构设置及审判方式改革问题研究》（上），载《中国法学》1998 年第 2 期。

⑤ 中共中央《关于全面推进依法治国若干重大问题的决定》（2014 年 10 月 23 日中国共产党第十八届中央委员会第四次全体会议通过），提出最高人民法院设立巡回法庭，审理跨行政区域重大行政和民商事案件。探索设立跨行政区划的人民法院和人民检察院，办理跨地区案件。

与司法权中央化相对,实际上是当前司法体制中大多数问题的症结所在:司法权地方化助长了地方保护主义、损害了司法独立性、影响了司法公正的实现、削弱了司法权威的树立。[①] 司法权地方化问题不仅仅是司法改革要解决的问题,更是中央与地方关系中的重大课题,是宪政层面的问题。毋庸置疑,司法权地方化的问题在现实中客观存在,也确实影响了地方法院的审判独立性,一直为公众诟病,也一直成为法院体制改革的重点话题。但是,如果因为司法地方化的各种弊端,就要通过实行法院系统自上而下的"垂直领导"体制改革,克服这些弊端,实则是以一种缺陷来弥补另一种缺陷。"我们不能在打碎旧的枷锁时又代之以另一套枷锁。我们应该给法官松绑。"[②]"法院总是抱怨受到干涉,为什么还自己干涉自己?上级法院干涉下级法院,院长、庭长干涉法官办案,对案件干涉最多的往往是法院领导。"[③]司法审判有着自身的特点和规律,要求中立、独立、消极被动、追求公正价值目标。司法审判权还有审级独立、审级监督的内在要求,不能实行垂直领导,会加剧更趋行政化的上下级法院审判业务关系,损害不同层级法院之间的司法独立性。因为,所谓的"垂直管理"本身是政府管理中的一大特色,而且在行政体制改革中,是作为中央对地方进行调控的重要手段。我国目前比较重要的政府职能部门,主要包括履行经济管理和市场监管职能的部门,如海关、工商、税务、烟草、交通、盐业的中央或者省级以下机关,多数实行垂直管理。1998 年人民银行撤销了省级分行,设立了 9 家大区制分行,此后,银监、证监、保监均参照实行垂直管理。因而,垂直管理作为一种行政管理模式,是对包括人、财、物和业务等在内的所有活动都自上而下统一管理和严格调控。这种管理模式与司法权的独立属性和特有规律有着本质上的差异,自不应简单

---

① 参见郭殊:《论中央与地方关系中司法体制的权力结构》,载《浙江学刊》2008 年第 6 期。

② 《哈佛法学评论》(Harv. L. R.)(第 35 卷),第 113、117 页。转引自〔美〕本杰明·卡多佐:《法律的生长》,刘培峰、刘骁军译,贵州人民出版社 2003 年版,第 7 页。

③ 徐昕:《司法改革的顶层设计》,载《南方周末》2011 年 12 月 8 日。

照搬。

法院体制的长远改革,从根本上涉及司法职能如何分化于其他国家职能。“分化,是指特定社会内部具有社会意义的各种活动、功能、权力是否分离,并由不同的角色行使。”①左卫民教授在《司法审判职能之分化:传统型与现代型法院制度的比较研究》一文中,通过对社会学家和政治学家释读的现代化图景差异进行细腻分析后,准确提炼出彼此间的一致之处,即结构分化与功能的专门化。“现代社会与现代政府的重要方面即是社会结构中各种角色(包括个体角色与组织角色)高度分化与各自功能专一化,国家机器及其功能作为整体也相应高度分化,机构数量众多且功能各异。而传统社会中则缺乏结构的分化或分化相当有限,传统国家也不具备高度分殊化的政治结构、功能呈弥散状、权力行使主体单一,或者主体虽多样化,但其功能并未分化,主体之间权力仅有大小之分,而无性质不同。”②继而,以结构分化和功能的专门化程度为标尺用于阐述传统型与现代型法院制度,“因为任何法院制度都是特定社会政治制度之有机的组成部分,其功能的分化与角色的形成不可能不受制于一定的宏观背景,或者说本身就是政治结构分化的一个方面”。③ 并将现代型法院制度与传统型法院制度从法院工作目标的专一性、对纠纷解决的独占性、机构设置的系统性、人员的分离性进行了细致的区分。④ 文章特别提出,在现代化的过

---

① 左卫民:《司法审判职能之分化:传统型与现代型法院制度的比较研究》,载《学术研究》2001 年第 12 期。

② 同上注。

③ 同上注。

④ 按照左卫民教授的观察和分析,现代型法律工作目标具有专一性,即法院以解决纠纷为专责,传统型法院并不仅仅解决纠纷,通常它还要行使其他国家职能;现代型法院在理论上和立法上都在国家系统内获得纠纷处理的“专利权”,传统型法院不可能存在某一特定国家机构垄断或主要占据处理纠纷的国家权力的格局;具有常设性、组织性和系统性现代型法院在主权国家范围的存在与运作,传统型法院并未普遍形成自上而下的合理的司法体系;现代型法院的人员与从事其他国家职能相分离,传统型法院制度下法官通常同时又兼任其他部门的工作人员,从事另一职能。参见左卫民:《司法审判职能之分化:传统型与现代型法院制度的比较研究》,载《学术研究》2001 年第 12 期。

程中，与17世纪欧洲大陆国家历史发展趋势[①]相适应的是设置专门的中央法院，并设置型构受其控制的地方法院，塑造司法一体化的格局，“因此，现代型法院制度是一个等级分化严密，以司法方式主要是审级关系互相关联并进行上对下控制的整体系统。这一系统如同其他国家机构系统一样，构成现代社会常设性甚至永久性的机构”。思考中国法院体制的改革，同样需要借鉴上述分化理论，按照现代型法院制度的基本特征，思考在特定社会政治制度宏观背景下中国法院在国家政治结构中的结构分化与功能定位。综观当前的司法改革，“并未从政治权力的配置和司法权在政治体制中的地位的高度来设计总体的发展战略，而是把重点放在实现司法公正和提高效率上，这还不是完全的改革”。[②]

诚然，法院制度是特定社会政治制度的有机组成部分，中国当下的法院制度也是特定社会政治制度背景下的一个缩影。“中国正发生的由传统社会向现代社会的转型，是由经济制度的变迁而引发的社会变迁。从计划经济到市场经济的经济体制变迁，是一种效率更高的制度对另一种制度的替代过程。市场实现社会资源配置依赖的不是政府的干预，而是经济规律的内在调节作用和法律的规制功能，因而市场经济与法治就具有了天然的亲和力。”[③]经济制度的转型为政治制度和司法制度的转型准备了背景和条件。中国的制度成长总体上看，是以尊重实践的渐进方式进行的。诺贝尔经济学奖获得者道格拉斯·诺斯指出：“关于制度变迁的唯一最重要的一点是必须要掌握的，这就是制度变迁中绝大部分是渐进的。”[④]目前正在进行的政治体制的改革，并不是改变我们国家的政治体制制度，它是社会主义制度的

① 在17世纪，就是以更为简单和统一的政府取代复杂的封建君主制，将地方事务置于中央政府的监督或控制之下，导致现代民族国家的形成。参见〔美〕塞缪尔·亨廷顿：《变革社会中的政治秩序》，王冠华、刘为等译，华夏出版社1988年版，第92—97页。

② 李富金：《基层法院的司法管理体制改革》，载《华东政法学院学报》2005年第1期。

③ 肖宏：《中国司法转型时期的法院管理转型》，载《法律适用》2006年第8期。

④ 郭万超：《论中国道路的五大特征》，载《学习活页文选》2013年第36期。

自我发展和自我完善,是在坚持党的领导以及人民代表大会政治制度的框架内进行的。[①] 我国的政治制度决定了司法制度的改革和变迁也必须是在坚持党的领导和人民代表大会政治制度的框架内渐进的。在从人治向法治的转变过程中,实则是司法转型过程中实现司法制度由传统司法走向现代司法、法院从传统型走向现代型司法机关。在现代社会分化的政治网络中,法院的型构样式特征之一就是工作目标的专一性、功能更趋专门化,在现代法律价值取向的呈现上更加清晰,也更能彰显现代司法独立[②]、中立等现代司法文明的特质。[③]

从政治权力架构分析,我国的权力同样分为立法权、司法权和行政权。“一切有权力的人都容易滥用权力。这是万古不易的一条经验。有权力的人往往使用权力一直到遇有界限的地方才休止。”[④]要防止滥用权力,就必须以权力约束权力。在三种权力中,“行政权最具主动性,最易被滥用,程序保障差,最需要控制和制约,相比之下,司法权被动、消极、程序严格,因此往往被用来牵制行政权的有力武器”。[⑤] 但是,司法权在各种权力中历来是最不起眼的,在中国,它的存在甚至常被忽略[⑥],立法权和司法权常常生存在行政权的笼罩之下。在现实中,司法权对行政权的制约力量相对弱小,行政权扩张到司法领域的现象则时有发生,一个突出表征是司法权职能的专门性和目标的专一性似

---

① 参见周楠等:《改革思维:更大勇气智慧》,载《半月谈》(内部版)2013 年第 8 期。

② 党的十八大提到确保审判权依法独立行使。最高人民法院《关于切实践行司法为民大力加强公正司法不断提高司法公信力的若干意见》(法发〔2013〕9 号)提到的依旧是“坚持依法独立行使审判权,不断保障人民法院依法独立公正行使审判权的制度机制”。文件中还特别提到“上级法院要坚决支持下级法院依法独立公正行使审判权”。

③ 参见肖宏:《中国司法转型时期的法院管理转型》,载《法律适用》2006 年第 8 期。

④ 〔法〕孟德斯鸠:《论法的精神》(上),张雁深译,商务印书馆 1961 年版,第 154 页。

⑤ 汪峰、瞿万勇、肖锋:《法院职权优化配置之前提:法院审判权与法院行政管理权的适度分离》,载《法制与社会》2011 年第 1 期。

⑥ 我国长期以来一直是一个行政性的国家,法院实际上是被当做行政机关来对待,司法权长期在行政权的笼罩之下,它只是行政官的一项权能而已。司法工作目标既非单一,功能亦非专门化。

乎受到不断的侵扰,法院的司法职能与行政机关的行政职能界限开始模糊,法院在解决纠纷之专责外,还和行政机关一样共同承担着稳控、接访、安置、安抚、救济等政府职能。近年来,在法院与政府共同承担化解各类上访、清理信访积案的浪潮中,司法权与行政权彼此交织,功能重叠、目标重叠、手段重叠、责任重叠,司法观念中带有严重的行政意蕴。虽然“国家在治理涉诉信访方面投入了大量的人力、物力及财力,但‘按下葫芦浮起瓢’的现象始终未有明显改观,‘妥协式’、‘怜悯式’、‘救火式’等‘运动型’涉诉信访治理方式,表面上解决了个案问题,但实质却给公众形成了负面价值导向,访一访、闹一闹、炒一炒,拉横幅、堵大门、上京城等思维方式和信访行为日渐流行。涉诉信访问题已成为司法公信建设的瓶颈,在削弱司法公信的同时,也破坏了社会主义法治”。①

涉诉信访带来的问题还在于权力冲突和纠纷解决,司法不是最终说了算,这继而引发我们对司法终局性的思考。因为这不仅是树立司法公信力和司法权威的问题,也是国家权力应当如何对司法权的职责进行合理定位的问题。司法权的一个重要特性是其终局性。司法之所以独特和重要,还在于“司法是权利保障和社会公正的最后防线,权利的有无最终得由司法来确认,相互冲突的权利主张要通过司法来裁决,受到损害的权利需要司法来给予救济”。② 司法的终局性不仅表现在通过审级制度的设置,限定案件的审判次数,使司法审判在满足正当程序的基础上获得一个最终的结论,而且这种终局性也是国家对司法权职责功能的一个基本定位,即在所有与纠纷化解相关的庞大复杂的社会机制中,只有司法权被赋予了唯一的最终效力。这种国家权力结构设置的目标,是为了通过确认司法权所拥有的终局性和权威性,来维持国家权力结构的一个大致平衡。因而,“司法终局性目标的实现并非仅仅依赖于审级制度,它更大程度上依赖于国家政治结构和宪

---

① 户青国:《用法治思维看“涉诉信访”》,载《人民法院报》2013 年 10 月 27 日。

② 周永坤:《司法权的性质与司法改革战略》,载《金陵法律评论》2003 年第 2 期。

法制度对审判者自身独立地位的承认和身份保障”。[①]“在向现代转型的社会阶段,凸显出来的是立法权。因为转型的社会重在改变规范,改变规范需要立法的权威。只有在现代法治社会,司法权才为社会所重,真正成为终局性的权力,因为现代社会是说理的社会,强力是行政权的特点,而说理则是司法权的特点。也因为在现代法治社会,合法性成为权力行使的第一原则,立法权和行政权都要接受合法性审查。”[②]

未来的改革,应该在反思现行涉诉信访制度对司法终局性、司法权威和法治损害的经验教训中,思考如何回归司法权终局性和权威性,并维持司法权在国家权力结构的一个大致平衡。[③] 笔者认为,未来司法改革的最终目标不是强化其他国家权力对司法权的监控,而是在宪法层面强化司法的权威,确保司法的终局性不受行政权和其他权力的分解和销蚀,并在国家政治体制的架构中实现法院体制的非行政化改革。因为,上下级法院审判业务关系中出现的诸多问题,如行政化问题、地方化问题,表明司法权的独立性不足,下级法院不但不能抵制来自上级法院带有行政层级化领导管理等复杂关系对审判权的干扰,而且整个法院系统在行使审判权方面的最大之虞也在于其司法独立性难以获得政治体制之有力保障。现代法治国家建立的过程,就是一个司法权威建立的过程,这一过程的制度依托就是强化司法权的宪法地位。司法权与立法权、行政权相比,一无意志;二无行动;三无强制。是三项权力中最弱的一个。“要使最弱小的司法权担当起法治重任,特别是能够牵制住立法权和行政权,只有在宪法上赋予司法权以足够

---

① 傅郁林:《审级制度的建构原理——从民事程序视角的比较分析》,载《中国社会科学》2002 年第 4 期。

② 周永坤:《司法权的性质与司法改革战略》,载《金陵法律评论》2003 年第 2 期。

③ 最高人民法院《关于切实践行司法为民大力加强公正司法不断提高司法公信力的若干意见》提出要把涉诉信访纳入法制化的解决轨道,坚决维护司法裁判的既判力和权威性。中央政法委在有关全国政法工作会议上也曾提出,要把涉诉信访纳入法制化轨道,实现诉访分离,但由于缺乏具体操作办法,更由于涉及司法与党政机关结构、职责分工等深层次改革问题,这一目标的真正实现还有较长的过程。

的权能，否则不可能有司法的权威，因而也就没有真正意义的法治。”①从更深层面而言，我国法院体制行政化的形成有其深刻的历史和社会原因。我国长期以来一直是一个行政性的国家，即所谓“社会行政化”或“行政本位”。在全国行政泛化的时期，法院不可能摆脱被“行政格式化”的命运。② 这一问题并非虚言，从最高人民法院 2013 年 9 月 6 日正式出台的《关于切实践行司法为民大力加强公正司法不断提高司法公信力的若干意见》“严禁法院工作人员参与地方招商、联合执法，严禁提前介入土地征收、房屋拆迁等具体行政管理活动”的表述中，不难明断司法权与行政权角色混同、目标交叉、功能分化不明晰仍是中国法院体制现代化过程中难以突破的瓶颈。可以预见的是，将现在的法院体制过渡到新体制是一个比较复杂的问题，因为整个社会的行政化结构将制约法院体制非行政化。法院体制非行政化的改革绝不是孤立的，要求国家政治体制这个大架构也必须进行相应的改革；否则，法院体制行政化的问题就不能得到真正的克服。

---

① 周永坤：《司法权的性质与司法改革战略》，载《金陵法律评论》2003 年第 2 期。
② 参见张卫平：《论我国法院体制的非行政化》，载《法商研究》2000 年第 3 期。

结　论

正如笔者在导论中所言,中国当下的上下级法院审判业务关系是一个"剪不断理还乱"的"关系",是一个宪法法律规定的"应然状态"①与实际生活中的"实然状态"②差异较大的"关系",是一个令学者着迷又头痛、让法官依恋又排斥的"关系",是一个理论研究相对单一滞后而现实繁芜活跃的"关系"……循着一名身处上下级法院纵向关系坐标交汇口的中级法院法官的视线,笔者时而趣味盎然,时而迷惑茫然,时而又信心满怀,"仰赖"20余年法官的经验观察与理性思考,试图以绵薄之力,管孔之见,对上下级法院法官审判业务关系这一触及司法改革深层次问题进行较为系统的研究。相信这一粗浅而又真实的研究成果,可以帮助我们一览中国上下级法院审判业务关系的生存样态,直面其弊端、透视成因,并思考可预期的改革目标。现综合各章论述提出研究结论如下:

一、如何对上下级法院审判业务关系的概念和内涵进行厘定

作为上下级法院审判业务关系上位概念的上下级法院关系,其本

① 《宪法》第127条第2款和《人民法院组织法》第16条第2款均明确规定上下级法院之间是一种"监督"与"被监督"的关系。

② 从笔者的观察和为数不少的学者、法官的一些论述出发,实践中这种上下级法院关系不仅仅是监督与被监督的关系,还是指导、管理甚至行政领导关系。

身颇具困惑、含混不明，一定程度上影响了上下级法院审判业务关系这一概念的清晰度与边界。由于缺乏一个令学界及实务界公认通用的概念，现实状态下的上下级法院审判业务关系也是监督关系、指导关系与管理关系等在不同层面的相互交织与“胶着”。如何界定审判业务关系，笔者认为，最高人民法院《关于规范上下级人民法院审判业务关系的若干意见》，虽然是一个专门性的涉及上下级法院审判业务关系的司法文件，却并未对上下级法院审判业务关系作明确的概念界定。厘定上下级法院审判业务关系除了依据《宪法》《人民法院组织法》等法律文本，还要立足现实，全面梳理并回应司法实践中真实存在且非常复杂的围绕上下级法院审判业务活动而形成的各种关系。因为，只有直面现实而梳理出来的审判业务关系，才是走出法律文本、书斋的审判业务关系，才能更好地展示现实状态下的真实关系。笔者将审判业务关系分为九个方面：即审级监督关系、业务指导关系、审判管理关系、政策主导（或理念指引）关系、督查督办关系、内审控制关系、协调联动关系、司法巡查关系、知识生产传输和支配影响关系等。提出审判业务关系是一个综合了审级关系、业务指导、审判管理、理念指引、督查督办、内部审批、知识生产与影响等众多关系的集合性概念。意图尽可能全面描绘中国现实社会中真实存在的错综复杂的上下级法院审判业务关系，并归纳出其三个特点，即广泛性、动态性和开放性。

二、如何对上下级法院审判业务关系进行多元解构式分类

对审判业务关系概念和内涵的庞杂交错性，还可以通过分类方法再度解构，尤其是从不同的切入点，对不同层面的关系类型进行多元划分，可以尝试揭开这个拥有复杂而迷离面孔的“关系网”面纱。笔者对中国上下级法院的审判业务关系进行了以下两大类别的分类：第一，基础分类法，即从基本类型来分类，将上下级法院审判业务关系分

为司法型、行政型和混合型。指出司法型的审判业务关系应该是上下级法院审判业务关系的基本类型,是根据法律所设置的上诉、再审、死刑核准、减轻处罚核准等与审级结构相关的审判程序和制度,是最具法律文本依据、最应然的、最能体现司法权运作规律的本来意义上的上下级法院审判业务关系。行政型的审判业务关系,是指上下级法院之间按照一定的行政关系对待或处理它们彼此之间的审判业务关系,它在现实中表现出一种业务活动习惯。如特殊案件的内审程序和执行活动中的指挥、协调、联动等。混合型的审判业务关系是指现实中大量存在着的兼具司法型和行政型两种类型特色的混合式审判业务关系,如案件请示、发回重审"内部指导函"等。第二,多视角分类法。笔者从不同的角度或侧面、不同的标准对实际已发生联系、产生作用、相互影响的上下级法院审判业务关系在基础分类之外再多向切入,从不同视角作细致分类,大致从介入对象、介入方式、介入范围、介入程序、介入频率、介入程度、介入结果、介入目标、介入效果、介入载体以及启动机制或顺序等 11 个侧面对上下级法院间的审判业务关系进行了分类,力图梳理、归纳、提炼并一览那种无孔不入、林林总总、错综复杂、多元交织的我国上下级法院审判业务"关系网",从而对上下级法院审判业务关系有个相对全面的概览与真实的了解。

斗胆而言,笔者对上下级法院审判业务关系概念的界定及分类方法,因理论及实务界对相关问题的研究鲜有涉及,虽不尽准确科学,仍不失为一种观察问题的独特视角。

三、如何对上下级法院审判业务关系的功效进行实证评鉴

本书更为独到之处,还在于运用社会学调查方法对各种审判业务关系的实际运作和功能效果进行客观翔实的实证分析。笔者选取所在的中级人民法院作为直接样本法院,并形成了对下有 13 个下辖基层人民法院、对上有 1 个高级人民法院和 1 个最高人民法院的四级纵

向上下级法院关系观察网。对某些问题的观察包括全国不同省份的部分中级人民法院。[①] 在观察对象的选择上，倾向于从不止一个来源收集资料，从不止一个角度思考问题，多向度、多视角，从若干不同来源获知信息，选取了上级法院法官、下级法院法官、当事人、律师、法学专家等与上下级法院审判业务关系有关联的受访对象近600人，运用多视角切换方法，获取最为一手的这些带有意志和感情的人的主观感受和经验判断。在实证研究的方法上，注重多样性、真实性，有问卷调查[②]、深度访谈[③]、开座谈会[④]、参与式观察和对既有统计资料、业务文件的收集利用等。通过对各类审判业务关系在实际运行中利弊成效的实证调查，力图使本书的研究观点获得第一手、有分量的实证数据支撑，并近距离观察、面对面访谈了解受访者的真实主观感受，避免所得出的结论带有较大的主观臆断。在评价上分为对审判业务关系的一般性评价和对发回重审、案件请示、审判绩效考核、案件评查、案例指导和学习培训等几类最常见、最突出的审判业务关系的重点评价。无论哪种评价，均从法官视角、当事人视角、律师视角和法学专家视角多向切入，既有功能效果，又有问题弊端，更有改革建议。

---

① 2013年4月8日至19日，笔者有幸参加了最高人民法院举办的全国高级、中级人民法院副院长(民商事审判专业)轮训班，轮训班分为10个小组，曾分组专题讨论审判业务考核机制，笔者所在的第六小组包括来自山东、内蒙古、辽宁、上海、湖南、安徽、广东、广西、陕西、四川、天津等23个省、市中级人民法院的副院长，对审判业务考核进行了颇有深度的专项交流讨论。

② 笔者亲自设计并指导所在中级人民法院研究室人员设计、发放了分别针对基层人民法院法官、中级人民法院法官、当事人、律师、法学专家的5套调查问卷，并由研究室人员进行了数据的统计、图表制作。问卷调查共发放370份，有效回收问卷325份。

③ 笔者选择5位律师和7位法官进行过一对一的深入访谈，并记录下来他们的谈话。

④ 笔者于2012年5月至6月赴所在中级人民法院下辖的13个基层人民法院召开13场专题座谈会，并于同年12月底通过本市律师协会会长召集由十多个律师参加的专题座谈会。参与座谈调研人数为170多人。为保证座谈会的效果，事前均拟定调研提纲、给予受访者较为充分的准备时间、并且保证每位人员都能发言，与到会人员展开讨论。

四、如何对上下级法院审判业务关系的特征及成因进行对比分析

从对现象的观察，到对现象所呈现出来的特征的分析，再到对特征背后深层次原因的追问，是人们对事物的一个逐渐认知的过程，也是人类逻辑思维活动的一个规律性过程。而这一过程，离不开我们研究视角的拓宽，离不开思考能力的深入。为了使本书对中国上下级法院审判业务关系的研究和思考更“宽”、更“深”，笔者运用比较研究的方法，选取了以英国、美国为代表的普通法系国家，以法国、德国为代表的大陆法系国家和日本，通过对这些域外主要国家上下级法院审判业务关系的考察和分析，搭建起一座考察和分析我国上下级法院审判业务关系的“瞭望塔”，继而在比较研究的视野中分析它们各自法院的审判业务关系所呈现出的既相同又不同的特征。

英美国家上下级法院审判业务关系的基本特征是：(1) 下级法院拥有较高程度的独立与法官职位的非等级控制性；(2) 上诉审具有特别和非常规性的特性；(3) 初审判决具有被推定为终审判决的效力；(4) 一审与上诉法院间的权力平衡；(5) 上级法院造法和统一政策规则的功能。

法国、德国大陆法系国家法院上下级审判业务关系的特征是：(1) 下级法院相对独立与法官职位阶梯的受控性；(2) 不受上级司法意见左右与事实上的服从上级意见；(3) 上级审具有常规性的特性；(4) 初审判决具有暂时性或阶段性的特征；(5) 一审法院与上诉法院间的权力交叉；(6) 上级法院促进法律规则统一上的作用。

日本上下级法院审判业务关系的特征是：(1) 司法的外部独立与对内的控制；(2) 上诉审是一种救济程序；(3) 初审判决意见的临时性；(4) 上级法院意见的拘束力和对法律的统一；(5) 上下级法院的权力分享。

我国上下级法院审判业务关系基本特征呈现出：(1) 下级法院形

式上的独立与实质上的依附性;(2) 上级法院的“家长”式角色与功能扩张;(3) 上级审具有全面与常规性的特性;(4) 初审判决具有暂时性或阶段性的特征;(5) 上下级法院审级间职能模糊,职能分层不清晰;(6) 上级法院以多元化的方式促进下级法院在法律适用上的统一。

通过对上述类型国家上下级法院审判业务关系特征之比较,笔者发现,它们在程序性与非程序性、剥离性与混同性、独立性与依附性、稳定性与变动性、单一性与多样性、开放性与封闭性等六个方面表现出不同程度的相似或差异。

对比域外司法制度中主要国家上下级法院审判业务关系与我国上下级法院审判业务关系所呈现出来的特征方面之差异,目的是揭开其背后更为深层次的制度面纱和影响性成因。笔者从权力架构模式、权力支配方式、权力职能分层和权力行使目的四个方面探究了不同国家司法权力在国家权力结构中的关系、司法与政治的关联、上下级法院权力支配的方式,以及上下级法院的不同职能分层和权力行使目的是如何影响它们各自国家上下级法院审判业务关系的。

五、如何对上下级法院审判业务关系进行分期改革

中国当下的上下级法院审判业务关系,虽然立足国情和历史传统,符合一元制国家权力结构的特性和国家政策上下一体性的要求,具有一定的本土性,也更为高效和统一,但暴露出来的问题也扭曲了司法权在现代法治社会中的应有含义及作用,并阻滞司法的进步与发展。针对诸如上下级法院之间的关系行政化色彩日益浓厚,制约了上下级法院审判权的独立运行;上下级法院之间的审判职能严重混同,影响了上下级法院审判权的分层与定位;上下级法院之间的审判程序缺乏透明性,影响了上下级法院审判权的有效监督制约;上下级法院之间决策的单向性,影响了上下级法院审判业务管理的民主化程度等

制度流弊,笔者力图开出一剂对中国上下级法院审判业务关系的近期和远期改革药方。虽对这么一个宏大的司法改革课题颇感气力不足且难以驾驭,却勉强为之,愿意以浅陋之见尽些绵薄之力。

在近期目标的改革方案中,笔者提出:

1. 明晰四级法院的职能分层

从审级制度本身、审级功能的现有弊端及如何让不同层级法院的职能界定更为科学、发挥效能等方面对四级法院的审判层级功能进行合理定位和区分。在实行职能分层时要考虑在不同层级的法院中实现司法制度的公共目的与私人目的的分工:即将基层人民法院的功能定位在直接解决纠纷,并且通过小额诉讼实行一审终审制,侧重服务于私人目的。中级人民法院和高级人民法院分别行使重大一审案件审理和二审上诉审查功能,既有事实审,又有法律审,既有解决纠纷的私人目的,又有纠错和统一区域内法律适用统一的社会公共目的。最高人民法院只受理针对重要法律问题提起的三审上诉,协调各地法院适用法律的冲突,维护全国法律适用的统一,侧重于制定司法政策和服务于公共方面的目的。

2. 异质化权力之剥离与去行政化

首先是司法权与行政管理权的分离。司法权与行政管理权是两种性质、方式不同的权力,如果不明晰界定二者的边界,很容易造成行政权扩张并妨碍司法权的行使。强调法院履行审判职能的非行政化,有必要在立法中将上下级法院审判业务关系"监督"的含义和具体内容进一步明晰化,使上下级法院的审判业务关系真正回归到本来意义的监督与被监督的关系上面,在立法层面减少并遏制实践层面越来越繁多和明显的行政化关系。近期来看,解决审判权与行政权的冲突并将审判权与行政权剥离的改革思路,是将上级法院具有司法功能的审判监督权与管理功能的行政权相区分并合理配置职权。其次是对异化程序进行矫正与规制,将游离于法定程序外的某些审判习惯导入程序内,实行诉讼化改革,或寻找规范有效的替代性制度。将请示制度这种非程序性甚至反程序性的审判工作监督指导方式纳入程序规范的框架之内，作为诉讼法明确规定的一项例外或特殊程序进行规制，使其具有透明度并接受监督。另一个替代案件请示的方案是，充分发挥指导性案例对规则引导和法律适用统一的功能。

3. 打破闭合性，导入外部力量参与上下级法院的审判业务关系

首先，在审判程序方面保障当事人的程序选择权。彻底改革完善发回重审制度，充分尊重和反映当事人的意志和愿望，保障当事人自由地发表意见和建议，将发回重审的决定权交给当事人，由当事人决定是否对案件发回重审，让当事人在发回重审问题上自由地行使参与权、表达权和监督权。其次，在上下级法院的其他审判业务关系中也需要外部因素的合理介入。要考虑司法权是一种社会权力的特殊性质，在完善上下级法院审判业务关系时，打破上下级法院审判业务活动中的闭合性，引入社会的力量和外部因素，促进上下级法院之间的审判监督、指导、管理等活动更加公开、透明，更好地弥合因自我评估与社会评判不一致而产生的评价差异、认同差异，增加社会公众对司法的信赖与接纳度。

4. 变单向制约为双向制约关系

上下级法院之间缺乏审判监督、指导、管理等的双向制约，容易导致上级法院审判监督权力的失控和上下级法院结构上的失衡。改革上下级法院审判监督、指导、管理等单向控制的非民主化机制，应当扩大下级法院对上级法院的审判监督、指导、管理等活动的参与机会。通过自下而上的参与，对上级法院的单向监督制约形成反向约束，避免上级法院的审判监督、指导和管理等活动过于专断、缺少民主性，亦可使上级法院的审判监督、指导和管理因充分听取了下级法院的意见和建议而更趋准确、更为合理、更有效能。具体可从以下方面考虑建立上下级法院之间的双向制约机制：首先，对下级法院法官自由裁量权的必要尊重与适度规制。其次，在上级法院发改下级法院案件的操作程序中增加协调沟通机制。可借鉴包括笔者所在的中级人民法院发改案件意见交换制度中的合理因素，形成对上级法院发改案件程序与权限必要的反向制约。最后，建立下级法院对上级法院审判监督的

事中和事后异议反馈机制。

在远期目标的改革思路中,笔者提出在建设法治国家和法治社会的背景下,改革上下级法院审判业务关系,将会触及某些司法理想及其如何实现之宏阔和长远之思考。其中,最让人热切关注的司法理想之一,莫过于关于司法权独立行使的思考。司法权的独立不仅是上下级法院彼此之间的独立,更重要的是司法权作为一个整体在国家政治权力结构中要有其独立的位置和专门化的功能。缺乏司法权作为权力整体在外部权力间的独立不能满足人们对司法权独立属性和专门功能的完整期望。改革上下级法院关系,从长远目标上需要围绕司法权在国家权力结构中的独立属性和专门功能,思考法院体系的未来设置与改革方案。尤其要注意不能因为司法地方化的各种弊端,就要通过实行法院系统自上而下的"垂直领导"体制改革来克服,实则是以一种缺陷弥补另一种缺陷。另外,思考法院体制的长远改革,从根本上还涉及司法职能如何分化于其他国家职能,要按照现代型法院制度的基本特征,思考在特定社会政治制度宏观背景下中国法院在国家政治结构中的结构分化与功能定位。

未来的改革,还应该在反思现行涉诉信访制度对司法终局性、司法权威和法治损害的经验教训,回归司法权终局性和权威性,并维持司法权在国家权力结构中的大致平衡。笔者认为,司法改革的最终目标不是强化其他国家权力对司法权的监控,而是在宪法层面强化司法的权威,确保司法的终局性不受行政权和其他权力的分解和销蚀,并在国家政治体制的架构中实现法院体制的非行政化改革。

参考文献

一、中文著作

1. 白绿铉:《美国民事诉讼法》,经济日报出版社1996年版。

2. 常怡:《比较民事诉讼法》,中国政法大学出版社2002年版。

3. 费孝通:《江村农民生活及其变迁》,敦煌文艺出版社1997年版。

4. 贺卫方:《司法的理念与制度》,中国政法大学出版社1998年版。

5. 侯猛:《中国最高人民法院研究——以司法的影响力切入》,法律出版社2007年版。

6. 黄宗智:《经验与理论:中国社会、经济与法律的实践历史研究》,中国人民大学出版社2007年版。

7. 季卫东:《法治秩序的建构》,中国政法大学出版社1998年版。

8. 江伟主编:《民事诉讼法学原理》,中国人民大学出版社1999年版。

9. 李国光:《我的大法官之路》(未出版)。

10. 林喆:《权力腐败与权力制约》,法律出版社1997年版。

11. 刘德权主编:《最高人民法院司法观点集成⑦》,人民法院出版社2011年版。

12. 人民法院出版社法规编辑中心编:《解读最高人民法院请示与答复》(第2辑)(上册),人民法院出版社2010年版。

13. 沈德咏主编、最高人民法院办公厅编:《最高人民法院公报案例大全》,人民法院出版社2009年版。

14. 宋冰:《程序、正义与现代化》,中国政法大学出版社 1998 年版。

15. 宋冰编:《读本:美国和德国的司法制度及司法程序》,中国政法大学出版社 1998 年版。

16. 苏力:《送法下乡——中国基层司法制度研究》,中国政法大学出版社 2000 年版。

17. 王利明:《司法改革研究》,法律出版社 2000 年版。

18. 王利明:《司法改革研究》,法律出版社 2002 年第 2 版。

19. 奚晓明主编:《中华人民共和国民事诉讼法修改条文理解与适用》,人民法院出版社 2012 年版。

20. 奚晓明主编:《最高人民法院知识产权审判案例指导》(第 2 辑),中国法制出版社 2010 年版。

21. 肖扬主编:《当代司法体制》,中国政法大学出版社 1998 年版。

22. 张军主编、胡云腾副主编:《刑事诉讼法适用解答》,人民法院出版社 2012 年版。

23. 章武生主编:《民事诉讼法新编》,法律出版社 1993 年版。

24. 周道鸾主编:《外国法院组织与法官制度》,人民法院出版社 2000 年版。

25. 最高人民法院民事诉讼法调研小组:《民事诉讼程序改革报告》,法律出版社 2003 年版。

26. 最高人民法院司法改革小组:《美英德法四国司法制度概况》,人民法院出版社 2002 年版。

27. 最高人民法院行政审判庭编:《〈关于执行《中华人民共和国行政诉讼法》若干问题的解释〉释义》,中国城市出版社 2000 年版。

28. 最高人民法院办公厅编:《最高人民法院公布裁判文书(2003)》,人民法院出版社 2004 年版。

29. 左卫民:《最高法院研究》,法律出版社 2004 年版。

30. 左卫民:《刑事诉讼的中国图景》,三联书店 2010 年版。

31. 宋英辉、孙长永、朴宗根等:《外国刑事诉讼法》,北京大学出版社 2011 年版。

32. 孙万胜:《司法权的法理之维》,法律出版社 2002 年版。

33. 龚刃韧:《现代日本司法透视》,世界知识出版社 1993 年版。

34. 冷罗生:《日本现代审判制度》,中国政法大学出版社 2003 年版。

二、外文译著

1. 〔德〕K. 茨威格特、H. 克茨:《比较法总论》,潘汉典、米健、高鸿钧、贺卫方译,法律出版社 2003 年版。

2. 万毅:《历史与现实交困中的案件请示制度》,载《法学》2005 年第 2 期。

3. 〔法〕皮埃尔·布迪厄、〔美〕华康德:《实践与反思——反思社会学导论》,李猛、李康译,中央编译出版社 1998 年版。

4. 〔法〕托克维尔:《论美国的民主》(上卷),董国良译,商务印书馆 1991 年版。

5. 〔美〕本杰明·卡多佐:《司法过程的性质》,苏力译,商务印书馆 2000 年版。

6. 〔美〕本杰明·内森·卡多佐:《法律的生长》,刘培峰、刘骁军译,贵州人民出版社 2003 年版。

7. 〔美〕帕森斯等:《试点与改革:完善司法制度的实证研究方法》,郭志媛译,北京大学出版社 2006 年版。

8. 〔美〕奥斯汀·萨拉特编:《布莱克维尔法律与社会指南》,高鸿钧等译,北京大学出版社 2011 年版。

9. 〔美〕詹姆斯·M. 伯恩斯等:《民主政府》,陆震纶等译,中国社会科学出版社 1996 年版。

10. 〔美〕理查德·波斯纳:《法官如何思考》,苏力译,北京大学出版社 2009 年版。

11. 〔美〕理查德·波斯纳:《法理学问题》,苏力译,中国政法大学出版社 2002 年版。

12. 〔美〕汉密尔顿等:《联邦党人文集》,程逢如等译,商务印书馆 1980 年版。

13. 〔美〕罗杰·科特威尔:《法律社会学导论》,张文显等译,华夏出版社 1989 年版。

14. 〔美〕塞缪尔·亨廷顿:《变革社会中的政治秩序》,王冠华、刘为等译,华夏出版社 1988 年版。

15. 〔英〕M. J. C 维尔:《法与宪法》,苏力译,三联书店 1997 年版。

16. 〔英〕丹宁:《法律的正当程序》,刘庸安等译,法律出版社 1999 年版。

17. 〔英〕丹宁:《家庭故事》,伦敦巴特沃斯出版公司 1981 年英文版。

18. 〔美〕马丁·夏皮罗:《法院:比较法上和政治学上的分析》,张生、李彤译,中国政法大学出版社 2005 年版。

19. 〔美〕米尔伊安·R. 达玛斯卡:《司法和国家权力的多种面孔》,郑戈译,中国政法大学出版社 2004 年版。

20. 《德国刑事诉讼法典》,李昌珂译,中国政法大学出版社 1999 年版。

21. 〔法〕孟德斯鸠:《论法的精神》(上),张雁深译,商务印书馆 1961 年版。

22. 〔日〕六本佳平:《日本法与日本社会》,刘银良译,中国政法大学出版社 2006 年版。

三、论文、报道

1. 曹士兵:《最高人民法院裁判、司法解释的法律地位》,载《中国法学》2006 年第 3 期。

2. 陈刚:《我国民事上诉法院审级职能再认识》,载《中国法学》2009 年第 1 期。

3. 陈杭平:《历史、程序、组织——美国联邦上诉法院制度之分析》,载《环球法律评论》2009 年第 5 期。

4. 陈瑞华:《为中国"案件请示"把脉》,载《法制资讯》2009 年第 5 期。

5. 陈卫东、李奋飞:《刑事二审"发回重审"制度之重构》,载《法学研究》2004 年第 1 期。

6. 陈卫东、李训虎:《公正、效率与审级制度改革》,载《政法论坛》(中国政法大学学报)2003 年第 21 卷第 5 期。

7. 陈兴良:《案例指导制度是一种规则提供方式》,载《法制日报》2013 年 2 月 27 日。

8. 陈兴良:《建立案例指导制度意义深远》,载《法制日报》2013 年 4 月

10 日。

9. 程春明、泮伟江:《现代社会中的司法权》,载《中国司法》2005 年第 10 期。

10. 程荣斌、邓云:《审级制度研究》,载《湖南省政法管理干部学院学报》2001 年第 17 卷第 5 期。

11. 董治良:《顺时应势构建科学的上下级法院关系》,载《法制资讯》2011 年第 3 期。

12. 董治良:《探索建立科学规范的法院层级关系》,载《中国审判》2010 年第 11 期。

13. 范纯:《当代日本司法制度改革评析》,载《日本学刊》2007 年第 3 期。

14. 范在峰、李辉凤:《论技术理性与当代中国科技之法》,载《政法论坛》2002 年第 6 期。

15. 傅郁林:《论民事上诉程序的功能与结构》,载《法学评论》2005 年第 4 期。

16. 傅郁林:《审级制度的建构原理——从民事程序视角的比较分析》,载《中国社会科学》2002 年第 4 期。

17. 傅郁林:《审级制度与法制统一》,载《人民法院报》2002 年 7 月 5 日。

18. 傅郁林:《司法监督 · 司法独立 · 司法公正——以民事审判权监督模式为窗口的透视》,载傅郁林:《民事司法制度的功能与结构》,北京大学出版社 2006 年版。

19. 顾培东:《当前我国司法公正问题的认识与思考》(上),载《人民法院报》2013 年 4 月 23 日。

20. 顾培东:《当前我国司法公正问题的认识与思考》(下),载《人民法院报》2013 年 4 月 24 日。

21. 郭飞:《良好的初衷、可能的异化及其回归》,载《当代法官》2012 年第 4 期。

22. 郭殊:《论中央与地方关系中司法体制的权力结构》,载《浙江学刊》2008 年第 6 期。

23. 郭万超:《论中国道路的五大特征》,载《学习活页文选》2013 年第 36 期。

24. 郝红鹰:《我国法院审判管理的去行政化研究》,载《理论与现代化》2011年第6期。

25. 侯猛:《上下级法院之间的司法行政关系》,载《法制资讯》2009年第5期。

26. 何帆:《改革案件请示做法的路径》,载《法制资讯》2009年第5期。

27. 何继业、罗文禄:《判决是如何形成的——美国联邦最高法院判决的意见形成机制研究》,载左卫民等:《最高法院研究》,法律出版社2004年版。

28.《河南改革值得欢迎,不过这只是个开始》,载香港《南华早报》2012年5月3日(转载《参考消息》2012年5月4日)。

29. 贺卫方:《司法改革中的上下级法院关系》,载《法学》1998年第9期。

30. 贺卫方:《司法独立审判需要广泛的公众认知》,载《南方周末》2011年12月8日。

31. 贺卫方:《统一之道》,载《人民法院报》2003年1月3日。

32. 贺卫方:《中国的法院改革与司法独立——一个参与者的观察与反思》,载《浙江社会科学》2003年第2期。

33. 贺卫方:《中国司法管理制度的两个问题》,载《中国社会科学》1997年第6期。

34. 侯猛:《案件请示制度合理的一面——从最高人民法院角度展开的思考》,载《法学》2010年第8期。

35. 胡刚、党盟盟、杨宁:《反思和重构:上下级法院监督关系实证研究》,载《司法的社会责任与公信力提升》("西安市法院第十一届审判实务与理论研讨会"论文汇编)。

36. 胡曙光、杨以生:《关于构建上下级法院审判业务协调机制的若干思考》,载《法律适用》2007年第3期。

37. 胡夏冰、陈春梅.《我国民事发回重审制度:反思与重构》,载《法律适用》2012年第8期。

38. 胡云腾:《关于社会主义法治理念及司法理念的几个认识问题》,载《人民法院报》2012年1月11日。

39. 胡云腾:《指导性案例与具有指导性作用案例之别》,载《法制日报》2013年2月27日。

40. 湖南省高级人民法院课题组:《完善上下级法院之间的审判监督关系》,载《法制资讯》2009 年第 5 期。

41. 黄伟东:《美国法院的管理》,载《山东审判》2011 年第 6 期。

42. 季卫东:《法律职业的定位——日本改造权力结构的实践》,载《中国社会科学》1994 年第 2 期。

43. 江伟:《市场经济与民事诉讼法学的使命》,载《现代法学》1996 年第 3 期。

44. 江西省高级人民法院课题组:《保持审级监督有序性的思考》,载《法制资讯》2009 年第 5 期。

45. 蒋惠岭、黄斌编译:《美国加州法院的司法公信力评估机制》,载《人民法院报》2013 年 5 月 17 日。

46. 蒋惠岭、黄斌编译:《美国联邦司法发展战略》,载《人民法院报》2012 年 9 月 14 日。

47. 蒋惠岭、林娜编译:《英国司法工作发展战略》,载《人民法院报》2012 年 9 月 28 日。

48. 蒋惠岭、王劲松:《国外法院体制比较研究》,载《法律适用》2004 年第 1 期。

49. 蒋惠岭:《初谈法官中心论》,载《人民司法》1998 年第 6 期。

50. 蒋惠岭:《上下级法院关系改革的思路》,载《法制资讯》2009 年第 5 期。

51. 蒋惠岭:《司法职业保障的十项最低标准》,载《法制资讯》2009 年第 11 期。

52. 蒋集跃、杨永华:《司法解释的缺陷及其补救——兼谈中国式判例制度的建构》,载《法学》2003 年第 10 期。

53. 景汉朝、卢子娟:《经济审判方式改革若干问题研究》,载《法学研究》1997 年第 5 期。

54. 李富金:《基层法院的司法管理体制改革》,载《华东政法学院学报》2005 年第 1 期。

55. 李喜莲:《我国四级法院体制改革》,载《学海》2008 年第 2 期。

56. 李忠好、周瑞平等:《安徽"两评查":内强素质 外树公信》,载《人民法院报》2013 年 3 月 8 日。

57.《案件请示做法的由来》,载《法制资讯》2009 年第 5 期。

58. 廖奕:《司法行政化与上下级法院关系重塑——兼论中国司法改革的“第三条道路”》,载《华东政法学院学报》2000 年第 6 期。

59. 廖中洪:《“垂直领导”:法院体制改革的重大误区》,载《现代法学》2001 年第 23 卷第 1 期。

60. 梁三利、郭明:《法院管理模式比较——基于对英国、德国、法国的考察》,载《长江师范学院学报》2010 年第 26 卷第 1 期。

61. 梁三利:《德国行政型法院管理模式解析及其启示》,载《江苏科技大学学报》(社会科学版)2009 年第 9 卷第 1 期。

62. 林娜编译:《“卓越法院”的国际评价标准》(上)、(下),分别载《人民法院报》2013 年 3 月 1 日、2013 年 3 月 22 日。

63. 林战:《基层法官压力调查 法官过劳》,载《南方周末》2012 年 12 月 27 日。

64. 凌军辉、周楠等:《改革思维:更大勇气智慧》,载《半月谈》(内部版)2013 年第 8 期。

65. 刘诚:《德国法院体系探析》,载《西南政法大学学报》2004 年第 6 期。

66. 刘会生:《人民法院管理体制改革的几点思考》,载《法学研究》2002 年第 3 期。

67. 刘苗:《最高法公布 3 起典型案例,要求对侵犯未成年人犯罪,该重判的要重判》,载《华商报》2013 年 5 月 30 日。

68. 刘敏:《民事诉讼发回重审制度之探讨》,载《法律科学》(西北政法大学学报)2011 年第 2 期。

69. 刘瑞华:《司法权的基本特征》,载《现代法学》2003 年第 25 卷第 3 期。

70. 刘学在:《上下级法院间的应然关系之理性回归》,载《中国审判新闻月刊》2011 年第 61 期。

71. 刘峥:《上级法院对下级法院监督与指导功能之界定》,载《法制资讯》2009 年第 5 期。

72. 户青国:《用法治思维看“涉诉信访”》,载《人民法院报》2013 年 10 月

27 日。

73. 孟涛:《改革开放以来法院体制的分权与集权》,载《新视野》2010 年第 4 期。

74. 明晓婧:《危机与重塑:论法院审判效率管理的现状与完善》,载《当代法官》2012 年第 3 期。

75. 牛振宇:《最高法院规则制定权研究:比较与借鉴——以美日两国最高法院为解析对象》,载左卫民等:《最高法院研究》,法律出版社 2004 年版。

76. 欧阳建涛:《对法院上、下级之间工作协调制约的思考》,载《法制与社会》2010 年第 29 期。

77. 齐树洁:《我国民事上诉制度若干缺陷之法理分析》,载《河南省政法管理干部学院学报》2004 年第 1 期。

78. 乔新生:《上下级法院之间到底是一种什么关系》,载《中国审判新闻月刊》2011 年第 61 期。

79. 沙永梅:《案件请示制度之废除及其功能替代》,载《河北法学》2008 年第 26 卷第 7 期。

80. 山东省高级人民法院:《司法发展的科学途径——关于加强司法能力建设的调研报告》,载《法律适用》2007 年第 6 期。

81. 《陕西高院加强判后答疑工作》,载《西部法制报》2013 年 2 月 2 日。

82. 邵书平:《我国法院在具体案件上适用法律的请示与批复的理性思考》,载《湖南公安高等专科学校学报》2004 年第 16 卷第 2 期。

83. 史立梅:《论美国刑事上诉审查中的“明显错误”原则》,载宋英辉、甄贞主编:《京师刑事诉讼法论丛》,北京师范大学出版社 2012 年版。

84. 苏力:《论法院的审判职能与行政管理》,载《中外法学》1999 年第 5 期。

85. 孙业群:《法院司法行政事务管理权研究》,载《中国司法》2004 年第 7 期。

86. 田文昌:《规范上下级法院关系的一大进步》,载《中国审判新闻月刊》2011 年第 61 期。

87. 田源、李继亮等:《完善再审审查程序 发挥权利救济功能——山东省菏泽市中级法院关于完善民事再审审查程序的调研报告》,载《人民法院报》

2013 年 9 月 19 日。

88. 谭世贵:《案件请示制度:是否还有出路?》,载《中国律师》1998 年第 4 期。

89. 万毅:《历史、现状与走向:案件请示制度研究——以最高法院为中心的考察》,载左卫民等:《最高法院研究》,法律出版社 2004 年版。

90. 万毅:《历史与现实交困中的案件请示制度》,载《法学》2005 年第 2 期。

91. 汪峰、瞿万勇、肖锋:《法院职权优化配置之前提:法院审判权与法院行政管理权的适度分离》,载《法制与社会》2011 年第 1 期。

92. 汪振林:《法官的"顶头上司"——日本最高法院事务总局研究》,载左卫民等:《最高法院研究》,法律出版社 2004 年版。

93. 王洪坚:《规范二审裁判权运行的思考》,载《山东审判》2011 年第 1 期。

94. 王建勋:《"案件请示"有悖法治精神》,载《东方早报》2009 年 6 月 7 日。

95. 王利明、姚辉:《人民法院机构设置及审判方式改革问题研究》(上),载《中国法学》1998 年第 2 期。

96. 王少南:《法院管理的反思与展望》,载徐昕编:《司法》(2008 年第 3 辑),厦门大学出版社 2008 年版。

97. 王申:《"千年之交司法改革"国际学术研讨会综述》,载《法学》2002 年第 2 期。

98. 王旭光、满洪杰:《民事诉讼发回重审制度之重构》,载《法律适用》2006 年第 9 期。

99. 王亦君:《陕西:法院判案不再请示上级》,载《中国青年报》2006 年 5 月 18 日。

100. 王云海:《日本司法改革的深层》,载《环球法律评论》2002 年第 1 期。

101. 翁子明:《官僚制视角下的中国司法管理》,载《暨南学报》(哲学社会科学版)2008 年第 1 期。

102. 席小俐:《对我国审判制度改革的几点思考》,载《法学家》1998 年第

2 期。

103. 夏南编译:《美国犹他州司法绩效评估制度》,载《人民法院报》2013 年 5 月 10 日。

104. 项坤:《当代司法国情条件下的高级法院功能研究》,载《法律适用》2012 年第 9 期。

105. 肖宏:《中国司法转型时期的法院管理转型》,载《法律适用》2006 年第 8 期。

106. 肖仕卫:《最高法院司法解释的逻辑及影响——兼论司法解释的功能与合法性问题》,载左卫民等:《最高法院研究》,法律出版社 2004 年版。

107. 肖扬:《法院、法官与司法改革》,载万鄂湘主编:《中国司法评论》(2003 年春之卷),人民法院出版社 2003 年版。

108. 熊洋:《论上下级法院关系之异化及重塑——以审级独立为视角的分析》,载《太原理工大学学报》(社会科学版)2010 年第 28 卷第 4 期。

109. 徐朋:《唯绩效主义危害性不可小视》,载《人民法院报》2012 年 7 月 17 日。

110. 徐昕:《司法改革的顶层设计》,载《南方周末》2011 年 12 月 8 日。

111. 许尚豪:《上诉审纠错功能的法律思考——以法院层级关系为分析视角》,载《河北法学》2008 年第 26 卷第 4 期。

112. 荀红、陈海发:《2013:继续拉升"三个板块"——访河南省高级人民法院院长张立勇》,载《人民法院报》2013 年 1 月 9 日。

113. 严戈:《人民法院案件质量评估工作的历程》,载《人民法院报》2011 年 10 月 23 日。

114. 杨飞、张俊文:《案件质量评估语境下的审判管理改革》,载《河南大学学报》(社会科学版)2012 年第 52 卷第 2 期。

115. 杨咏梅:《最高法院对下级法院:个案审判之外的影响》,载左卫民等:《最高法院研究》,法律出版社 2004 年版。

116. 姚莉:《审判权内部监督制约的新发展》,载《中国审判新闻月刊》2011 年第 61 期。

117. 喻中:《论中国最高人民法院实际承担的政治功能》,载许章润主编:《清华法学》(第 7 辑),清华大学出版社 2006 年版。

118. 袁春湘、马剑:《完善制度措施 扎实推进工作》,载《人民法院报》2011年5月25日。

119. 袁明圣:《司法解释"立法化"现象探微》,载《法商研究》2003年第2期。

120. 张春霞:《最高法院上诉审判权之比较研究》,载左卫民等:《最高法院研究》,法律出版社2004年版。

121. 张军:《指导性案例是诠释法律精神的载体》,载《法制日报》2013年2月27日。

122. 张品泽、汪大宝:《试论民事审判中审级制度改革》,载《社会科学家》1999年第4期。

123. 张榕:《司法能动性何以实现——以最高人民法院司法解释为分析基础》,载《法律科学》2007年第5期。

124. 张瑞雪:《重庆高院发布第一批参考性案例》,载《人民法院报》2013年2月21日。

125. 张卫平:《论我国法院体制的非行政化》,载《法商研究》2000年第3期。

126. 张先明:《坚持改革创新 完善司法制度》,载《人民法院报》2013年1月9日。

127. 张先明:《全国法院"两评查"活动圆满完成目标任务——近28万个庭审和144万份裁判文书逐一"体检"》,载《人民法院报》2013年1月30日。

128. 张先明:《最高法院出台意见要求不断提升司法公信力》,载《人民法院报》2013年10月29日。

129. 张元鹏、李寿荣:《从正义和效率的视角分析刑事诉讼发回重审制的矛盾性》,载《岭南学刊》2012年第1期。

130. 张媛:《司法解释清理工作将常态化》,载《法制日报》2013年5月3日。

131. 章武生:《民事诉讼审级制度改革初探》,载《法学评论》1993年第6期。

132. 章武生:《我国民事审级制度之重塑》,载《中国法学》2002年第6期。

133. 赵蕾:《取消“案件请示”呼声再起》,载《南方周末》2009 年 5 月 21 日。

134. 赵小军、赵化宇:《关于实现我国高院跨区设置、法院垂直管理暨三审终审制度之构想》,载《甘肃政法学院学报》1999 年第 3 期。

135. 中华人民共和国国务院新闻办公室:《中国的司法改革》(2012 年 10 月),载《人民法院报》2012 年 10 月 10 日。

136. 钟尔璞:《德国法院的组织体系与法官制度》,载《四川审判》2002 年第 2 期。

137. 周道鸾:《增强司法的民主性和公开性 落实公开审理的宪法原则——以二审发回重审的裁定为视角》,载《法律适用》2012 年第 2 期。

138. 周永坤:《司法权的性质与司法改革战略》,载《金陵法律评论》2003 年第 2 期。

139. 朱福惠、邵自红:《美国与德国法院体制之比较》,载《现代法学》2001 年第 6 期。

140. 《2012 年度最高人民法院十大司法政策》,载《人民法院报》2013 年 1 月 7 日。

141. 《上下级法院关系改革专题》,载《法制资讯》2009 年第 5 期。

142. 左卫民、汪振林:《最高法院比较研究——以中日最高法院的功能为视角》,载《社会科学研究》2003 年第 6 期。

143. 左卫民:《范式转型与中国刑事诉讼制度改革:基于实证研究的讨论》,载左卫民:《刑事诉讼的中国图景》,三联书店 2010 年版。

144. 左卫民:《司法审判职能之分化:传统型与现代型法院制度的比较研究》,载《学术研究》2001 年第 12 期。

145. 余建华、孟焕良、张福军:《浙江:“阳光司法指数”形成倒逼机制》,载《人民法院报》2013 年 11 月 28 日。

146. 张建伟:《超越地方主义张开双臂欢迎》,载《人民法院报》2013 年 11 月 25 日。

147. 赵凌、赵蕾、郭丝露:《“人财物独立于地方”等了十年 突然要脱离,法院不习惯》,载《南方周末》2013 年 11 月 28 日。

148. 孟建柱:《深化司法体制改革》,载《人民法院报》2013 年 11 月

26 日。

149. 高憬宏:《健全审判权力运行机制提升司法公信力》,载《人民法院报》2013 年 11 月 27 日。

150. 王胜俊:《深入学习贯彻党的十八大精神 为全面建成小康社会提供更加有力的司法保障》,载《人民法院报》2013 年 1 月 7 日。

151. 倪寿明:《把深化司法体制改革作为战略任务抓紧抓好》,载《人民法院报》2013 年 12 月 4 日。

四、网络资料

1.《我国民事审级制度的构建》,载 www. ddfy. com.

2.《法国法院组织》,载 http://baike. soso. com/v8830266. htm.

3.《河南高院院长谈天价过路费案问责:省高院未越权》,载 http://www. law-lib. com.

4. 梁娟萍:《浅谈我国刑事诉讼审级制度》, 载 www. ddfy. com.

5. 孙莹:《最高法规范法院审判业务关系 明确案件请示做法》,载 http://news. sohu. com/20110128/n279140965. shtml.

6. 武增执笔、蔡定剑修改定稿:《英国上议院作为司法机关的组织和职能》,载议会研究网(http://www. yihuiyanjiu. org/wgyh-d2. asp? id = 1087).

7. 张越:《英国法院管理的行政化及其借鉴意义》,载 http://www. cnki. net.

8. Linn Hammergren, "Do Judicial council further judicial reform? Lesson from Latin America", Carnegie Endowment for International Peace, Rule of Law Series, no. 26, 2002, available at http://www. carnegieendowment. org/, last accessed on 23 February 2006.

图书在版编目(CIP)数据

上下级法院审判业务关系研究/杜豫苏著. —北京:北京大学出版社,2015.1

(中国司法改革实证研究丛书)

ISBN 978-7-301-25298-7

Ⅰ. ①上… Ⅱ. ①杜… Ⅲ. ①法院—审判—工作—研究—中国 Ⅳ. ①D926.2

中国版本图书馆 CIP 数据核字(2015)第 001233 号

书　　名 上下级法院审判业务关系研究
著作责任者 杜豫苏　著
责 任 编 辑 王建君
标 准 书 号 ISBN 978-7-301-25298-7
出 版 发 行 北京大学出版社
地　　址 北京市海淀区成府路 205 号　100871
网　　址 http://www.pup.cn　http://www.yandayuanzhao.com
电 子 信 箱 yandayuanzhao@163.com
新 浪 微 博 @北京大学出版社　@北大出版社燕大元照法律图书
电　　话 邮购部 62752015　发行部 62750672　编辑部 62117788
印 刷 者 三河市北燕印装有限公司
经 销 者 新华书店
965mm×1300mm　16 开本　17 印张　229 千字
2015 年 1 月第 1 版　2015 年 1 月第 1 次印刷
定　　价 39.00 元